Amaury Ribeiro Jr.
Leandro Cipoloni
Luiz Carlos Azenha
Tony Chastinet

EL LADO SUCIO DEL FUTBOL

LA TRAMA DE SOBORNOS, NEGOCIOS TURBIOS Y TRAICIONES
QUE SACUDIÓ AL DEPORTE MÁS POPULAR DEL MUNDO

 Planeta

Obra editada en colaboración con Editora Planeta do Brasil Ltda - Brasil

Título original: *O lado sujo do futebol*

© 2013, Amaury Ribeiro Jr., Leandro Cipoloni, Luiz Carlos Azenha y
Tony Chastinet

Traducción: Cláudio Tavares

© 2013, Editora Planeta do Brasil Ltda. – São Paulo, Brasil

Derechos reservados

© 2014, Editorial Planeta Mexicana, S.A. de C.V.
Bajo el sello editorial PLANETA M.R.
Avenida Presidente Masarik núm. 111, 2o. piso
Colonia Chapultepec Morales
C.P. 11570, México, D.F.
www.editorialplaneta.com.mx

Primera edición impresa en Brasil:
ISBN: 978-85-422-0333-2

Primera edición impresa en México: agosto de 2014
ISBN: 978-607-07-2319-3

Impreso en los talleres de Litográfica Ingramex, S.A. de C.V.
Centeno núm. 162-1, colonia Granjas Esmeralda, México, D.F.
Impreso en México – *Printed in Mexico*

ÍNDICE

PRÓLOGO

Estimado lector, prepare su corazón.

Si usted es uno de esos aficionados bien fanáticos, este libro va a agitar sus sentimientos y su enorme pasión de una manera diferente a la habitual, pero no menos intensa. La crónica deportiva dará lugar a averiguaciones policiacas, a comisiones parlamentarias de investigación y a juicios en tribunales brasileños e internacionales.

En las páginas que siguen, como lo anuncia el título, usted conocerá en realidad no solo el lado sucio sino la podredumbre misma del futbol, todo lo que no se puede ver desde la tribuna ni por televisión. Usted quedará sorprendido al ver que el partido es mucho más duro lejos de los estadios y que las gambetas de nuestros ídolos consagrados no son nada comparadas con las que los directivos suelen hacer ante los órganos de fiscalización y de control.

Entre otras cosas conocerá cómo Ricardo Teixeira y su entonces suegro João Havelange crearon una dictadura en la Confederación Brasileña de Futbol (CBF) y en la FIFA, y su manera de enriquecerse saqueando al futbol. Ninguno de los dos vaciló en transformar la pasión de los aficionados en un modelo de negocio corrupto y lucrativo, para sí mismos y para sus cómplices.

Años más tarde, sin embargo, un accidente automovilístico en Estados Unidos destruyó esa relación familiar y cambió la trayectoria de Ricardo Teixeira y el rumbo del futbol brasileño. Más adelante usted comprenderá más sobre esto.

El lado sucio del futbol es resultado de la inquietud de los competentes periodistas Amaury Ribeiro Jr., Leandro Cipoloni, Luiz Carlos Azenha y Tony Chastinet. Pocos profesionales de la prensa muestran tal compromiso con la información como estos cuatro autores.

Con sensibilidad y técnica periodística esmeradas, los reporteros muestran que las acciones inescrupulosas de la banda criminal que maneja el futbol brasileño se entretejen en historias de farsas, traiciones entre cónyuges y entre socios de negocios, lavado de dinero, chantajes y otras debilidades humanas que atrapan al lector hasta la última página. Una novela en la cual no hay héroes ni final feliz. ¡Es triste pero imprescindible!

Instigados por los hechos nebulosos que envuelven al futbol, y ávidos de comprender las negociaciones fraudulentas de los directivos deportivos, los periodistas investigaron muchos contratos y rendiciones de cuentas para rastrear el dinero enviado a los paraísos fiscales. Un trabajo de investigación impecable.

Gracias a estos datos identificaron las intrincadas operaciones financieras para lavar dinero, así como el enriquecimiento ilícito de los directivos que contrasta con la deuda millonaria de los clubes brasileños de futbol.

Los documentos investigados en sus fuentes oficiales revelan los detalles de cómo Ricardo Teixeira y João Havelange llegaron al poder y crearon una red de relaciones con decenas de autoridades, mediante el ofrecimiento de obsequios y del uso de la selección brasileña de futbol, patrimonio de nuestro país.

Por todo esto y mucho más, *El lado sucio del futbol* es un golazo de los periodistas. Provocadora, la publicación revuelve el estómago de los incautos porque revela el submundo de los directivos deportivos y muestra cómo el deporte más popular del planeta fue contaminado por el embuste y el fraude.

No es posible permanecer pasivo frente a tantas denuncias y tan graves revelaciones. Me arriesgo a afirmar que, después de leer este libro, es posible que usted cambie hasta su relación con el club de su preferencia.

La investigación responsable realizada por los diestros reporteros garantiza la credibilidad de las denuncias y brinda a Brasil un servicio de la más alta importancia. Al final, el único país cinco veces campeón mundial necesita comprender cómo es tratado el futbol, uno de los elementos más determinantes de la cultura nacional.

En fin, usted tiene en sus manos este texto indispensable para conocer lo que sucede fuera de la cancha. Es una oportunidad para reflexionar y revisar sus ideas sobre el deporte y, principalmente, sobre quienes lo administran.

Hoy más que nunca, ¡tengo la seguridad de que la CBF es el verdadero cáncer del futbol!

Siga leyendo y que le aproveche.

Romário de Souza Faria

AMIGOS ÍNTIMOS

Ese automóvil sufrió un accidente en Estados Unidos y falleció una persona que yo quería mucho.

Ricardo Teixeira

El camino que nos lleva hasta la fuente del misterio atraviesa los pantanos de Florida, en Estados Unidos. Nuestro viaje va del Norte al Sur, de Orlando a Miami. Nos detenemos para cargar gasolina; la bandada de cuervos que rodea la cafetería anexa a la gasolinera le da un aire surreal a nuestra misión, algo que recuerda los cuentos oscuros de Edgar Allan Poe. Pero nuestro objetivo era justamente separar la ficción de la realidad. Íbamos tras la verdad escondida en el accidente que pudo haber alterado la historia del futbol mundial.

En la salida 193 tomamos el retorno a Turnpike y ajustamos el odómetro. Pasados 26 kilómetros, nos detenemos a un lado de la carretera, en el punto exacto que señala el informe del accidente. Un vehículo de la policía de caminos se detiene enseguida. Amablemente, el policía nos advierte que solo es posible estacionarse allí en casos de emergencia. Le explicamos el motivo de nuestra presencia. "Hagan lo que sea necesario y váyanse enseguida."

Uno de nosotros ya estaba en el campo. Sus gritos hicieron más ruido que el motor de la patrulla, que ya se marchaba del lugar. En medio del lodo había restos de un automóvil, trozos de plástico, parte de una defensa. Coincidencia o no, aquellos pedazos del auto nos introdujeron en un túnel del tiempo. Regresemos a octubre de 1995, un viernes 13.

Era poco más de medianoche cuando un lujoso *BMW* negro cruzaba Turnpike a alta velocidad. Con el pie firme en el acelerador iba una bella joven de Río de Janeiro, morena, esbelta, de cabellos lisos y oscuros y las cejas arqueadas. Adriane usaba collares, pulseras y anillos dorados. Iba acompañada por Lorice, a quien había ido a buscar al Hotel Marriot, en Boca Ratón.

Era una noche típica de los otoños en el "Estado del Rayo de Sol", según reza el lema oficial de Florida, con 25 grados y el cielo limpio. En una fracción de segundo el coche se descontroló a más de 160 km/h, hizo un giro, volcó y cayó en el lago. La joven morena quedó atrapada entre los hierros. Su amiga, herida, fue retirada del vehículo por unos conductores que se detuvieron en el lugar. Adriane de Almeida Cabete, de 23 años, murió ahogada en la madrugada de aquel viernes. El accidente acabó con el cuento de hadas que ella había comenzado a vivir unos meses antes en Brasil.

La mayor parte de este cuento de hadas se había desarrollado en Florida, la tierra de los parques de diversiones de Disney, en Orlando. Una de las principales atracciones de por allá es el Castillo de la Cenicienta, copia del original de Neuschwanstein, en Alemania, escenario de la historia de una chica pobre a quien un hada madrina transforma en princesa. Para la estudiante Adriane, nacida y criada cerca de la Favela do Alemão en Río de Janeiro, el condominio de lujo Polo Club, en Delray Beach —de donde ella había salido manejando su carruaje convertible—, era la materialización de un castillo. En el cuento, el encanto de Cenicienta termina a medianoche.

El accidente que convirtió en calabaza el mundo de Adriane ocurrió seis minutos después de la medianoche. En el relato infantil, la zapatilla de cristal perdida por Cenicienta al bajar corriendo la escalinata del palacio del baile real conduce al príncipe del final feliz hasta la chica. En la historia de Adriane, el convertible es el hilo conductor de este libro y reportaje: el vehículo estaba a nombre de Ricardo Teixeira, en aquel entonces presidente de la Confederación Brasileña de Futbol (CBF), mandamás del futbol en Brasil, entonces cuatro veces campeón mundial, y esposo de Lúcia Havelange, hija de quien entonces era el todopoderoso presidente de la FIFA, João Havelange.

Una presunta relación entre Ricardo Teixeira y Adriane, 35 años más joven que él, sería un asunto meramente privado si no existiesen ciertos detalles intrigantes en el caso. En la fecha del accidente, Lorice Sad Abuzaid, la amiga de Adriane, trabajaba para Wagner José Abrahão, empresario de turismo, socio de negocios de Ricardo Teixeira y beneficiario de algunos contratos sospechosos con la CBF. Desde 1995, las cuentas bancarias de Lorice, Wagner y Ricardo Teixeira no hicieron más que crecer; y, según las revelaciones hechas en este libro, todavía van a crecer más con el Mundial de Brasil 2014.

Adriane es señalada como la culpable de la separación entre el directivo y Lúcia Havelange y, por ende, de la consecuente confrontación con el suegro que lo había lanzado y protegido en el mundo del futbol. El objetivo de este reportaje es separar los rumores de la realidad y responder algunas preguntas suscitadas por este episodio. Son asuntos de interés público, no de la vida privada. La investigación, como se verá, saca a la luz una red de conexiones, irregularidades e indicios que, aunque hayan ocurrido bajo el paisaje soleado de Miami, son, de hecho, bastante sombríos.

- - -

"Este es un tema personal. Ustedes no tienen ninguna autorización para hablar sobre esto. Mi madre y el doctor Ricardo Teixeira están preparados para demandarlos", amenazó por teléfono, a los gritos, la abogada Yolanda, hija de Lorice, cuando la contactamos.

A finales de 2013, los documentos disponibles en la Junta Comercial de Río de Janeiro, en departamentos y notarías públicas, probaban que Yolanda estaba equivocada. Este accidente no es un tema meramente personal. Al contrario, revela el involucramiento del ex presidente de la CBF con Wagner José Abrahão, uno de los principales beneficiarios de los negocios que vinculan a la CBF con la FIFA en torno al Mundial de Brasil.

Los documentos muestran que, en la época del accidente, Lorice, la sobreviviente, ya era empleada de Abrahão. También fue ella quien le consiguió los trabajos esporádicos a Adriane en la agencia de viajes contratada por la CBF. Esos primeros contactos fueron fundamentales para que la joven frecuentara el mundo de Teixeira en Miami.

Aparte de la familia de Adriane, que sigue viviendo en el mismo departamento humilde en la zona norte de Río de Janeiro, las demás personas ligadas al accidente se enriquecieron, y mucho, en las últimas dos décadas. Lorice era una simple empleada en una de las empresas de Abrahão, dueño de la agencia contratada para organizar los viajes de la selección brasileña y de los directivos de la CBF (también para el Mundial de 1994, el año anterior, en Estados Unidos). Entonces, a los cuarenta años, vivía con su esposo, un abogado laboral. Los dos compartían un departamento de clase media en el centro de Niterói.

En el año del Mundial de Brasil, Lorice, víctima y testigo del accidente, es ex socia de Abrahão que, a su vez, mantiene negocios no siempre claros con Ricardo Teixeira. Abrahão, dueño del Grupo Águia, dividió con otra empresa, la Traffic (de J. Hawilla, amigo personal del directivo), el derecho de comercialización de los paquetes *hospitality* (las entradas VIP) para el Mundial del 2014, una de las partes más lucrativas del evento. La previsión era que el negocio llegaría a los casi mil millones de reales solo con la venta de los 210 mil paquetes para el mercado brasileño. No es difícil adivinar quién ayudó a Abrahão en esta jugada: Ricardo Teixeira.

Divorciada, la hoy gerente de viajes Lorice dejó su departamento en Niterói y actualmente vive con su hija Yolanda en un condominio de lujo en el elegante barrio de Barra da Tijuca, en la zona oeste de Río de Janeiro. Ahora invierte en inmuebles en la región. Es admiradora de Ronaldo Fenómeno, Kaká, Ronaldinho Gaúcho y Neymar.

Aficionada de la selección brasileña, se hizo vecina de artistas y futbolistas. Su apariencia también cambió sustancialmente, al igual que su círculo de amistades. A sus sesenta años de edad, en vez de aquella piel pálida de la época del accidente, Lorice ostenta un cuerpo bronceado y ropa de marca. A pesar de los casi veinte años transcurridos desde la tragedia, hoy aparenta ser más joven. "En la tierra donde reina la leona, ninguna perra pone su pata", posteó recientemente en la red social *Facebook*. La frase ilustra la foto de un calzado de tacones rojo y negro, los colores del club Flamengo, el equipo de su corazón, así como de Ricardo Teixeira.

El momento que hizo que Lorice se sintiese la reina de la selva se presentó el 12 de mayo de 1999. Tres años y siete meses después del accidente, ella se hizo socia y gerente de una de las empresas de turismo de Abrahão en Río de Janeiro, RM Freire Viagens e Turismo, Ltda. De acuerdo con la Junta Comercial de Río de Janeiro, el empresario recurrió a un artificio para disfrazar la nueva asociación con su antigua empleada. En vez de entrar en la compañía como persona física, utilizó dos empresas suyas para figurar en el cuadro societario de la RM: Iron Tour Operadora Turística, Ltda., y Thathithas Empreendimentos e Participações, Ltda. Lorice dejó de participar en la empresa en octubre del 2000. Desde entonces, la agencia pasó a ser administrada por el propio Abrahão. Pero la agente de viajes continúa en el Grupo Águia. Todos los días despacha en la sucursal de Barra da Tijuca, desde donde se ha convertido en una de las principales directoras de la empresa.

En cuanto a Wagner Abrahão, patrón y ex socio de Lorice, podemos decir que le irá muy bien con el Mundial del 2014. Se espera que facture cerca de quinientos millones de reales con el campeonato. Es una gran rebanada del pastel de turismo del Mundial; pastel que, de acuerdo con los pronósticos —quizás un tanto desorbitados— del Ministerio del Deporte divulgados en 2010 moverá 9,400,000 reales brasileños durante el Mundial, más de 40% de los cuales serán pagados por turistas extranjeros.

El amigo de Teixeira, sin embargo, no quedó satisfecho con esto. Cuatro agencias de turismo del Grupo Águia fueron seleccionadas por la CBF para operar el contrato de publicidad de la entidad con la TAM: Pallas Operadora de Turismo, Ltda., Top Service Turismo, Ltda., One Travel Turismo, Ltda., y Iron Tour Operadora Turística, Ltda. ¿Se acuerda de esta última? Es la misma agencia que fue socia de Lorice en la RM Freire Viagens e Turismo, Ltda. De acuerdo con el contrato firmado por Teixeira antes de abandonar la CBF, la aerolínea TAM pagaría siete millones de dólares por año para patrocinar a la selección brasileña, un balonazo que era depositado mensualmente en la cuenta de una de estas cuatro empresas. (En el 2013, el sucesor de Ricardo Teixeira en la CBF, José María Marin, finiquitó este contrato para firmar uno propio con la aerolínea GOL.)

El éxito de Abrahão en la rama del turismo es antiguo. Comenzó en los años setenta con la empresa Stella Barros, una de las pioneras en la venta de paquetes de viajes a Disney, pero los negocios del grupo se aceleraron sobre todo a partir de su relación con el futbol.

Abrahão, nacido en São Paulo, siempre trabajó en Río de Janeiro y se afirmó en el mercado del turismo deportivo durante el Mundial de España 1982. La trayectoria de sus empresas en esos más de treinta años estuvo marcada por polémicas y denuncias de fraude.

En 1994, durante el Mundial de Estados Unidos, la empresa ya era la agencia oficial de la CBF, contratada sin concurso para organizar los viajes de la selección brasileña y de los directivos bajo el nombre SBTR Passagens e Turismo, Ltda. En el Mundial de Francia 1998, el grupo fue acusado de perjudicar a sus clientes. A pesar de comprar sus entradas con meses de anticipación, los clientes de Abrahão tuvieron que ver la final entre Brasil y la selección local desde afuera del Stade de France. El empresario fue procesado y tuvo que pagar una fianza para poder abandonar el país.

En el Mundial de Alemania, ocho años después, fue acusado de otro acto ilícito: obligar a los turistas a comprar las entradas de los partidos junto con los paquetes turísticos. Él y Ricardo Teixeira fueron denunciados por el Ministerio Público y procesados por crímenes contra el orden económico y las relaciones de consumo por la venta en paquete. Para los fiscales del caso, Teixeira otorgó ventajas indebidas a la empresa Iron Tour, de Abrahão, la única autorizada por la

CBF para vender las entradas. En enero del 2007, sin embargo, un tribunal los absolvió a los dos, alegando que el Ministerio Público no había presentado ninguna prueba de que otra empresa manifestara interés por los paquetes.

En el periodo de 2000-2001 una de las agencias de Abrahão, Stella Barros, fue investigada por la Comisión Parlamentaria de Investigación por el caso Nike. En apenas dos años, entre 1998 y 2000, la empresa SBTR recibió de la CBF la cantidad de 31,104,293.89 reales, casi tres veces más que las 27 federaciones ligadas a la entidad. Según el informe de la Comisión, la agencia —que operaba para la CBF— habría montado un esquema para lavar dinero utilizando facturas infladas de boletos de avión y hospedajes en hoteles.

Frente a la Comisión Parlamentaria de Investigación, Ricardo Teixeira intentó minimizar su relación con Abrahão. Dijo que al asumir la CBF se limitó a mantener una empresa proveedora que ya le prestaba servicios a la entidad y que había sido una decisión "de la dirección". En aquella ocasión, el diputado doctor Rosinha pensó en voz alta: "Tengo la sospecha de que por lo menos Stella Barros está sirviendo como uno de los caminos para la malversación de fondos de la CBF". Pero la Comisión Parlamentaria de Investigación no fue más allá de las sospechas. La relación siguió siendo cercana y lucrativa, y sobrevive hasta hoy, con las operaciones millonarias del Mundial de Brasil. Los secretos de Florida, por lo visto, aún mueven mucho dinero.

Una parte de ese dinero parece esconderse tras las transacciones inmobiliarias que favorecen a Ricardo Teixeira. A pesar de haber acumulado una fortuna considerable durante los 23 años que estuvo al frente de la CBF (1989-2012), el directivo también recibe obsequios de su amigo Abrahão. En el 2011 la investigación de la serie de reportajes sobre la mafia del futbol exhibida por la TV Record reveló que, en una escritura asentada en la 9º Notaría de Registro de Inmuebles de Río de Janeiro, Cláudio Abrahão —hermano y socio de Wagner Abrahão en el Grupo Águia— en 2009 vendió al directivo un *penthouse* en Barra da Tijuca por 720 mil reales, el mismo valor que el empresario había pagado por el inmueble cinco años antes, solo que en la escritura Cláudio declaró dos millones de reales como base para el cálculo de los impuestos. En la época, los agentes inmobiliarios de la región evaluaron el inmueble en no menos de cuatro millones de reales.

- - -

Este *penthouse*, más que infravalorado, no es el único caso inmobiliario de Ricardo Teixeira. Una situación bastante similar se repite en el contrato del alquiler de la mansión del directivo en el condominio Polo Club, en Delray Beach, al norte de Miami, como mostraremos más adelante. El directivo frecuentó el lugar hasta el 2013.

Fue desde ese condominio que Adriane, la amiga "muy querida" de Teixeira, había partido hacia su muerte en un *BMW* negro convertible la noche de 12 de octubre de 1995. Estuvimos en esa mansión en enero de 2014 buscando documentos e indicios del accidente alrededor del cual giran las relaciones nebulosas entre Teixeira, Lorice y los hermanos Abrahão.

En ese mismo viaje conocimos la State Road 91, o Florida Turnpike, lugar de la tragedia. Comparada con las carreteras brasileñas, la Turnpike es bastante segura. Con cuatro pistas, dos de cada lado, posee buen drenaje y amplios acotamientos. No se nota ninguna falla o bache en la pista. Vigilantes atentos hacen rondas en todos los trechos de la carretera. Basta con que un vehículo se detenga para que en menos de cinco minutos un policía se aproxime en un vehículo oficial o encubierto, como nos sucedió a nosotros.

Bandadas de cuervos se agolpan sobre los letreros de señalización. Aunque tengan plumas negras brillantes y un graznido semejante al de las gaviotas, en Estados Unidos esos pájaros son considerados como una señal de mal agüero. Más impresionantes que las aves taciturnas son los anuncios espectaculares con fotos de abogados que se suman a lo largo del trayecto. Sin ningún empacho ellos se ofrecen para procesar al estado de Florida en caso de accidente en la autopista de la muerte.

En el trecho del accidente, Adriane enfrentó algunas curvas suaves, nada más. El lugar en donde se salió de la pista está en medio de una larga recta, lo que hace improbable que haya perdido el control del vehículo por la velocidad. La noche de la tragedia la autopista estaba seca. De acuerdo con el informe firmado por el cabo Fredrick Brown, de la Policía de Caminos de Florida, encargado de la investigación 795.68.23, Adriane circulaba en el carril interno, rumbo a Orlando, cuando frenó bruscamente y se desvió hacia la derecha por algún motivo desconocido. El automóvil atravesó el acotamiento y comenzó a girar en el césped que está al lado de la autopista. Dio un giro y medio y cayó, con las ruedas hacia arriba, en un lago que hoy está seco. Solo queda un inmenso charco de lodo. En el acotamiento brotó un jardín natural de flores amarillas y moradas.

Testigos que circulaban por el mismo trecho de la autopista dijeron que el *BMW* conducido por Adriane viajaba a más de 160 km/h. Entre ellos, Michael Lyons afirmó haber visto una pequeña nube de humo o polvo saliendo del lado izquierdo del convertible antes del accidente. Otro conductor, Mike González, dijo que el auto conducido por la brasileña viajaba a alta velocidad con las luces apagadas. Según el informe pericial, la primera marca de enfrenón en el asfalto quedó cerca de 340 metros antes de donde el auto se detuvo, indicio de que Adriane conducía a una velocidad superior a la recomendada para el trayecto, que es de 100 km/h. Mike González, el conductor que se detuvo para ofrecer ayuda, dijo a la policía que al bajar de la autopista hasta el lago encontró a la pasajera Lorice pidiendo auxilio a gritos.

"Mi amigo y yo corrimos hacia el coche, pero no podíamos ver nada. Cuando metí la mano en el auto sentí la mano de la otra víctima y empecé a gritar preguntando si estaba bien. No hubo respuesta. Di la vuelta y empecé a patear la puerta hasta que se abrió. Saqué a la víctima; otras personas y mi amigo me ayudaron a cargarla", contó en su testimonio a la policía.

Adriane fue declarada muerta a la una y media de la madrugada en el Hospital St. Cloud por el servicio de urgencias del Condado de Osceola. Los exámenes demostraron que ella no había consumido alcohol ni drogas. "La conductora del vehículo 1 se ahogó al quedar atrapada en el suelo húmedo del fondo del canal", registró el cabo

Brown. Culpó a Adriane por su propia muerte. De acuerdo con la recomendación del oficial, la fiscalía de Florida no inició ninguna investigación por homicidio. Según el certificado de defunción, Adriane era estudiante de secretariado.

Por primera vez, la madre de Adriane habló sobre este tema fuera de su círculo familiar. Conversamos con Mariza poco antes de la Navidad del 2013, una época que acentúa el sentimiento familiar. "Dejen eso en paz. Mi hija es sagrada." En una entrevista grabada por el interfón de su casa nos contó un poco sobre la vida de Adriane: "Mi hija fue a los Estados Unidos gracias a Lorice, una amiga de la familia desde hace años. Ella (Adriane) estudiaba y trabajaba. Todo lo que mi hija tenía era fruto de su trabajo". Mariza nos relata que Adriane trabajaba para Lorice, que era agente de turismo de la CBF. Las dos viajaban siempre juntas.

Viuda desde hace tres años y enferma, Mariza cuenta que hasta el día de hoy la familia no se resigna a la pérdida de su hija Adriane. A sus 73 años dice que nunca antes había mencionado el nombre del ex presidente de la CBF. Cualquier insinuación de que su hija pudiese haber tenido un romance con Ricardo Teixeira provoca la indignación entre los familiares. "No conozco a ese muchacho, no sé quién es. Solo sé que aquel era el coche en el que murió mi hija", dijo. "Olvídeme, por el amor de Dios. Nunca voy a hablar sobre eso. Pasó. Ya pasó."

Además del dolor por la pérdida de una hija, Mariza tiene otro motivo para querer ser olvidada por la prensa. Según el periodista Juca Kfouri, la CBF pagaba, por lo menos hasta junio de 2011, el seguro de salud de la madre de Adriane, quien nunca trabajó para la Confederación, por un valor de 612 reales mensuales.

Juca Kfouri fue quien reveló el accidente que acabó con la vida de la hija de Mariza. En su columna del periódico *Folha de São Paulo* dio la noticia de la tragedia el 23 de octubre de 1995, y también informó que, por causa de Adriane, el matrimonio de Ricardo Teixeira y Lúcia Havelange había entrado en crisis.

"La causante de la posible separación —que traería consecuencias obvias para el porvenir del futbol brasileño— murió en un accidente automovilístico el pasado 12 de octubre en la carretera que va de Miami a Orlando. Se durmió al volante, girando tres veces para luego caer en un lago a la orilla de la carretera. Al ser atendida, falleció en la ambulancia", escribió.

La información era correcta en lo general, a pesar de la imprecisión de los detalles. Según la policía de Florida, el accidente sucedió en la madrugada del día 13 y el número de veces que el vehículo giró sobre sí mismo no corresponde con lo que consta en la investigación oficial. El siguiente párrafo ofrece una información que nunca fue confirmada: "El presidente de la CBF estaba con ella, algo que la familia de la joven niega, pero que los amigos íntimos confirman detalladamente, señalando que Teixeira prestó toda la ayuda necesaria, aunque buscando siempre no involucrarse públicamente en el episodio".

La columna, titulada "Interés público", provocó un huracán en el medio deportivo. En una larga entrevista ofrecida a la revista *Playboy* en diciembre de 1999, el presidente de la CBF fue cuestionado por el reportero Carlos Maranhão sobre si él "estaría involucrado en el accidente automovilístico en Florida en el que murió una brasileña que supuestamente era su novia". Teixeira contestó: "Yo no sufrí ningún accidente. No estaba en Florida, ni siquiera estaba en Estados Unidos ese día. ¿Sabe dónde estaba? En un partido entre Brasil y Uruguay, disputado en Salvador, junto a Antônio Carlos Magalhães. Como ese hecho podía ser fácilmente comprobado, surgió una nueva versión según la cual yo había viajado de Salvador a Miami en un *jet* privado, me había subido a un auto y estaba involucrado en ese accidente. Bueno, me fui de Salvador a Río de Janeiro junto con la delegación, y ese también es un hecho público. Se trata de una infamia. Pero para algunos esto se convirtió en una verdad". Ningún documento oficial sobre el accidente cita la presencia de Teixeira en el automóvil.

Sobre Adriane… ni una palabra. No negó ni confirmó que la víctima fuera su novia. Kfouri sostiene la información: "Era su novia. Incluso consta que él fue muy atento con los familiares de ella y que los trató muy bien", cuenta el periodista, que nunca fue desmentido o procesado por esta explosiva revelación.

La noticia de la muerte de la "causante de su separación" publicada en un diario de circulación nacional enojó a Teixeira. Puede que haya enterrado de una vez y para siempre cualquier posibilidad de reconciliación con Lúcia. Alguna relación existía entre Adriane y Teixeira. Él mismo lo admitió en su declaración a la Comisión Parlamentaria de Investigación, instaurada en el Congreso Nacional en el año 2000 —cinco años después del accidente— para investigar los contratos entre la CBF y Nike, fabricante de productos deportivos y patrocinadora de la selección desde junio de 1996. El directivo habló sobre la joven al ser cuestionado por el diputado doctor Rosinha.

—También posee un *BMW* que no está declarado en el impuesto sobre la renta. El *BMW* de Estados Unidos.

—Excelencia, usted sabe que un automóvil, así como cualquier propiedad que se tenga, que ingrese y egrese en el mismo año, no es necesario declararlo —contestó Teixeira.

—¿Ese auto era suyo, usted era el propietario y lo vendió en el mismo año?

—Excelencia, creo que usted está queriendo llegar a algo que para mí es muy triste.

—Yo no voy a llegar a ningún lugar que sea triste para nadie —retrucó el legislador.

—Ese vehículo sufrió un accidente en Estados Unidos y falleció una persona que yo quería mucho.

Era tan querida que, según la investigación de la policía estadounidense, la dirección que constaba en la licencia de conducir de Adriane pertenecía al mismo condominio de la casa de Teixeira. En el documento de la chica estaba registrado: 16881, Knightsbridge Lane, Delray Beach.

El automóvil del presidente de la CBF estaba registrado en el número 16879 de la misma calle.

Fuimos a investigar.

– – –

Delray Beach es fruto de la tremenda expansión inmobiliaria de Florida, que parte de Miami, hacia el Sur, en dirección a Homestead, y hacia el Norte, en dirección a West Palm Beach. En la inmensa franja de arena bañada por el océano Atlántico se instalaron los jubilados venidos de otras partes de Estados Unidos para huir del frío e inversionistas de América Latina; muchos de ellos traían dinero sucio a la "Lavandería Florida". A diferencia de la arena blanca y fina de la mayoría de las playas del vecino Caribe, allí la arena es oscura y burda. El paisaje deja mucho que desear en cuanto a belleza cuando se le compara con los destinos turísticos del noreste de Brasil. El gran atractivo está un poco más acá de la arena barrosa, en las mansiones de los condominios que se ofrecen a precios relativamente accesibles a todo aquel que quiera invertir su dinero de forma segura, lejos de casa.

Otra ventaja de Florida es la facilidad para hacer negocios desde ahí con los paraísos fiscales, como las Islas Caimán, en el Caribe, y otros. Mucha gente tiene empresas registradas en las Islas sin jamás haber estado allí. Son solo destinos para el dinero de origen indefinido. En un mundo de transacciones electrónicas, el dinero circula físicamente entre las cuentas bancarias de Miami. La ciudad dispone de un ejército de abogados dispuestos a ayudar a quien pretenda abrir estas empresas o, simplemente, esconder su dinero.

Fue en ese escenario donde se instaló Ricardo Teixeira. El condominio Polo Club es impresionante. Quien se estaciona cerca de la entrada puede ver un desfile de carrazos: *Mercedes, Camaros, Porsches*. Uno de los policías de seguridad —con uniforme color caqui y sombrero, a semejanza de los *sheriffs* de la ostentosa policía estadounidense— nos informó que el número 16881 de Knightsbridge Lane, que constaba en la licencia de conducir de Adriane, no corresponde a un inmueble, pero que el número 16879 sí es de una casa: la de Ricardo Teixeira.

El visitante que recorre las calles del condominio puede apreciar los jardines bien cuidados, con el estilo predominante de la región, y que no hay muros entre las casas. Es un lugar silencioso, sin la violencia y el estrés de las metrópolis. Knightsbridge Lane es una calle circular. En el centro hay un lago artificial. La casa que Teixeira llegó a ocupar allí, la primera que tuvo en Florida, es una construcción acogedora de 215 metros cuadrados, tres habitaciones y una alberca que se integra en la parte trasera con un lago, compartido con los vecinos. El inmueble estaba a nombre de una empresa, Globul, con sede en el principado de Liechtenstein, un pequeño país enclavado en los Alpes, entre Austria y Suiza. El principado es un refugio fiscal europeo, conocido por garantizar el sigilo absoluto de quienes usan su sistema bancario.

Pero el día 13 de diciembre del 2000 la Comisión Parlamentaria de Investigación de Nike, creada para investigar los negocios de la CBF, autorizó la suspensión del secreto bancario y fiscal de Ricardo Teixeira en Brasil. En la declaración del impuesto sobre la renta del directivo en 1997 apareció un depósito por 12,185.55 reales a la empresa Globul. Según Teixeira, se trataba del pago de la renta de la casa de Miami, referente a todo el año anterior: cerca de 1,000 reales por mes (5,000 reales en valores actuales). Los legisladores desconfiaron de la versión de Teixeira y le solicitaron pruebas. El presidente de la CBF envió un contrato de renta, firmado el 15 de marzo de 1995, siete meses antes del accidente de Adriane. El costo mensual: 1,500 dólares. Pero los miembros de la Comisión Parlamentaria de Investigación fueron más allá; llamaron a una inmobiliaria de Miami, misma que les garantizó que el alquiler de una casa de ese tipo en aquella región no sería inferior a 5,000 dólares al mes.

En 1996, pocos meses después del accidente en el cual murió Adriane, la casa se vendió a una pareja estadounidense. ¿Quién fue el intermediario? Solimare International Inc., la empresa de un amigo de Ricardo Teixeira, el empresario de São Paulo Waldemar Verdi Junior.

Pero el directivo no se quedaría mucho tiempo sin tener un techo en la región. De inmediato, en abril de 1997, la misma Solimare intercedió en la adquisición de una casa en el mismo condominio. Esta vez, sin embargo, el tamaño era tres veces mayor. ¿Adivina usted a quién se la compró? A la misma empresa Globul.

Ahora bien, adivine quién se fue a vivir allá. No es necesario ser muy listo para saberlo: Ricardo Teixeira. Según las pesquisas realizadas por la Comisión Parlamentaria de Investigación frente al Registro de Inmuebles de Florida, el valor de la transacción fue de 924,400 dólares. Una vez más, Teixeira dijo que no era el dueño de la casa y que pagaba la renta a Globul por el inmueble de 600 metros cuadrados, en el número 5896 de Vintage Oaks. En 2001 se produce el gran final: Globul vende la casa a Ricardo Teixeira por 800 mil dólares. Es decir, ¡la empresa aceptó revenderle la propiedad al directivo con una desvalorización de casi 125 mil dólares! Es como si usted vendiese su casa por un valor 14% menor al que pagó por ella cuatro años antes.

En las páginas 192 y 193 de su informe final, la Comisión Parlamentaria de Investigación lanzó más cuestionamientos sobre las transacciones de Teixeira: "El 26 de diciembre del 2000 (la Comisión Parlamentaria de Investigación CBF/NIKE acababa de ser instalada), en el penúltimo día hábil del año, en la misma fecha, Ricardo Teixeira hizo dos envíos de dinero al exterior, transferencias internacionales en reales, a su propio nombre: una por 602,160 dólares y otra por 246,628.44 dólares. Las dos remesas fueron enviadas por medio del Rural International Bank, de Nueva York". Se desconoce el motivo de estos envíos.

Era un periodo durante el cual el directivo estaba bajo la lupa de los investigadores. Se pretendía regularizar la "compra" de la casa de Miami para poder incluirla en la declaración del impuesto sobre la renta 2001 en Brasil, librándose así de eventuales problemas. Ese sería el camino. Además, en su declaración ante la Comisión Parlamentaria de Investigación, Teixeira manifestó su intención de incluir la casa en la próxima declaración de impuestos. Aun así, en todo momento negó ser dueño o socio de Globul. Hizo lo mismo con otra compañía muy mencionada más adelante en este libro, la Sanud. Sin embargo, en ese caso fue desmentido de forma espectacular.

Cuando sucedió la tragedia de la muerte de Adriane en Florida, el presidente de la CBF tenía 48 años de edad, llevaba 23 años de casado con Lúcia, la hija de João Havelange, y todavía saboreaba las mieles de una victoria reciente. En el año anterior la selección brasileña había conquistado el título mundial bajo la tutela de Teixeira, curiosamente o no, en Estados Unidos. La victoria por penaltis contra Italia se produjo cuando Roberto Baggio, principal estrella del equipo rival, pateó el balón por encima del travesaño defendido por el guardameta Taffarel. ¡Un balonazo fallido fue lo que consolidó la imagen de vencedor del directivo!

Mientras millones de brasileños soltaban el grito de victoria atorado en la garganta por 24 años, Teixeira daba su grito de independencia. Hasta aquel momento él era solamente el "yerno". Había alcanzado el cargo más importante del deporte nacional en 1989 sin haber dirigido ni un solo club. Había sido colocado en el cargo de presidente de la confederación de un país apasionado por el futbol gracias a las maniobras de João Havelange. Cuando Dunga levantó la copa en el estadio Rose Bowl, Teixeira por fin empezó a salir de la sombra del suegro con una distinción clara en relación con Havelange: mientras João siempre se movió con discreción en los bastidores, con su principal arma en el juego político, Teixeira era osado y arrogante. A lo largo de su carrera, el hombre que nunca jugó en ningún equipo chocó contra algunos de los mayores ídolos del futbol brasileño; entre ellos, Pelé, Zico, Romário y Ronaldo.

En la embriaguez de la victoria del Mundial de Estados Unidos, Teixeira expuso otro rasgo de su personalidad: la creencia en la impunidad. El directivo protagonizó lo que en la crónica deportiva se llamó "el padre de todo los vuelos de contrabando". Once toneladas de exceso de equipaje de jugadores y directivos que entraron al avión que condujo a la delegación campeona de regreso a Brasil. Cuando Hacienda se disponía a intervenir, Teixeira movió sus hilos en Brasilia y consiguió liberar el equipaje de sus amigos. Tiempo después la CBF asumió el pago de cerca de 50 mil reales en impuestos, gracias a una acción judicial.

El escándalo no le hizo mella a Teixeira. Para él, el único vuelo que importaba era el que lo llevaría a Zúrich a ocupar el puesto de Havelange. Después de veinte años en el cargo, el presidente de la

FIFA ya pensaba en retirarse y, desde luego, en su sucesión. El proyecto era entregarle el cargo al yerno y dejarlo todo en familia.

Todo andaba bien hasta aquel viernes 13 de octubre de 1995, cuando la muerte de Adriane en la autopista de los cuervos cambió la suerte de Teixeira y alteró de forma definitiva su relación con Havelange, iniciada casi treinta años antes bajo una lluvia de confeti.

VIDA DE TRES

*La organización. La atención a los detalles. La eficiencia.
Los juegos de Berlín [en 1936] fueron de los mejores
espectáculos que vi en toda mi vida. Todo era grandioso
y perfecto. Hay que recordar cuál periodo de la historia
era aquel. Todos admiraban el progreso de Alemania.*

João Havelange

E l carnaval de 1966 fue trágico. A principios de año, lluvias to-
rrenciales castigaron a Río de Janeiro con la peor tempestad del
siglo pasado. Los deslizamientos de tierra enterraron dos edificios
y una casa y afectaron a miles de personas. El drenaje de la ciudad
se desbordó y contaminó la red de agua pluvial. El gas y la energía
eléctrica fueron racionados. Doscientas cincuenta personas murieron
y más de cincuenta mil quedaron sin techo.

El desastre también afectó a las escuelas de samba, que vieron des-
truidos sus vehículos alegóricos y sus disfraces. El símbolo de aquel
carnaval fue el desfile de la escuela Imperio da Tijuca, que con su casa
destruida decidió entrar en la avenida con un pequeño grupo de participantes, sin canción ni evaluación de los jurados. Los gobiernos estatal y municipal lanzaron campañas para motivar a la población para
que saliera a las calles. Creada en abril del año anterior, la TV Globo

hizo su primera transmisión de los desfiles de las escuelas de samba, los grupos populares del centro de la ciudad y también del tradicional baile del hotel Copacabana Palace.

Sin la elegancia del famoso hotel de cinco estrellas de la Avenida Atlántica, un baile en la ciudad de Teresópolis cosechaba éxitos entre la elite de Río de Janeiro, refugiada del calor en la región de la sierra. Entre máscaras, serpentinas y confeti, bailaba la adolescente Lúcia Hermanny Havelange, hija única de uno de los hombres más importantes del país. João Havelange completaba en aquel año una década al frente de la Confederación Brasileña de Deportes (CBD). Tenía control total sobre el deporte nacional, en especial el futbol. La selección brasileña era entonces bicampeona del mundo y la fuerza del directivo se sentía hasta en los cuarteles militares. El ejército detentaba el poder después del golpe de Estado del 31 de marzo de 1964.

Mientras el padre volvía de un viaje al estado de Espírito Santo, adonde había ido a pedir ayuda a Nuestra Señora de la Penha para la conquista del tercer Campeonato Mundial de Futbol (como ya había hecho en 1958 y 1962), la joven Lúcia se disponía a divertirse en el carnaval. Ella no sabía que su vida iba a cambiar de rumbo en un baile del Club Lúcas; y no solo la de ella. Si su padre hubiera sabido prever el futuro, seguramente hubiera platicado un poco más con Nuestra Señora de la Penha.

En medio de la diversión, Lúcia fue presentada a una muchacho de Minas Gerais, de 1.78 m. Tenía un rostro simpático, de mejillas abultadas, redondo como una galleta. A los 18 años, sin embargo, Ricardo Terra Teixeira mezclaba timidez con actitud. No era bajo ni alto, ni feo ni bonito, ni delgado ni gordo. Pero era listo, bien listo. Los dos comenzaron a conversar y se enamoraron.

Las marchas, esas canciones típicas de carnaval, compuestas por João Roberto Kelly, Osvaldo Nunes, Jorge Goulart y Chacrinha, animaban la fiesta como *Tristeza*, de Haroldo Lobo y Niltinho, la última samba tradicional que tuvo éxito en los carnavales. "Tristeza / Por favor vete ahora / Mi alma que llora / Está viendo mi fin". Se decretaba el fin de una era en la samba; *Tristeza* también podría lamentar el comienzo de los nuevos tiempos del futbol. El año siguiente, *Máscara*

Negra, de Zé Keti e Hildebrando Matos, fue un éxito instantáneo en la voz de Dalva de Oliveira que inauguraría los nuevos tiempos de las marchas de carnaval. Lúcia, Havelange y Ricardo no lo sabían entonces, pero esta canción sonaría en los oídos del muchacho como un himno particular. "Tantas risas, oh, cuánta alegría. / Más de mil payasos en el salón." Mil que los años transformarían en millones.

El clima, que era malo en Río de Janeiro, también empeoraría para el futbol brasileño.

Cuando Ricardo Teixeira nació, João Havelange ya daba sus primeros pasos como directivo. Era el 20 de junio de 1947. El futuro esposo de Lúcia vino al mundo en Carlos Chagas, una pequeña ciudad enclavada en el valle de Mucuri, en el norte del estado de Minas Gerais, a menos de cincuenta kilómetros de la frontera con el estado de Bahía. Según el censo de 2010, la localidad tiene poco más de veinte mil habitantes. La pacata ciudad, de esas que orbitan alrededor de una plaza con una iglesia, tiene también el Campo do Boroló, escenario de uno de los momentos más importantes de su historia.

Conocido como el "Estadio Anita Rodrigues", esta cancha ya fue sede de un partido oficial del Flamengo, equipo predilecto de Teixeira; y no fue cualquier equipo, fue el Flamengo de 1981, año en el que se consagró campeón de la Copa Libertadores y del Mundial Intercontinental, el equivalente de la época al Mundial de Clubes. El 14 de mayo, Mozer, Andrade, Nunes y Carpegiani, entre otros ídolos, enfrentaron al "poderoso" Carlos Chagas Futbol Club. Chiquinho y Leandro, lateral derecho de la mítica selección de 1982, marcaron los goles de la victoria del equipo de Río de Janeiro 2 a 0. El entonces alcalde de la ciudad, Celso Miranda, recuerda el partido con cariño. Cuenta con gusto que viajó a Río de Janeiro para organizar la visita del Flamengo, que hizo una gira por el interior del estado.

Para Celso, sin embargo, el gran día de la ciudad debió ser otro, el de un partido que nunca sucedió. En 1994, alcalde nuevamente, dispuso una enorme fiesta para el ciudadano más ilustre de la ciudad que acababa de conquistar el cuarto campeonato mundial durante su presidencia en la CBF. Reservó en la agenda de la ciudad el Día de la Independencia para agasajar a don Ricardo I. Invitó a políticos y directivos deportivos, convocó a la prensa, adornó la ciudad con los colores de la *verde-amarela* y otros temas futbolísticos. Teixeira, que según el alcalde había confirmado su presencia por escrito, nunca apareció. "Él es un malandrín. Hizo un acuerdo conmigo y no cumplió su parte. No se apareció ni nos dio una explicación", se exalta Miranda, lleno de rencor. "Ahora, a él le han descubierto un montón de cosas y tuvo que huir de Brasil."

Antes, mucho antes de eso, Teixeira se fue de Carlos Chagas, sitio con el que no parece haber guardado ningún vínculo sentimental. Tenía apenas meses de vida cuando sus padres se mudaron a Belo Horizonte. En la capital del estado estudió en un internado desde los nueve hasta los once años de edad. Como todo muchacho, creció entre partidos de futbol pero él mismo lo acepta: "no servía mucho para eso".

Eduardo José Farah, presidente de la Federación de Futbol de São Paulo durante quince años, suele decir que es necesario darle codazos a Ricardo Teixeira durante los partidos para que no se duerma. Fuente poco confiable por naturaleza, es probable que Farah desvaríe un poco con su relato sobre cómo se portaba en las tribunas. El hecho es que Teixeira nunca jugó futbol en toda su vida. No tuvo ninguna intimidad con el balón antes de decidir su destino.

Durante su adolescencia, la familia se mudó de nuevo, esta vez a Río de Janeiro. Su padre, Expedito Teixeira, empleado del Banco do Brasil, era transferido con cierta regularidad. Cuatro años después de la llegada a Río de Janeiro vino una nueva mudanza, pero esa vez Teixeira no siguió a sus padres pues ya era novio de la hija de Havelange.

Yerno y suegro fueron presentados por Lúcia después del trágico carnaval de 1966. Los dos relatan que la simpatía fue inmediata y recíproca. Ricardo Teixeira entraría en la vida de João Havelange quizá con más intensidad que en la de su hija. Había un vacío que llenar porque Havelange siempre había querido tener un hijo varón. Antes del nacimiento de Lúcia, el primero de octubre de 1949, su esposa Anna María perdió dos varones, uno a los siete y otro a los cinco meses de gestación. Después del nacimiento de Lúcia hicieron un nuevo intento, pero engendraron otra niña que nació prematura, de seis meses, y apenas vivió algunas horas.

Ricardo Teixeira vino a llenar la carencia paternal de Havelange. Después de cinco años de idilio, el padre entregó la mano de su hija a Teixeira y tres años después vino el casamiento. Teixeira conquistó de un solo golpe a quien estaba en camino de convertirse en el hombre más poderoso del futbol mundial: le dio un nieto, un nieto Havelange.

El 4 de mayo de 1974, a casi un mes de las elecciones de la FIFA, nació el primero de los tres hijos de Lúcia Havelange y Ricardo Teixeira: Ricardo Teixeira Havelange. Sí, Teixeira Havelange. El yerno astuto —y travieso— fue a la notaría e invirtió el orden de los apellidos.[1] Ahora, João Havelange, fruto de la patriarcal elite de Río de Janeiro de comienzos del siglo XX, estaba plenamente realizado como jefe de familia: tenía en el yerno a un hijo varón y la continuidad de su árbol genealógico asegurada. De un plumazo, Teixeira había dado una impresionante demostración de fidelidad, sometimiento y capacidad estratégica. Le demostró a su suegro que estaba listo para seguir sus pasos.

- - -

João Havelange no vino a este mundo a pasar el rato. Él es un competidor nato que enfrentó con gusto todos los obstáculos que se presentaron en su camino. Su primer enfrentamiento fue con el destino, antes de nacer, pero cuenta como si la victoria hubiera sido suya. Así como su yerno, él es un adepto del lema: "yo gané, nosotros empatamos, ustedes perdieron". Cuatro años antes de nacer, su padre, Faustin Joseph Godefroid Havelange, escapó de la tragedia. En abril de 1912, Faustin, que pasaba una temporada en Liège, Bélgica, donde nació, compró un pasaje de barco para resolver ciertos asuntos pendientes en Perú. El buque partiría el día 12 de Southampton, Inglaterra, con destino a Nueva York, Estados Unidos, donde tomaría

---

[1] En Brasil los niños llevan primero el apellido materno y en segundo lugar el paterno. (N. del t.)

otra embarcación hacia América del Sur. Ese barco era el *Titanic*. Como pocas veces en su vida, Faustin se retrasó y João Havelange ganó su primer partido.

"El *Titanic*, cuyo destino final todos conocen, iba a ser uno de los medios de transporte del último viaje de su padre a Perú, antes de pasar por su novia belga, Juliette Ludivine Calmeau, y venir a Brasil." En Brasil, Faustin fue representante de ventas de la empresa bélica Veuve Laport et Fils. Curiosamente, la tienda de armas y municiones de Havelange padre quedaba en la Rua da Alfândega, en pleno centro de Río de Janeiro, el mismo lugar donde después se construiría la sede de la CBD y de la CBF. Y fue en el segundo piso de esa tienda donde el 8 de mayo de 1926 nació Jean-Marie Faustin Godefroid Havelange, conocido como João.

Él, Jules (su hermano mayor, que sería conocido como Júlio) y Helena (la hermana menor) fueron criados bajo una educación rígida, siempre en francés. Mano dura que, según João, le impidió seguir la carrera de futbolista profesional en el Fluminense, club con el cual fue campeón juvenil en 1931 a pesar de la oposición de su padre, quien no veía en ese deporte una oportunidad de ascenso social. Faustin quería que su hijo compitiera, pero en el agua. Supervisaba personalmente a João y a Júlio en sus entrenamientos en las albercas y nutría en ellos la expectativa de que llegaran a competir en las Olimpiadas.

De hecho, João compitió en las Olimpiadas, pero Faustin no llegó a verlo. El 8 de noviembre de 1934, dos años antes de que su hijo se embarcara hacia las Olimpiadas de Berlín, no resistió un derrame cerebral. "Antes de morir prometí a mi padre que cumpliría su deseo de nadar en las Olimpiadas", le contó al periódico *Folha de São Paulo* en junio de 1998.

João Havelange no ganó nada en la capital alemana, pero salió encantado con el país de Adolph Hitler. "La organización. La atención a los detalles. La eficiencia. Los juegos de Berlín fueron de los mejores espectáculos que vi en toda mi vida. Todo era grandioso y perfecto. Hay que recordar cuál periodo de la historia era aquel. Todos admiraban el progreso de Alemania", declaró Havelange en la década de los noventa, frase reproducida por el escritor inglés

David Yallop en el libro *How They Stole the Game* que expone las entrañas de la FIFA.

Declaración cuando menos irónica si consideramos que en una de las incursiones del ejército nazi sobre Bélgica durante la Segunda Guerra Mundial, un primo de Juliette, la madre de João, fue ejecutado por los alemanes que ocupaban la fábrica de la familia.

Hitler, que aún rearmaba a Alemania en la época de las Olimpiadas de Berlín, usó el evento para presentar una nueva potencia al mundo, construyó estadios suntuosos, promovió ceremonias grandiosas, como el recorrido de la antorcha olímpica, y dio inicio a las modernas técnicas de filmación del deporte que exaltan a los héroes olímpicos, en especial a los de la raza aria. Desde entonces, los novedosos e inusitados ángulos presentados en *Olympia*, la película de la cineasta Leni Riefenstahl sobre los Juegos, son la norma para el registro de los grandes eventos deportivos.

La muerte de su padre y la fascinación por las Olimpiadas de Hitler dicen mucho sobre la personalidad de João Havelange: un sujeto apegado al ambiente familiar, conservador, persistente, obcecado y autocrático. Mientras el "organizado" Hitler ya cimentaba sus planes expansionistas, João pensaba en la medalla que le dedicaría a su padre.

Como en esa época la natación era un deporte *amateur*, João necesitaba trabajar para sustentarse. En 1937 consiguió un empleo de oficina en la siderúrgica Belgo Mineira, presidida por Jules Verelst, de quien Faustin había sido padrino de bodas. Dos años después presentó su renuncia y se mudó a São Paulo. Con el *know-how* que había adquirido en ese sector abrió, junto con su hermano Júlio, una oficina de representación comercial siderúrgica en el centro de la capital. Poco tiempo después, João pasó a trabajar como abogado para la empresa Auto Viação Jabaquara, que luego se llamaría Viação Cometa, en la cual trabajó durante 62 años y de la que llegó a poseer una participación minoritaria.

Mientras tanto, el sueño deportivo se mantenía en paralelo. João, que ya era uno de los principales nadadores de Brasil, no abandonó el deporte ni un solo día. En cuanto llegó a São Paulo se inscribió en el Club Espéria, uno de los más renombrados de la ciudad, localizado en la orilla del Río Tietê. Allí se llevaba a cabo uno de los eventos más importantes del país: la Travesía a Nado de São Paulo. Las pruebas, que tuvieron lugar entre 1924 y 1944, eran presenciadas por miles de personas y rivalizaban en popularidad con la Carrera de São Silvestre.

La penúltima edición del evento casi marcó la última etapa en la vida de João Havelange. El 28 de diciembre de 1943, dos días después de conquistar el tercer campeonato de la Travesía, João sintió fuertes dolores de cabeza. Estaba en Río de Janeiro para celebrar el Año Nuevo con la familia y su novia, Anna María Hermanny, a quien había conocido por las mismas fechas del año anterior. Se sintió mal y le pidió a su madre que lo llevara al hospital porque temía tener un tumor en el cerebro. Fue internado de inmediato: había contraído tifus durante la prueba. "El médico le dijo a mi madre: 'solo sobrevive uno de cada mil'", cuenta. Estuvo internado durante cuatro meses y perdió la mitad de sus 85 kilos de peso, pero sobrevivió.

Una vez recobrado del tifus, João pidió la mano de Anna María y planearon la ceremonia para el 6 de octubre de 1945, el día del cumpleaños de su madre. Ese año, Juliette descubrió que tenía cáncer en estado avanzado. João le dijo a Anna que solo se casaría después de la muerte de su madre. Ya huérfano, João encontró en su esposa una nueva base familiar. Se casaron el 25 de enero de 1946, en el aniversario de la fundación de la ciudad de São Paulo, porque él creía que la ciudad le daba suerte.

La gran oportunidad de su vida le llegó, de hecho, en São Paulo. En 1948 el aún nadador se convirtió en directivo en la Federación de Natación de São Paulo y empezó a ganar experiencia. Presidió esta entidad hasta 1951. En aquel año, aún en el papel de directivo y atleta, integró la selección brasileña de polo acuático que contendió en la primera edición de los Juegos Panamericanos de Buenos Aires. Pero no fue el ascenso de Adhemar Ferreira da Silva en el salto triple ni la revelación del futuro medallista olímpico Tetsuo Okamoto, solo para citar algunos valores de la delegación brasileña, lo que más impactó al directivo. Tampoco lo fue el hecho de haber ascendido al podio en su única participación como atleta en los Panamericanos para recibir la medalla de plata después de derrotar a Argentina en la final. Lo que más le llamó la atención fue, una vez más, la figura de un líder político. "Creo que el aspecto más importante de aquella competencia fue la presencia casi constante del presidente Perón", afirmó, refiriéndose al líder político argentino que aprovechó la visibilidad del evento para conseguir votos; Perón sería reelecto presidente en noviembre de ese mismo año. Algunas lecciones preciosas más para el futuro ejercicio del poder.

En 1952, atraído por sus orígenes y principalmente por la fuerza política de la entonces capital federal, volvió a vivir en Río de Janeiro con Anna María. Asumió la presidencia de la Federación Metropolitana de Natación y en ese mismo año fue convocado para participar en su segunda Olimpiada, la de Helsinki, en Finlandia; esta vez como capitán de la selección de polo acuático. El atleta y directivo volvió sin medallas, como era de esperarse. Brasil quedó en el décimo tercer lugar de 21 países que compitieron. El polo acuático, como todas las otras modalidades olímpicas, estaba muy lejos de ser profesional y tenía dificultades para competir con los equipos falazmente *amateurs* venidos principalmente de los países de Europa Oriental. Ese año, Hungría se quedó con el título.

Esta participación no le dio medallas pero le granjeó un cargo. En 1954 Havelange asumió el puesto de Director de Deportes Acuáticos de la CBD. En aquel momento las medallas ya se habían vuelto un objetivo secundario en los planes del atleta y directivo: Havelange ya soñaba con un puesto más alto en la CBD. En 1955, Sílvio Corrêa Pacheco y João Corrêa da Costa fueron electos para la presidencia y la vicepresidencia de la Confederación. Havelange recibió una invitación para ser vicepresidente de deportes *amateur*, dado que ya representaba un alto cargo en la jerarquía de la entidad y era responsable de la gestión de 23 disciplinas. Al año siguiente, ante la renuncia de Corrêa da Costa, quien dejó el cargo para enfocarse en sus negocios, Havelange heredó la vicepresidencia. Ya se había creado al monstruo: comenzaba la Era Havelange.

- - -

Estimulado por el propio Sílvio Pacheco, en 1957 João Havelange comenzó su campaña para la sucesión presidencial de la CBD y de inmediato dio muestras de su capacidad de articulación política. El directivo, que había pasado toda la década anterior en São Paulo, conocía a la perfección la feroz competencia que existía entre los directivos de esta ciudad y los de Río de Janeiro por el comando del futbol, pero confiaba en conseguir el apoyo de ambos lados. En Río de Janeiro la cosa era fácil, ya que él era el candidato indicado por el presidente en turno. En São Paulo necesitaba a alguien igual de fuerte y fue tras Paulo Machado de Carvalho.

Directivo del Club de Futbol São Paulo, campeón en aquel año, el empresario tenía también otras características que agradaban a Havelange, además de ser aficionado al deporte, tener dinero y ser de São Paulo: Carvalho era el dueño de la TV Record. Fue el primer gran escaparate del directivo Havelange. La proximidad con las emisoras de televisión le cambiaría la vida. En su biografía autorizada *Jogo Duro*, escrita por el periodista Ernesto Rodrigues, confiesa: "Para atacarme tenían que atacar a Paulo. Y él también era muy amigo de la gente de la TV Tupi, así que ellos no nos atacarían". Fue una táctica perfecta. En la época, Record y Tupi eran las dos mayores empresas del medio que dominaba las comunicaciones en el país. De inmediato le propuso a Carvalho un plan para la contienda por el Mundial del año siguiente, en Suecia. Al empresario le encantó la idea.

Vencer al adversario en la disputa por la presidencia de la CBD se había convertido en una mera formalidad, incluso porque del otro lado estaba Carlito Rocha, folklórico presidente del club Botafogo que hizo del perro callejero "Biriba" la mascota del equipo. Havelange venció la contienda por goleada: 158 votos contra 19 sobre Carlito. Una vez electo cumplió su promesa: le entregó la selección de 1958 a Paulo Machado de Carvalho.

El presidente de la CBD vio el Mundial de Suecia intercambiando llamadas telefónicas con Carvalho cada dos días. Y así sería durante todos los Mundiales, lo que fortalecería el discurso de los enemigos acerca de que a Havelange no le gustaba el futbol. Él se defiende dejando bien claro qué es lo que más le gusta: "Usted no gana dinero yendo al partido. El periodista va porque tiene quien le pague o le garantice un lugar gratuito en el palco. ¿Quién le pagaba a mi equipo, el hotel, todo, los viajes y los premios?". Y más: "Yo no iba a los vestidores. No seleccionaba jugadores, no quería ver hombres desnudos, no tenía nada que hacer allí. Quien quisiera verme tenía que ir al palco o a mi oficina". El asunto de Havelange no era el deporte, era el poder. En el palco, además, es donde él ha admirado, como atleta, a Hitler y a Perón.

En el Mundial siguiente, en Chile, Havelange repitió la fórmula: lo dejó todo en manos de Paulo Machado de Carvalho. El empresario volvió a ser electo jefe de la delegación de 1962. Sin embargo, en vísperas del viaje se suscitó una diferencia que estremecería su amistad. El motivo no podría ser otro que el dinero. En una entrevista concedida al diario *O Estado de São Paulo*, Havelange se quejó de la "cantidad ridícula" que las emisoras de televisión pagaban a la CBD por los derechos de transmisión. En este caso las emisoras eran Tupi, Televisa y Record, de Paulo Machado de Carvalho. Havelange quería más.

Brasil regresó de Chile con su segundo título y el jefe de la delegación fue eternizado como el Mariscal de la Victoria, situación que no atenuó las diferencias en la relación entre los dos directivos. Por el contrario, en los meses siguientes la relación empeoró. En 1965 se vieron en los lados opuestos de la pelea por un proyecto de ley sobre los derechos de transmisión de los clubes, donde cada cual defendía sus intereses. Carvalho estaba enojado con Havelange, lo que dejó a la selección de 1966 sin jefe de delegación. Al directivo no le quedó otra alternativa que levantar su trasero de la butaca del palco de honor para saber qué pasaba dentro de los vestidores.

Era un Mundial diferente. Los militares habían tomado el poder en 1964. Havelange, que es del tipo de persona que sirve al rey del momento, sin importar quién sea, quería mostrar todo su potencial pero no tenía la menor idea de por dónde comenzar el trabajo de organizar a la selección para el Mundial, ya que en los dos anteriores había encomendado esta misión a alguien que sí era del ramo. Sin embargo, tenía una única certeza: la ayuda del mejor jugador del mundo era imprescindible. Para ello no escatimó en esfuerzos, con sombrero ajeno, por supuesto. Havelange supo que Pelé estaba en quiebra y que había perdido gran parte de su dinero en negocios fallidos. Adepto al lema "quien quiera reír tiene que hacer reír", el directivo donó al jugador del Santos el equivalente a casi 23 mil reales, en valores actualizados. Dinero de la CBD, por supuesto. Estos números aparecieron en los documentos divulgados al final de la década de los noventa que revelaron que la dictadura militar siguió de cerca los pasos del entonces mandamás del futbol brasileño y de su jugador principal.

Los militares sabían que Havelange era apolítico, un tipo adulador del gobierno, pero no querían perderlo de vista. A fin de cuentas, el directivo ya se había acercado a Juscelino Kubitscheck (incluso llegó a ser candidato —derrotado— a diputado federal, a petición del entonces presidente) y a João Goulart, presidentes en el poder en el momento de las conquistas de 1958 y 1962, respectivamente. No hubo ningún problema de comportamiento durante la década en la que dirigió la CBD bajo el régimen militar: el *fan* de la organización de Hitler y del liderazgo de Perón fue un cordero. Llegó a declarar lo siguiente: "Hubo un Mundial con el señor Kubitscheck y él fue mi amigo personal. Hubo un Mundial con el señor Goulart y él fue mi amigo personal. El general Castelo Branco gobernaba a Brasil durante el Mundial de Inglaterra 1966, otro amigo. Y durante el Mundial de 1970, en México, el general Médici estaba en el poder; fue mi amigo personal. De esta manera yo nunca tuve problemas y el futbol tampoco".

La capacidad que tenía Havelange para usar al futbol siempre fue inversamente proporcional a su conocimiento sobre la forma como se juega el deporte. La organización del Mundial de 1966 fue un caos. Durante la preparación, el director técnico Vicente Feola convocó a nada menos que 47 jugadores. La confusión era tal que uno de los convocados, el aguerrido defensa Ditão (Geraldo Freitas Nascimento), del Corinthians, finalmente no fue convocado de manera oficial porque la secretaria de la CBD confundió los nombres y colocó en la lista el de su hermano, también llamado Ditão (pero de nombre Gilberto Freitas Nascimento), que jugaba en el Flamengo. Resultó que ningún miembro de la familia Freitas Nascimento fue al Mundial. El equipo nacional pasó por cinco ciudades antes de viajar a Inglaterra, todo por las negociaciones políticas con diversas federaciones del país. Esto solo podría acabar en tragedia: el undécimo lugar después de una victoria sobre la débil Bulgaria (2 a 0) y dos derrotas contra Hungría y Portugal (ambas por 3 a 1). Era la primera vez, desde el Mundial de Italia 1934, que una selección brasileña no pasaba la primera fase del Mundial. También sería la última.

En la práctica, Havelange usó el cargo para tratar de capitalizar las dos copas conquistadas en los Mundiales anteriores. El directivo no fue a Londres interesado en la campaña de la selección sino en su propia campaña política: quería quitarle el poder a un inglés, Sir Stanley Rous, que era presidente de la FIFA. Para esto contaba con la conquista de la tercera copa, que no solo no se logró sino que dio lugar al primer título mundialista de Inglaterra, lo que en teoría favorecería a su adversario.

Havelange creía tanto en esta conquista que hasta dispuso el terreno para su sucesor, Antônio do Passo, presidente de la FCF (Federación Carioca de Futbol) y aliado dedicado. Una serie de diálogos divulgada por la revista *Veja* el 25 de marzo de 1970 reveló el plan: "Nosotros vamos a ganar el Mundial, yo me elijo presidente de la FIFA y te quiero a ti como presidente de la CBD", dijo supuestamente Havelange a su amigo. A Octávio Pinto Guimarães, representante del Botafogo, le prometió la federación de Río de Janeiro: "Voy a elegirme presidente de la CBD y te quiero a ti como presidente de la Federación". Havelange perdió la FIFA y se quedó en la CBD, Guimarães mantuvo su candidatura a la FCF y Passo salió perdiendo. Mientras tanto, en São Paulo, Paulo Machado de Carvalho confabulaba con otros directivos de la ciudad. Planeaban un golpe contra Havelange y la gente de Río de Janeiro y tomar no solo la presidencia, sino también llevarse la sede de la CBD a São Paulo.

Al regresar de Londres, Havelange descubrió el plan del Mariscal de la Victoria y también una iniciativa de algunos sectores del gobierno para investigar las razones del fracaso en el Mundial. Los militares creían que el futbol podía ser utilizado como instrumento de propaganda de la dictadura, además de proyectar una imagen positiva de Brasil dentro y fuera de su territorio. En los años siguientes los gobiernos hicieron grandes inversiones en esta política y colaboraron, de forma directa o indirecta, en la construcción de trece grandes estadios entre 1969 y 1975, por lo regular bautizados con el nombre de algún político local. Para quitarse a los militares de encima, después del fiasco de 1966, Havelange creó la Comisión Seleccionadora Nacional, Cosena. La elección del director técnico, de la comisión técnica y también la aprobación de la lista de convocados quedaría en manos de la Cosena. Era una estrategia para no estar en la mira y ganar tiempo para alzar vuelos más altos.

El presidente de la CBD, aunque estaba furioso por la jugada de Paulo Machado a sus espaldas, sabía que el Mariscal de la Victoria era el hombre adecuado para encargarse del nuevo órgano y así fue tras el empresario, con cara de perro pedigüeño. Paulo Machado aceptó los halagos y, satisfecho, abrazó la causa del Mundial de México 1970. Hubo lágrimas, abrazos y promesas de amistad eterna: "Estaré siempre al lado de João Havelange para trabajar por el futbol brasileño", afirmó Carvalho. Se ganó el beso de la muerte.

En una de sus primeras decisiones, Carvalho cambió a Feola (director técnico campeón de 1958) por Aymoré Moreira (entrenador de 1962). Esta había sido una de las disputas entre los dos directivos, porque el jefe de la delegación quería a Aymoré en 1966. El nuevo técnico tuvo altas y bajas durante el primer año de su regreso. En uno de los triunfos del entrenador, la selección conquistó el Mundial Rio Branco, disputado por Brasil y Uruguay, en Montevideo.

A su regreso, la prensa de Río de Janeiro sembró la información de que el jefe de la delegación de Brasil en ese viaje, un gran amigo de Havelange, asumiría el lugar de Carvalho: el jefe de las apuestas clandestinas, Castor de Andrade, que entonces era presidente del Club Bangu. Categórico, Havelange desmintió el rumor pero poco a poco cercó al empresario de São Paulo con directivos de Río de Janeiro. Antônio do Passo asumió el puesto de director de futbol y Evaristo de Macedo (director técnico del Fluminense) y Mario Jorge Lobo Zagallo (entrenador del Botafogo) se integraron a la Cosena como asesores. Aislado, Carvalho renunció al cargo a principios de 1969. Su director técnico, Aymoré Moreira, no resistió la presión de los de Río de Janeiro. El 4 de febrero, el Mariscal de la Victoria supo que, desde Río de Janeiro, Antônio do Passo anunciaba que João Saldanha, periodista de prestigio y antiguo director técnico del Botafogo, sería el nuevo entrenador de la selección. Era el adiós. Carvalho le mandó una carta de dimisión a Havelange. La amistad había llegado a su fin.

Con un nombre notoriamente ligado al Partido Comunista Brasileño, Saldanha definió al instante a sus once titulares: Félix, Carlos Alberto Torres, Brito, Djalma Dias y Rildo, Piazza, Gérson y Dirceu Lopes, Jairzinho, Tostão y Pelé. También divulgó su plantel de reserva: Cláudio, Zé María, Scala, Joel Camargo y Everaldo, Clodoaldo, Rivelino y Paulo César, Paulo Borges, Toninho Guerreiro y Edu. Era la manera que el entrenador encontró para protegerse contra las injerencias políticas en la selección. Con ese equipo, Brasil hizo una campaña histórica en las eliminatorias, donde venció en los seis partidos contra Paraguay, Colombia y Venezuela. La clasificación se dio en un partido en el Maracaná, cuando Pelé aprovechó un rebote del guardameta Aguilera e hizo el gol de la victoria sobre Paraguay por un tanto contra cero. Sin embargo, el artillero de la campaña fue un joven delantero del Cruzeiro. A los 22 años, Tostão tenía en su currículum una participación en la fallida campaña del Mundial de 1966, a los 19 años, donde metió un gol, y el título de la Copa Brasil del mismo año, cuando el equipo de Minas Gerais se dio a conocer en Brasil al derrotar al Santos de Pelé.

A pesar de la buena campaña, los tropezones de Brasil y las declaraciones polémicas del entrenador abreviaron el paso de Saldanha por la selección nacional. Llegó a decir que Pelé era miope, lo que causó un enorme malestar entre los miembros de la comisión técnica. En 2004 el ex jugador fue operado por desprendimiento de retina, lo que indica que tal vez Saldanha tenía razón. Su salida, el 17 de marzo de 1970, nunca fue explicada. João Saldanha murió en julio de 1990 jurando haber sido la víctima de otro golpe de los militares. Según él, el general Emílio Garrastazu Médici, que había asumido la presidencia en octubre de 1969, era *fan* del delantero Dadá Maravilha, del Atlético de Minas Gerais, y hacía hincapié en que el jugador fuera convocado.

Saldanha no cedió ante la presión. Sin embargo, esta historia nunca ha sido confirmada por otra fuente. A tres meses del Mundial, el entrenador fue separado de su cargo. El puesto lo ocupó Zagallo.

Si bien nunca fue posible comprobar oficialmente la participación del militar en la caída de Saldanha, el ejército mostró que estaba atenta a los destinos de la selección brasileña en el Mundial de 1970. Buena parte de la comisión técnica tenía un pasado militar. Para la jefatura de la delegación nombraron al brigadier Jerônimo Bastos y la jefatura de seguridad estaba a cargo del mayor Roberto Guaranyr. El capitán Cláudio Coutinho compartía la preparación física con Carlos Alberto Parreira y Admildo Chirol. Los tres eran auxiliados por otros dos oficiales, los capitanes Kleber Camerino y Benedito José Bonetti. La preparación de los guardametas estaba a cargo del subteniente Raul Carlesso.

En el libro *Jogo duro*, Roberto Médici (hijo del entonces presidente) y Jarbas Passarinho (ministro de aquel gobierno) confirman que al menos Bastos había sido recomendado a Havelange por el general Médici. El ex presidente de la CBD lo niega sin negarlo: "En la CBD nunca tuve interferencia de la Revolución. En el Mundial de 1970 quien dirigió la comisión técnica fue Antonio do Passo. En lo que se refiere a la delegación en sí fue el brigadier Jerônimo Bastos, pero él era un hombre de deportes de la aeronáutica, director de la CBD y militar en la ocasión". Nota: para Havelange y para todo el ejército, el golpe de Estado al gobierno constitucional de João Goulart fue la Revolución (así mismo, con mayúscula).

Para la alegría de los entonces noventa millones de brasileños y de los militares en acción, el 21 de junio de 1970 Brasil goleó a Italia por 4 a 1 en el Estadio Azteca, en la Ciudad de México. La selección abandonó el campo seguida por los aficionados mexicanos, que invadieron la cancha, y consagrada como el mejor equipo de futbol de todos los tiempos. Fiesta entre el ejército, conmemoración en el sillón de Havelange. Así como había hecho en 1958 y 1962, el presidente de la CBD se quedó en su casa, quizá para no traerle mala suerte al equipo brasileño y/o para no morirse de aburrimiento. Al final del partido, el general Médici, fanático del Grêmio y del futbol en general, llamó al departamento del directivo en Leblon y le dijo: "Quisiera tocar el trofeo con mis manos". Médici, que era famoso por escuchar los partidos en una pequeña radio de pilas, quería capitalizar al máximo la popularidad de la selección. De inmediato, Havelange tomó un avión e hizo que los jugadores bajaran en Brasilia con la copa Jules Rimet, conquistada por Brasil de forma definitiva tras su tercera victoria. Después el trofeo fue robado y derretido, ya en los estertores del régimen militar, a finales de 1983.

Con la sonrisa en el rostro de los militares y la Jules Rimet en el estante, Havelange fue tras el trono de la FIFA. El directivo ya sabía cómo derrotar a los ingleses. Utilizó la misma estrategia que lo había catapultado a la presidencia de la CBD. En 1953, cuando hizo campaña para Sílvio Pacheco (su antecesor y padrino político en la confederación), Havelange se deslindó de los directivos poderosos del futbol y fue al Norte y Noreste a buscar el apoyo de los directivos de otras disciplinas deportivas. Algunos de ellos representaban hasta cinco entidades diferentes, en razón de la ínfima presencia de algunas actividades deportivas en las regiones donde actuaban. En la práctica, eso significaba que esos directivos tenían derecho a cinco votos contra apenas uno de la Federación de Futbol de São Paulo, por ejemplo. Era el triple salto mortal. Observando el mapamundi del balón, el negocio era darle voz a los países marginados y no a los europeos.

Su objetivo principal pasó a ser África, que clamaba por espacio para un número mayor de equipos en el Mundial y por que la FIFA tuviera una actitud firme ante Sudáfrica y su régimen de discriminación racial, el *apartheid*. En 1958 la CAF (Confederación Africana de Futbol) había expulsado a los sudafricanos de la entidad después de que el país rechazara colocar en la cancha a un equipo mixto, con jugadores negros y blancos. Tomando su té de la tarde, Stanley Rous les mandó decir que él no se metía en los problemas políticos de otros. Havelange, por su parte, era un tercermundista de nacimiento, a pesar de su apariencia de mayordomo de castillo real y de que su idioma materno fuese el francés, pero sabía como nadie bajarse de sus zapatos estilo Luis XV. No obstante, un par de ojos azules no era el mejor pasaporte para llevar sus promesas hasta África. Para eso tenía en la manga el nombre adecuado: Pelé, una vez más. El directivo ya era uno de los hombres más poderosos del futbol y también miembro del COI (Comité Olímpico Internacional) desde 1963. Pero estaba lejos de tener la fuerza de la imagen del mayor atleta del planeta. Bajo la línea del Ecuador, Pelé era mucho más que un jugador: era un dios.

El futbolista tenía deudas con el directivo, así, en plural. Antes de irse al Mundial de México 1970, una vez más Havelange tuvo que moverse para dejar feliz a su mayor ídolo. Según documentos oficiales revelados a fines de 1999, los agentes del SNI (Servicio Nacional de Información) identificaron que un año antes del Mundial Havelange pagó una deuda de 471 mil reales del jugador con el Banco do Brasil (valores actualizados), y tuvo que auxiliarlo una vez más en medio de la campaña por la presidencia de la FIFA.

Los militares se quedaron un poco molestos con la decisión de Pelé de retirarse de la selección en 1971. Desde que asumiera el mando, Médici había usado al atleta para proyectar la imagen de un país vencedor. Comandante de los "años de plomo", los más violentos del régimen, el general exigía la presencia del jugador del Santos hasta el Mundial de 1974, que sería en Alemania, durante el último año de su mandato. La relación no andaba bien.

Pelé se rehusó a jugar la Copa Independencia de 1972, uno de los eventos en homenaje a los 150 años del Grito de Independencia de Brasil. Llamado de forma arrogante "la Minicopa", el torneo contó con la participación de veinte equipos. Brasil fue el campeón, con un gol de Jairzinho, el huracán del Mundial de 1970, en la victoria de 1 a 0 sobre Portugal. En el equipo que entró a la cancha en la final del Maracaná había seis titulares del Mundial de México, pero Pelé no era uno de ellos.

Como venganza, la oficina de recaudación de impuestos comenzó a investigar las ganancias del jugador y lo multó por más de 1.1 millones de reales (valores actualizados) por declarar menos de una cuarta parte de lo que en realidad había recibido para el cálculo del impuesto sobre la renta. La CBD y el Santos, club de Pelé en aquella época, absorbieron más de 55% del valor de la multa. La investigación del régimen militar mostraría incluso que, entre 1965 y 1973, el jugador recibió de la CBD cerca de 320 mil dólares.

Por todo lo anterior, lo más justo era que Pelé aceptara el cargo de rostro publicitario de Havelange en su gira por el mundo. En marzo de 1972 comenzó la gira de dos años y dos meses por 86 países. ¿Quién pagó esa cuenta? Cuestionado en 1986 por la revista *Playboy*, el directivo contestó así: "La pagué de mi bolsillo. Después de trabajar casi cincuenta años, puedo darme algunos lujos. Eso fue cuando decidí ser presidente de la FIFA". ¿Cuánto costó? "No tengo la más mínima idea." El autor británico David Yallop calcula que este chiste costó entre 9 y 13 millones de reales (cifras actualizadas). En la época, además de la empresa Viação Cometa, de la cual recibía cerca de 26 mil reales mensuales (valores actualizados), el directivo era dueño de 40% de una empresa de productos químicos y explosivos y, según los balances de la compañía revelados más tarde, Havelange no podía permitirse muchos lujos entonces; al menos eso es lo que señala el flujo registrado de caja de la Orwec Química y Metalurgia, Ltda. En medio de la campaña, la empresa solicitó un préstamo que correspondía a cinco veces el valor de su capital. Uno de los socios de Havelange, José Roberto Haddock Lobo, afirma que la campaña de la FIFA fue financiada por la Orwec y con "dinero robado" a la CBD.

Con dinero en el bolsillo y amplio apoyo de las federaciones sudamericanas, el directivo salió de su casa rumbo a África y Asia, principalmente a las ex colonias británicas. Ya había conquistado Líbano, Túnez, Irak, Siria y Kuwait; Sudán y Egipto estaban con el británico Stanley Rous. El resto no tenía alfiler sobre el mapa. En ese mismo año, Havelange organizó la antes mencionada Copa Independencia. Las grandes selecciones europeas no le hicieron los honores al directivo brasileño. Italia y Alemania, semifinalistas en el Mundial de 1970, fueron ausencias notables. Sin embargo, la africana CAF y la Concacaf (que representa a América del Norte, Centroamérica y el Caribe) sí mandaron sus selecciones continentales. Con ellas llegó el tren de la alegría de los directivos de diversos países. Se calcula que la CBD tuvo una pérdida de 44 millones de reales con el torneo. Al año siguiente, como la selección brasileña no necesitaba contender por las eliminatorias para el Mundial de Alemania Occidental (estaba automáticamente clasificada por ser la entonces campeona), Havelange llevó al equipo de excursión por África a jugar unos partidos con Argelia y Túnez. También usó la imagen de Pelé, ya fuera de la selección brasileña, para conseguir más apoyos políticos por todo el planeta.

Dondequiera que llegara, la frase del descarado Havelange era siempre la misma: "Tengo dos pecados en mi vida. El primero es nunca haber estado aquí y el segundo es no haber traído a mi esposa, Anna María". Su desfachatez no tenía límite. El directivo cuenta que, durante la campaña por la presidencia de la FIFA, al llegar a Nigeria le extendieron una alfombra en la puerta del avión. "Anna María se dirigió al presidente de la República, Shehu Shagari, y yo a su esposa. Nos besamos en las mejillas y el aeropuerto se paralizó. No podían creer que dos blancos besaran a dos negros con tanto afecto. Ellos no estaban acostumbrados a eso." Todo iba bien, pero el brasileño enfrentaba un obstáculo, y uno de los grandes: Adidas. La gigante alemana de artículos deportivos ya repartía las cartas en la FIFA. En 1970 la empresa colocó en el estadio el primer balón oficial de los mundiales; su nombre ya era un anuncio de la forma como Adidas pretendía controlar los negocios del futbol: Telstar, en alusión al primer satélite de comunicación civil, responsable de la transmisión del Mundial México 1970 al mundo entero.

El dueño de la empresa, Horst Dassler, seguía de cerca el proceso de la sucesión. Al percatarse del fuerte movimiento de Havelange en otros continentes, decidió mirar a los directivos sudamericanos con más afecto. Al final, un nuevo mercado se abría tanto para la FIFA como para la expansión de la empresa de artículos deportivos. Una vez más, Havelange usó a Pelé e hizo una triangulación genial, digna de un mediocampista de la selección del 70: llamó a los dos a la jugada, hizo una pared y mandó el balón hasta la red.

El directivo presentó a Pelé y al dueño de Adidas. A Dassler quería aproximarse y mostrarle que ejercía influencia sobre el mejor jugador del mundo. A Pelé quiso mostrarle que negociaba contratos publicitarios que lo beneficiarían. De hecho, Adidas hizo una oferta de 1.7 millones de reales para que Pelé disputase el Mundial de Alemania 1974, otro gran interés del presidente de la CBD. Pelé no cambió su decisión de retirarse de la selección. Él no jugó en el Mundial de Alemania 1974, pero mantuvo una relación con Adidas después de ese campeonato.

Encerrado en su castillo de Europa, Stanley Rous estaba tan convencido de su victoria que no le prestó atención a todo este movimiento. Estaba seguro de que un grupo europeo, socio de su gestión, no lo abandonaría por un sudamericano. Craso error. El método de negociación de Havelange era agresivo, del tipo de quien trabajaba en la industria bélica. El brasileño le prometió de todo a Dassler, incluso fidelidad eterna, y cumplió su promesa con rigor.

El 11 de junio de 1974, Havelange llegó a la cima de la FIFA con el apoyo de Adidas. En la primera vuelta de las votaciones no alcanzó los dos tercios necesarios para la mayoría cualificada: en el marcador se leía 59 votos a 47, de los 122 miembros presentes. En la segunda vuelta, ocho minutos después, ya valía la mayoría simple: Havelange 68, Rous 52. Se había roto el monopolio europeo. Desde su fundación, en 1904, la FIFA había tenido seis presidentes: tres ingleses, dos franceses y un belga. Rous no podía creerlo. América del Sur, Europa Oriental, el Medio Oriente y, principalmente, África hacían su fiesta en el salón de convenciones del Frankfurt Airport Hotel. Pero una vez más, haciendo caridad con sombrero ajeno, Havelange ofreció una jugosa jubilación a Rous por su gestión en la FIFA.

El torneo comenzó dos días después de las elecciones en Alemania Occidental. Brasil fue eliminado por la mítica Naranja Mecánica de Cruiyff y el equipo anfitrión conquistó su segundo Mundial. Pero quien ganó en realidad fue la empresa de la casa. Poco después, Havelange y Dassler estrecharon sus manos y decidieron que FIFA y Adidas serían socias en estos términos: sin contrato, sin protocolo, sin siquiera un papel para envolver que registrara la alianza. Puede concluirse también que sin ningún control de entradas y salidas de dinero. Havelange se mostró agradecido, pero parco en sus palabras: "Hay algo que debo decir en favor del señor Dassler. Cuando yo quería montar algunos programas para el desarrollo del futbol, él se acercó a la FIFA y me dijo: 'Tengo la posibilidad de ponerlo en contacto con la gente de Coca-Cola'. Antes de firmar el contrato con Coca-Cola, yo fui a Nueva York, en 1975. Fui a la Warner Brothers; ellos controlaban la Pepsi Cola. Les entregué varios proyectos de la FIFA que yo quería financiar y ellos me dijeron: 'Tendrá una respuesta nuestra en breve'. He esperado 24 años. Mientras tanto, firmé con Coca-Cola". Bajo el padrinazgo de Dassler, el acuerdo con la multinacional de las bebidas se firmó el 13 de mayo de 1976, en Londres, por un periodo de 25 años.

Havelange tenía a Adidas y a Coca-Cola como socios importantes, pero vivía en Zúrich, rodeado por la desconfianza y el rechazo. Era detestado por los europeos, sus compañías en la vida cotidiana. Dassler tomó la delantera para resolver ese problema y convocó a Joseph Blatter, un ejecutivo suizo de la empresa relojera de lujo Longines, para que fuese el número dos de la FIFA y sucesor de Havelange en 1998.

El directivo brasileño se mudó a Suiza en 1974 pero no dejó su hueso en Brasil. Continuaba siendo presidente de la CBD. Los militares, que ya estaban metidos en el deporte y que ya le habían echado el ojo al puesto, a pesar de que Havelange seguía en funciones, avanzaron con violencia sobre el cargo en cuanto João ganó las elecciones de la FIFA. Los más interesados eran los hermanos Barros Nunes: el almirante Heleno, presidente de la Alianza Renovadora Nacional, la Arena —partido sustentado por la dictadura militar— en Río de Janeiro y ex director de la CBD; el general Antonio, también ex director de la CBD; y el almirante Adalberto, ex ministro de Marina del gobierno de Médici. Fue Adalberto Barrod Nunes quien puso sobre la mesa del general Ernesto Geisel, que había asumido la presidencia en marzo, el reporte con la información de los agentes del SNI (revelado en 1999) sobre el uso del dinero de la CBD. El objetivo era mostrarle al Presidente que, para hacer su campaña, Havelange había financiado a Pelé y las excursiones de la selección, lo que condujo a la quiebra de la Confederación. El desfalco era enorme, según los papeles. En el año de las elecciones, el daño ascendía a 23.6 millones de reales (valores actualizados). Como si quemar el dinero de la entidad no fuese suficiente, en su ansia por tomar la FIFA Havelange cometió un error estratégico en su relación con los militares: para conseguirse votos apoyó el reingreso de la China comunista al grupo de países afiliados a la FIFA. Esa fue la cereza que faltaba en el pastel del informe de los hermanos Barros Nunes.

Había presiones hasta para iniciar un proceso judicial contra João Havelange, pero los militares calcularon que tener a un importante representante en Zúrich con el rótulo de corrupto sería pésimo para la imagen del país y sería vergonzoso para el régimen. Geisel optó por una solución salomónica: cubrir el faltante dejado por Havelange en la CBD y entregar su poder a los militares hambrientos. Eso resolvía también un viejo problema de confianza. Ya no era interesante mantener al frente de uno de los mayores "símbolos nacionales" a un sujeto cuya personalidad funcionaba como una veleta de aeropuerto que cambia de posición ante el primer cambio de dirección del viento.

El 2 de noviembre de 1974 el ministro de Educación, Ney Braga, le comunicó a Havelange que ya no continuaría al frente de la CBD, después de 17 años. Ganó tres de los cinco Mundiales que disputó. Resulta curioso que, en todas las derrotas, el directivo estuvo presente pero en las victorias prefirió quedarse en el sillón acolchado de su casa. En enero de 1975, Heleno Nunes asumió la presidencia de la CBD. Fue electo por unanimidad y, según la prepotencia de Havelange, "fue así porque yo lo quise".

En marzo, Geisel cubrió el mayor legado del ex presidente de la CBD: el presidente del régimen ordenó a la Caixa Econômica Federal que depositara cerca de 68.5 millones de reales en las cuentas de la entidad. El valor fue debitado del Fondo de Asistencia Social. Con las arcas llenas, Heleno Nunes también empezó a usar al futbol para hacer política. El Campeonato Brasileño, creado en 1971 para dar visibilidad nacional a los clubes de las confederaciones menores, tenía cuarenta equipos durante el último año de la gestión de Havelange. Nunes colocó otros dos e hinchó aún más el torneo. Para agradar al Arena, el partido político sustentado por la dictadura, promovió un crecimiento estratosférico. En 1976 el número de clubes aumentó a 54, al año siguiente subió a 62, en 1978 saltó a 74 y en 1979 llegó a la marca increíble de 94 participantes. A Heleno Nunes se le atribuye la frase: "donde el Arena va mal, un club en el nacional".

Pero esa política de agradar al partido generó el caos. Empezó a molestar a los clubes mayores, además de perjudicar la imagen del deporte. Así comenzó la presión para que una antigua demanda saliera del papel y se volviera realidad: el grito de independencia del futbol. La FIFA ya había determinado que desde 1979 las federaciones nacionales afiliadas a ella tendrían que ser responsables por el futbol en exclusiva. La antigua CBD era un amasijo con más de veinte disciplinas en su seno. El 24 de septiembre de 1979 se extinguió la entidad y se aprobaron los estatutos de la CBF; las demás disciplinas crearon sus propias agrupaciones, con lo cual se fragmentó la administración del deporte olímpico del país y se creó la cara actual de la administración deportiva bajo la supervisión del COB (Comité Olímpico Brasileño).

El cambio se produjo en un estado ya avanzado de la apertura política en el país. El general João Baptista Figueiredo había asumido la presidencia el 15 de marzo de aquel año con la promesa de "hacer de este país una democracia". El ambiente no era propicio para colocar a Nunes al frente de la nueva CBF; por tanto, la presidencia de la asociación quedó a cargo del empresario de Río de Janeiro Giulite Coutinho, ex presidente del club América de esa ciudad. Nunes murió cinco años después.

João Havelange, aunque estaba lejos, en realidad se mantenía muy cerca y supervisaba cada uno de los errores de los directivos de la CBF. Como presidente de la FIFA quería retomar su poder sobre el futbol brasileño.

EL HIJO DEL SUEGRO

Ganamos, a pesar de la prensa de São Paulo. ¡Hijos de puta!

Ricardo Teixeira

El gol es apenas un detalle.

Carlos Alberto Parreira

L a trayectoria de Ricardo Teixeira como directivo máximo del futbol brasileño está marcada por dos hechos famosos. Uno es nunca haber jugado un partido de futbol; el otro es que Teixeira ve al balón como la mejor manera de aumentar su colección de retratos verdes de Benjamín Franklin, prócer estadounidense representado en los billetes de cien dólares.

Hasta 1989, Ricardo Teixeira nunca había dirigido ni siquiera un club de barrio, pero se había especializado en una rama que lo ayudaría mucho en sus años como directivo: el mercado financiero. A pesar de haber abandonado la carrera de Derecho en la Pontificia Universidad Católica de Río de Janeiro durante el cuarto año, utilizó el título de doctor en el periodo en el que estuvo en el trono de la CBF. Comenzó su vida profesional como corredor de la Bolsa de Río de Janeiro y después, con la ayuda de su padre, se hizo socio de una empresa de inversiones en Belo Horizonte, lo cual prácticamente lo obligaba a vivir en los aviones.

Teixeira presume haber sido un Midas del mercado financiero: donde pusiera su mano, el valor se triplicaba. Según él ganaba mucho dinero, más que lo que llegaría a lucrar con la CBF. La realidad no era exactamente así. En 1986 su suegro tuvo que ayudarlo. En *Jogo Duro*, Havelange cuenta que entró en la sociedad, al lado de Teixeira, su padre y su hermano, y cuando vio que el negocio no iba a prosperar fue a pedirle ayuda a un amigo para salirse. Quien le entró a la causa fue Antônio José Carneiro, entonces dueño de la mayor financiera del país, Losango (que hoy pertenece al banco HSBC). El empresario es conocido como "El Bode" (Carnero) en el mercado financiero, en el que empezó a trabajar también como corredor de la Bolsa de Río. En la actualidad Carneiro es accionista de Energisa, una empresa de Minas Gerais, y aparece en la lista de los millonarios del mundo de la prestigiada revista *Forbes* de Estados Unidos. "El Bode" vio la manera de quitarle la papa caliente de las manos de Teixeira antes de que las cosas salieran mal por completo.

A mediados de los ochenta, Havelange ya tenía planes para su yerno, a quien se refería como "el hijo que nunca tuve". Desde que fue separado del mando del futbol brasileño, el entonces presidente de la FIFA pasó a actuar tras bambalinas, a la espera del momento adecuado para dar el salto. En 1983 ambos cedieron un espacio de la empresa Minas Investimento —cercana a la sede de la CBF— al comité de campaña de Rubens Hoffmeister para la presidencia de la entidad. El principal triunfo de los dos fue la candidatura de Brasil a la organización del Mundial de 1986. En el caso de que Hoffmeister venciera, la iniciativa contaría con el apoyo de Havelange desde la FIFA, un proyecto megalómano en aquel momento en que Brasil enfrentaba una recesión económica.

Como si no bastara la discutible plataforma política, la elección de Hoffmeister tampoco fue la más sensata. Folklórico, el candidato era jocosamente conocido en la prensa gaucha como "El Rubíes". Después de jugar para el Cruzeiro de Porto Alegre en los años cincuenta, presidió el equipo y después la Federación Gaucha de Futbol.

Una investigación de su gestión a la cabeza de la entidad descubrió decenas de facturas de lencería, en lo que se conoció como el "escándalo de los calzones". Fue el motivo para que en 1987 Márcio Braga, entonces presidente del Flamengo, dijera que Hoffmeister era un "maricón" en una mesa redonda en la hoy extinta TV Manchete. El oriundo de Río Grande del Sur agredió al de Río de Janeiro al encontrarlo en una reunión en la CBF: "Si él no me respeta como autoridad, me va a respetar a palos", afirmó. Ya en aquel entonces el nivel del debate entre los directivos del futbol brasileño era de lo más elevado.

Hoffmeister se oponía a Giulite Coutinho, ex presidente del América de Río de Janeiro y presidente de la CBF durante el Mundial de España 1982. Fue el primer Mundial en el que el equipo brasileño no contó con ningún miembro de la mítica selección campeona de México 1970. El equipo dirigido por Telê Santana contaba con jugadores de técnica refinada y en el auge de la carrera, como Sócrates, Zico y Falcão. Con un futbol lleno de jugadas visualmente hermosas, la selección se ganó no solo a los brasileños sino a todos los aficionados al futbol. Derrotó sucesivamente a la Unión Soviética, a Escocia, a Nueva Zelanda y a Argentina.

El equipo, sin embargo, siempre demostró fallas en la defensa. La prueba final de aquel conjunto que encantó al mundo sería contra una Italia desacreditada. El equipo dirigido por Enzo Bearzot, a pesar de toda la tradición que rodeaba a Italia, venía de una campaña mediocre en la primera fase, con tres empates contra las poco comentadas selecciones de Polonia, Perú y Camerún. Bearzot era bastante criticado por la prensa de su país porque insistía en convocar a un delantero que había pasado la primera fase en blanco: Paolo Rossi.

En aquel 5 de julio de 1982, el delantero de Juventus mostró oportunismo al anotar tres veces y despachar al Brasil de aquel Mundial con un sorprendente 3 a 2. La "Tragedia del Sarriá", como se conoció a aquel partido en referencia al estadio del Espanyol que fue la sede del duelo, marcó a una generación de jugadores brillantes que nunca ganarían una Copa Mundial.

A pesar del sonado fracaso del Mundial anterior, el historial de controversias perjudicó a Hoffmeister y así fue como se reeligió Giulite

Coutinho. Al final de aquel año, una pifia marcó su administración. En la noche del 19 de diciembre de 1983, la Copa Jules Rimet, con sus treinta centímetros y casi cuatro kilos de oro, fue robada de la sede de la CBF y luego derretida por los ladrones. Un año después del trauma del Sarriá, el futbol brasileño veía destruido el principal símbolo de su salón de trofeos. El 20 de enero el país ya había perdido a Mané Garrincha, dos veces campeón del mundo (1958 y 1962) y uno de los mayores íconos de la historia del futbol brasileño. Eran tiempos tristes dentro de la cancha.

Sin embargo, Giulite Coutinho acertó en su planificación a largo plazo. Invirtió en infraestructura, construyó el Centro de Entrenamiento de la Granja Comary, en Teresópolis, en la región serrana del estado de Río de Janeiro, que hasta la fecha es el hogar de la selección brasileña. Fuera de los estadios, el país vivía un proceso de redemocratización tras veinte años de dictadura militar. En 1984 el movimiento de las masas a favor de las elecciones directas para la presidencia contagió al país con la participación de los ídolos como Sócrates y Casagrande, del Corinthians, y de figuras de la crónica deportiva, como Osmar Santos, locutor oficial de los partidos. Sin embargo, la enmienda Dante de Oliveira, que preveía las elecciones directas, fue derrotada en el Congreso. Eran tiempos tristes también fuera de la cancha.

El 15 de enero de 1985, Tancredo Neves de Minas Gerais derrotó a Paulo Maluf de São Paulo en la elección indirecta del Colegio Electoral, formado por el Congreso Nacional, en lo que es considerado como el fin oficial de 21 años de dictadura. Dinosaurio de la política de Minas Gerais y conciliador, Tancredo contó con un amplio apoyo, pero la catarsis y la esperanza representadas por su victoria no durarían más de tres meses. El 21 de abril murió sin haber tomado posesión del cargo, víctima de diverticulitis, una inflamación del intestino. El vicepresidente José Sarney, que había hecho carrera dentro del Arena, el partido de la dictadura, asumió el cargo. Eran tiempos realmente tristes, dentro y fuera de las canchas.

Un año después de la desilusión de Tancredo, el país dirigía su atención hacia otra elección indirecta: la disputa por la CBF. Su desenlace definiría gran parte del porvenir del futbol del país. A pesar de los percances y de su fama de autoritario, Coutinho venía de una gestión muy elogiada durante dos mandatos. Como sucesor, en enero de 1986 lanzó a su director de futbol, João Maria Medrado Dias, ligado al Vasco da Gama. Para su estreno contó con el apoyo del dúo Havelange-Teixeira, quienes una vez más montaron su búnker de campaña en la empresa Minas Investimento.

En una elección tumultosa, Medrado Dias perdió contra la planilla de Octávio Pinto Guimarães y Nabi Abi Chedid. Al comienzo de la candidatura, Chedid encabezaba la lista pero poco antes de la disputa se invirtieron las posiciones. El motivo fue que el estatuto preveía que, en caso de empate, sería electo el candidato de mayor edad. Guimarães, ex presidente de la Federación de Río de Janeiro, tenía 64 años; Medrado Dias solo 62. Chedid, de 53 años, no representó ningún obstáculo. Otro dinosaurio político, que era diputado por el estado de São Paulo y líder del partido en el gobierno, el PFL, en la Asamblea del Estado, creía que su colega de planilla solo sobreviviría algunos meses a un cáncer ya diagnosticado en el estómago. Guimarães se haría cargo del mando, mientras Chedid emprendía una lucha contra el destino. No obstante, el presidente sobrevivió a sus tres años de mandato y murió un año después.

Sin embargo, la gestión de Guimarães fue algo más que desastrosa. La entidad sobrevivía con escasos recursos, provenientes de un patrocinio ridículo del Instituto Brasileño del Café que tuvo su logotipo estampado en el escudo de la selección. Básicamente, el gobierno financiaba al futbol nacional. Como si esto no fuera suficiente, la administración era pésima. Guimarães y Chedid se peleaban en los pasillos de la CBF, lo que afectaba la organización de los campeonatos.

El conflicto también se reflejó en la cancha. Con ochenta equipos, el Brasileirão de 1986 fue un desorden. La eliminación del Vasco da Gama en la primera fase dio inicio a una serie de juicios en los tribunales deportivos y del fuero común, que también involucraron a los equipos Joinville y Portuguesa que la CBF pretendió eliminar —no es de hoy— para solucionar el contratiempo. Sin definir quién saldría, la organización intentó solucionar el problema aumentando el número de participantes, con 33 equipos en la segunda fase. De inmediato fue evidente la imposibilidad de organizar una tabla decente con un número impar de participantes y la CBF metió más clubes a la competencia. Con tanta confusión en el calendario de un año complicado —Brasil había disputado el Mundial de México en mayo y junio—, a la CBF solo le restó concluir el torneo hasta el año siguiente. El 25 de febrero São Paulo derrotó al Guaraní en la final, en penaltis, con lo que el equipo consiguió un título que el estado no veía desde 1978.

Con Telê Santana una vez más a la cabeza, la selección falló en su intento por conquistar el cuarto campeonato en México. Con el caldero de la sucesión de la CBF en ebullición, el dúo Havelange-Teixeira se subió al avión y viajó junto al equipo. No solo eso: los dos pagaron los pasajes, el hospedaje y las entradas a los presidentes de los clubes y federaciones y a sus familiares. El tren de la alegría del clan Havelange rindió sus frutos. El yerno dedicó el Mundial a asediar a los directivos con un discurso moderno, colmado de palabras en un inglés tomado del mundo corporativo, como *profesionalismo, merchandising* y *competitividad.* Muchos eufemismos para la palabra *dinero,* que sonó cual música en los oídos del grupo de directivos, ya cansados de la torpe gestión de Guimarães y Chedid.

La campaña electoral sería coronada con la descalificación de la generación Telê en los cuartos de final. Después de empatar 1 a 1 contra Francia en el tiempo reglamentario, la selección brasileña, que aún tenía a los veteranos Zico y Sócrates como sus nombres más famosos, perdió el partido en los penaltis por 4 a 3. Al regresar a Brasil, los jugadores fueron recibidos con cariño por una afición a la que le gustaba ver el futbol espectacular de aquel equipo, pero la contienda por la CBF corría desenfrenada y en ese juego nadie bromeaba. Havelange atribuyó la derrota a la dirigencia de la confederación, por la "desorganización de la selección en la fase preparatoria". Con desfachatez criticó: "Perdieron mucho tiempo con las convocatorias y cometieron un error".

Las críticas de Havelange incluyeron a Sócrates, que erró uno de los penaltis, y hasta a Telê Santana, quien ya tenía fama en el país de traer la mala suerte tras dos fracasos seguidos. El presidente de la FIFA dijo que el técnico no tenía la capacidad suficiente para vencer en todos los partidos de un Mundial y que había cometido el "error técnico" de convocar a Zico. El jugador del Flamengo se recuperaba de una lesión en la rodilla y, minutos después de entrar a la cancha, cuando todavía estaba frío, erró un penalti cuando el marcador estaba 1 a 1. Telê, que para aquellas alturas ya había solicitado su separación de la selección, fue duro al declarar: "João Havelange, es un hombre importante en la FIFA, pero entiende muy poco de futbol. Nunca lo vi presenciando un partido o pateando un balón", respondió el entrenador.

En aquel momento, el "importante de la FIFA" ya se consideraba un gigante de la CBF. La misión México les salió bien y sirvió como base para la elección de su yerno, otro al que es seguro que Telê jamás vio patear un balón. En 1987 la CBF era un vehículo descontrolado a punto de estrellarse contra un poste. Los clubes intentaban agarrar el volante. En julio de aquel año, Octávio Pinto Guimarães anunció que la organización no contaba con "las condiciones para organizar el Campeonato Brasileño" por falta de recursos. Así fue como nació el Club de los 13, la unión de los equipos brasileños más importantes (Corinthians, São Paulo, Palmeiras, Santos, Flamengo, Vasco, Fluminense, Botafogo, Atlético-MG, Cruzeiro, Grêmio, Internacional y Bahía). Junto a la nueva asociación también surgía un campeonato nacional paralelo, con la inclusión del Santa Cruz, Coritiba y Goiás: la Copa Unión, un torneo que es polémico hasta nuestros días.

El campeonato del Club de los 13 tuvo el mérito de ser el primer Brasileirão organizado, en efecto, por los clubes más importantes del país. Sin embargo, pecó por la elección atropellada de sus miembros. El Guaraní y el América de Río de Janeiro, semifinalistas del Brasileirão de 1986, fueron relegados al Módulo Amarillo, especie de segunda división del país. Y el Coritiba, que había hecho una campaña vergonzosa durante el año anterior, cuando quedó en el lugar 44, se ganó un espacio en la elite gracias a su poder político y a la fuerza de su afición.

Los 16 equipos fueron divididos en dos grupos de ocho clubes. En la primera etapa, los equipos enfrentaron a los adversarios del otro grupo y en la siguiente enfrentaron a los del propio. Los cuatro mejores de la fase de clasificación disputaron las semifinales, contendidas por los dos grandes de Minas Gerais: el Atlético-MG y el Cruzeiro, que contaban con la ventaja de decidir las semifinales en casa, y el Flamengo y el Internacional. Sin embargo, la suerte favoreció a estos dos últimos, que se disputaron el título. Una nueva generación de jugadores despuntaba y dos futuros campeones mundiales eran las estrellas de los finalistas. En el Internacional jugaba el guardameta Taffarel, de 21 años de edad, que ya mostraba un desempeño de veterano. En el Flamengo estaba el delantero Bebeto, que a sus 23 ya comenzaba a justificar la inversión hecha con su contratación, cuatro años antes, con la compra de su pase al Vitória de Bahía. Bebeto, además, llegó a ser decisivo al anotar en los dos últimos partidos.

Sin embargo el título del Flamengo quedaría marcado por las controversias. La CBF decidió que los finalistas de la Copa Unión, también llamada Módulo Verde, tendrían que enfrentar al Guaraní y al Sport, que habían ganado el Módulo Amarillo con una victoria sobre los pernambucanos. El cuadrangular decidiría al campeón brasileño. El Flamengo y el Internacional se rehusaron a participar, por lo que en la fase decisiva, diez de sus doce partidos se resolvieron por *default* debido a la incomparecencia de al menos uno de los equipos. El Sport venció al Guaraní tras un empate en Campinas y una victoria en Recife. El título de 1987 continúa en disputa judicial hasta nuestros días.

Toda esta confusión no hizo más que favorecer la candidatura de Ricardo Teixeira. El nuevo directivo ya estaba en calentamiento, listo para entrar a la cancha de la politiquería. El yerno de Havelange vendía una imagen de modernidad y administración profesional, de un hombre con experiencia en el mercado financiero. En medio del caos, él y su suegro no les soltaban la rienda a los clubes ni a las federaciones. El principal artífice de la campaña de Teixeira fue el presidente de la Federación Goiana: Luiz Miguel Estevão de Oliveira, hermano mayor de Luiz Estevão, quien en el año 2000 entró a la historia del país de una manera poco honrosa como el primer senador en perder su mandato. El político llegó a ser arrestado dos veces y tuvo que resarcir 468 millones de reales a las arcas de la Federación Goiana por malversación de fondos durante la construcción del Foro Laboral de São Paulo.

Con una ayudita de la familia Estevão, Teixeira confirmó, en septiembre de 1987, lo que ya todos sabían: que se postularía para las elecciones de la CBF y, más aún, se declaró a favor del *impeachment* del entonces presidente, "así como de 22 de los 26 presidentes de las federaciones". Guimarães y Chedid se mantuvieron al frente de la entidad hasta el último día de su mandato, incluso ante la amenaza de una intervención federal. El 16 de enero de 1989 Ricardo Terra Teixeira fue electo presidente de la CBF. El día siguiente fue saludado por el periódico *Gaceta Deportiva* con un titular sintomático: "El futbol muestra su cara. ¿Nueva?".

Quien escribió el encabezado merece ser felicitado, porque pudo anticipar que Teixeira iba a repetir todas las viejas mañas de los directivos que criticaba.

- - -

Siempre fue difícil saber dónde terminaban los negocios de la CBF y empezaban los del dúo Havelange-Teixeira. Acuerdos oscuros generaban polémica. Hasta la conquista del Mundial de Estados Unidos 1994, Ricardo Teixeira vio su gestión en la entidad marcada por varias controversias. En el año de la toma de posesión, en 1989, por ejemplo, hubo una convocatoria en la que diez de los 39 jugadores seleccionables estaban ligados al poderoso empresario uruguayo Juan Figer, lo que habría sido una forma de poner precio a los pases de los jugadores antes de efectuar sus ventas millonarias a los clubes europeos.

Los negocios interferían en el mundo del balón en el mismo momento cuando la CBF pretendía restaurar el prestigio de la selección *verde-amarela*. Teixeira asumió el cargo en una época en la que el equipo brasileño estaba a punto de cumplir veinte años sin obtener ningún campeonato mundial. Peor aún, el Mundial del año siguiente, el de 1990, sería disputado en Italia, lo que colocaba a la *squadra azzurra* como una de las principales favoritas. El equipo italiano también había ganado tres campeonatos mundiales. Con un Mundial en casa podría superar a Brasil en número de títulos. Brasil tampoco tenía motivos para festejar en el plano continental. Tradicionalmente los clubes brasileños nunca dieron valor a la Copa Libertadores. La última conquista había sido del Grêmio, en 1983. La Copa América, principal competencia entre los países del continente, no había sido conquistada por la selección nacional desde 1949.

¿Nuevo presidente, nuevos rumbos? Teixeira prefirió no continuar con el trabajo de Carlos Alberto Silva, entrenador que un año antes había llevado a Brasil hasta la medalla de plata en las Olimpiadas de Seúl, en Corea del Sur. El cargo de entrenador de la selección brasileña estaba tan desacreditado que, después de escuchar las negativas de los profesionales más renombrados, la CBF se decantó por Sebastião Lazaroni. Este director técnico, nativo del mismo estado que Teixeira, ya se había destacado en Río de Janeiro al conquistar un campeonato estatal en 1986 en la dirección del Flamengo, y en 1987 y 1988 al frente del Vasco da Gama, época en la que reveló al delantero Romário. Sin embargo, nunca había ganado un Brasileirão.

Así como Teixeira, Lazaroni intentó mostrar la imagen de un entrenador moderno, atento a las novedades tácticas del futbol internacional y poseedor de un discurso grandilocuente. Términos como *lastre físico, ala, escalar parámetros, pijama training* y *entrenamiento invisible* pasaron a formar parte del día a día de la crónica deportiva, que se refería al discurso del jefe de la selección con el calificativo de *lazaronés*. Bromas aparte, Lazaroni buscó trabajar sobre la base ya montada por Carlos Alberto Silva y solo agregó algunos nombres nuevos. Los principales desafíos de aquel 1989 serían la Copa América, disputada de nuevo en Brasil, después de cuarenta años, además de la obligación de clasificar en las eliminatorias para el Mundial.

La preparación para la Copa América pasó por una fallida excursión por Europa, donde Brasil fue humillado por Dinamarca, entonces una selección encumbrada por la buena campaña del Mundial del 86. El equipo de los hermanos Laudrup se impuso 4 a 0 sin piedad sobre el de Lazaroni. En el partido siguiente, el equipo sufrió una nueva vergüenza, esta vez frente a Suiza, por 1 a 0.

En la Copa América, Lazaroni comenzó a montar los cimientos del equipo brasileño, mismo que cojeó durante la primera fase. Brasil se estrenó con una victoria de 3 a 1 sobre la débil Venezuela y empató sin goles contra Perú y Colombia. Con dos goles de Bebeto, Brasil batió a Paraguay y consiguió su pase en el segundo lugar de su grupo. En el cuadrangular final, sin embargo, en el Maracaná, el equipo tomó su forma, con victorias sobre Argentina (2 a 0), Paraguay (3 a 0) y Uruguay (1 a 0). Romário hizo el gol que garantizó el título del equipo, después de un ayuno de cuarenta años.

Las eliminatorias del Mundial fueron aún más turbulentas. Brasil goleó con facilidad a Venezuela en sus dos encuentros (4 a 0 de visitante y 6 a 0 en el Morumbi de São Paulo). El problema era Chile, que era un obstáculo para la selección. Los chilenos habían eliminado a Brasil de la Copa América de 1987 con un humillante 4 a 0. En Santiago la presión de los fanáticos fue suficiente para que el árbitro J. Palacios pitara una polémica jugada del guardameta Taffarel, que resultó en el gol de empate chileno. El partido de vuelta en el Maracaná, que Chile necesitaba vencer, tuvo un primer tiempo tenso y se decidió por un gol de Careca, a los cuatro minutos del segundo tiempo. Sin embargo, el partido quedó marcado por el episodio de la bengala disparada por Rosenery Mello, que cayó al césped cerca del guardameta Roberto Rojas. El chileno simuló una herida y años después admitió haberse cortado con un rastrillo de afeitar. Los jugadores de Chile abandonaron el campo cargando a Rojas ensangrentado. La FIFA aplicó una pena severa a Chile por esta simulación: suspendió por cuatro años su participación en competencias internacionales. A la que le fue bien fue a Rosenery, quien ganó buen dinero por posar desnuda en una revista masculina.

Al Mundial del 90 la selección brasileña no llegó tan encampanada. La Argentina del ídolo Maradona, campeona en 1986 en México, en su mejor momento, y Holanda, campeona europea dos años antes, con estrellas como Van Basten y Gullit, eran las mayores apuestas.

Con un futbol burocrático y el esquema 3-5-2, que era una novedad en el país, Brasil superó la primera fase con victorias simples sobre Suecia (2 la 1), Costa Rica (1 a 0) y Escocia (1 a 0). La prueba mayor sería contra Argentina en los octavos de final. Una gran jugada de Maradona, asistiendo al delantero Caniggia, determinó la suerte de la selección brasileña. Era el fin de la llamada Era Dunga, atleta símbolo de aquel equipo que ahora es más conocido por su juego defensivo que por sus pases refinados de futbol arte. Cuatro de los titulares en aquel partido llegarían a levantar la copa en el siguiente Mundial en Estados Unidos.

Fuera de la cancha el ambiente no era de los mejores. Según Teixeira, en 1990 la CBF todavía debía grandes sumas del Mundial del 86. "Teníamos fama de estafadores. Tanto así que un jugador llegó a pedirme, antes de un amistoso, que le mostrara el dinero que le pagarían por jugar el partido. No creía que lo tuviéramos", contó el directivo en una entrevista para la revista *Playboy*. "No estábamos listos. Yo mismo no lo estaba, porque había asumido la presidencia de la CBF poco tiempo antes."

Aquel año quedó claro a qué venía el neófito directivo; no entendía nada de futbol, pero conocía muy bien el mundo de los negocios y de las leyes que lo enmarcan. Teixeira aprovechó el alboroto y dio un gran salto mortal: en 1990 la CBF renunció a su única gran fuente de ingresos, el dinero de la lotería deportiva. Bajo el discurso de la profesionalización se escondía una jugada genial. Al eliminar los recursos públicos, Ricardo Teixeira se libró, con el transcurso del tiempo, de ser enjuiciado por crímenes como peculado, corrupción pasiva y activa, improbidad y otros que involucran el uso de dinero de los contribuyentes.

El presidente de la CBF sabía bien que, después de resguardarse jurídicamente, tendría que trabajar mucho para poner en orden la casa del futbol. Los campeonatos brasileños eran deficitarios, lo que hacía que los principales clubes del país tuvieran como fuente de ingresos más importante la venta de jugadores al exterior. El público promedio del Brasileirão en 1989, año de la llegada de Teixeira al poder, fue de 10,857, el peor de los últimos diez años. El desorden era generalizado. Al campeonato le faltaba credibilidad porque alteraba constantemente las reglas para poder acomodar los intereses de los equipos grandes.

Sin embargo, Teixeira no puso fin a este tipo de comportamiento. En 1991 el Grêmio cayó a la segunda división del Campeonato Brasileño. El club, señalado como uno de los favoritos para ganar el trofeo, hizo una campaña mediocre y fue rebajado en la última ronda, después de una derrota de 3 a 1 contra el Botafogo, en el estadio Caio Martins de Niterói. Los de Río Grande del Sur tuvieron que pasar por la vergüenza de jugar en la segunda división durante el año siguiente. Peor aún, terminaron apenas en el noveno lugar y no consiguieron el acceso a la serie A de 1993. Paraná y Vitória jugaron la final del torneo y fueron los dos clubes que, por derecho, ganaron su promoción a la elite. Fue entonces cuando la CBF intervino y volteó la mesa, beneficiando al equipo de Río Grande del Sur. En una decisión inédita, doce clubes fueron promovidos al Brasileirão del año siguiente, que pasó de veinte a 32 equipos. Además del Grêmio se beneficiaron los clubes Criciúma, Santa Cruz, Remo, América-MG, Fortaleza, União, San João-SP, Ceará, Desportiva-ES y Coritiba.

Eso no afectó la administración de Teixeira en lo que a él le interesaba: el colegio electoral. Esta jugada le garantizó el segundo mandato de cuatro años, manipulando la ley que más tarde ampliaría a los clubes el derecho a voto. El presidente de la CBF contó con el apoyo unánime de los presidentes de las 27 federaciones, encantados no solo con el dinero que recibían de la organización sino con la dedicación de Teixeira hacia la Copa del Brasil, el torneo que él inventó para darle promoción nacional a los clubes locales. El campeonato, creado por el directivo después de asumir la CBF en 1989, contó con 32 clubes en su primera edición y el Grêmio fue su primer campeón. Ese número no hizo más que crecer durante los años siguientes y llegó a 86 gremios de todos los estados del país en 2014.

La anticipación del pleito, sin embargo, también engendró desencuentros. Zico, entonces secretario de Estado para el Deporte, criticó la iniciativa porque esquivaba la ley bautizada con el nombre del ídolo del Flamengo, equipo del cual Teixeira era seguidor: "La anticipación muestra el carácter de quien está dirigiendo el futbol brasileño", afirmó el ex jugador en la época. La maniobra dejó claro que, si bien el yerno de João Havelange era tan malo con el balón como su suegro, por otro lado navegaba por los bastidores de la política con la misma destreza que su mentor.

También el patrimonio del directivo que administraba los negocios del futbol brasileño comenzó a crecer en la misma progresión geométrica con que la CBF conseguía patrocinios y celebraba acuerdos comerciales.

A esta idea, Teixeira siempre respondió que el aumento de sus ingresos había sido normal, compatible con quien ya se consideraba un hombre rico antes de asumir la confederación. Cuestionado por la revista *Playboy* en 1999 sobre el origen de su patrimonio, el directivo no titubeó: "Está en mi declaración de impuestos. En 1988, antes de entrar a la CBF y por eso mismo, vendí mis empresas. Solo por una de ellas, la Minas Investimentos S.A., recibí un total de 2.5 millones de dólares (equivalentes a 12.3 millones de dólares de 2014) y dos empresas más, un edificio propio en Río de Janeiro y otro en Belo Horizonte".

Lo que la respuesta esconde es la proximidad de los nexos comerciales entre él y Havelange. Los lazos empresariales fueron formalizados en un documento registrado en la la Junta Comercial de Río de Janeiro, en mayo de 1992. Bajo el número 33202660505, el contrato da fe de la formación de la RLJ Participações, Ltda. Las iniciales de Ricardo, Lúcia y João no dejan dudas de que se trataba de un negocio familiar, pero João Havelange no tenía participación formal en la empresa.

El capital inicial de la RLJ fue de tres millones de cruzeiros, equivalente a 7,832.92 reales en enero de 2014, una ganga comparada con lo que el trío llegaría a mover en el futuro. Ricardo, nombrado socio gerente con amplios poderes, tenía 1,501,000 acciones; Lúcia tenía 1,499,000. En resumen, Lúcia era más que la esposa de Ricardo Teixeira: era el eslabón entre él y su suegro. Era oficialmente su socia de negocios. El nombre del abogado Alberto Ferreira da Costa aparece con la función de testigo de la apertura de la RLJ Participações, pero él no firmó. Guilherme Terra Teixeira, hermano de Ricardo, dejó registrada su firma. Todo en familia.

En el contrato se dispuso: "En caso de fallecimiento, impedimento o renuncia del socio gerente, la sociedad será administrada por la socia Lúcia Havelange Teixeira". Pocos meses después, todavía en 1992, vino la primera alteración de contrato, misma que más tarde sustentaría la sospecha de los legisladores que investigaron los negocios de Teixeira: la de que RLJ era una empresa creada para ingresar dinero de fuente indefinida al país. La alteración tiene fecha de 28 de septiembre de 1992. En ella, la RLJ recibió como socia a una empresa llamada Sanud. Es posible que esto no sea más que una coincidencia, pero Sanud tenía su sede en el principado de Liechtenstein, el mismo refugio fiscal de Globul, la empresa con la que Teixeira realizó sus transacciones inmobiliarias en Estados Unidos.

En septiembre de 1994, apenas dos meses después de que Brasil hubiera conquistado el cuarto Campeonato Mundial en Estados Unidos, se registró una nueva alteración en la sociedad. Ricardo y Lúcia continuaban casados, pero Guilherme Terra Teixeira, hermano del directivo, pasó a firmar como nuevo apoderado de Sanud en sustitución de Alberto Ferreira da Costa. Con su hermano fungiendo como apoderado de la empresa Sanud, Teixeira tenía el control absoluto de la sociedad. Como demostraremos más adelante, las negociaciones del directivo en Brasil realmente despegaron luego de su sociedad con Sanud.

- - -

En 1994 Ricardo Teixeira disfrutaba la popularidad alcanzada con la conquista de la cuarta Copa Mundial de la selección. Era el primer título mundial de la selección brasileña después de un ayuno de 24 años. El gran ídolo de aquella conquista fue un hombre que luego cayó de la gracia del directivo: Romário. Jugador del Barcelona y artillero brasileño en el Mundial, con cinco goles, "El Baixinho" (Chaparrito) había asumido la responsabilidad de cargar en hombros al país en su retorno hasta la cima.

Para eso también fue fundamental un sistema eficiente de marcación de goles, concebido por el director técnico Carlos Alberto Parreira, quien contó con el auxilio del veterano Zagallo, ambos regalos de la comisión técnica de la selección brasileña del Mundial de 1970.

El equipo llegó a la final contra Italia con solo tres goles recibidos en seis partidos. Suecia (1 a 1 en la primera fase) y Holanda (3 a 2 en los cuartos de final) fueron los únicos equipos que consiguieron superar la barrera protectora formada por el guardameta Taffarel, un veterano del Mundial de 1990; por los defensas Aldair y Márcio Santos; y por los volantes Dunga y Mazinho. Los demás jugadores ayudaban en la marcación, lo que dejaba en libertad al par de delanteros.

A pesar del poder ofensivo de Bebeto y Romário, ambos en un gran momento, Brasil quedó en ceros frente a Italia, incluso después de los largos 120 minutos de futbol entre el tiempo reglamentario y los complementarios. El título vino en los tiros de penaltis, después de que Roberto Baggio, principal ídolo del equipo rival, pateara hasta las tribunas el sueño del cuarto triunfo mundial italiano. Señal de los tiempos, era la primera vez en la historia que la final terminaba empatada. "El gol es apenas un detalle", fue la frase del director técnico Parreira para destacar la importancia de la posesión del balón en el futbol moderno, frase que fue descontextualizada por muchos para expresar la fama que tenía aquel equipo de quedarse en la retaguardia y que tuvo un promedio de 1.6 goles por partido.

El título iba a rendirle dinero y prestigio a Teixeira y su equipo. En la noche del 17 de julio, sin embargo, el directivo, visiblemente ebrio, solo quería festejar y mostrar el alto nivel al que había llegado la dirección del futbol brasileño cuando llegó al hotel Marriot, en Fullerton, cerca de Los Ángeles, donde se hospedaba la delegación brasileña. Los empleados del hotel tuvieron que cargarlo hasta su habitación. Hablaba fuerte, gesticulaba y se tambaleaba. Tampoco se preocupaba por obedecer los principios que el ex presidente José Sarney llamaba pomposamente "la liturgia del cargo". Hablaba alto e insultaba a todos aquellos que veía como enemigos. "Ganamos a pesar de la prensa de São Paulo. ¡Hijos de puta!", gritaba en la recepción del hotel, exponiendo sus propios fantasmas. También se exasperó con Wilson Pedrosa, fotógrafo del periódico *O Estado de São Paulo*, parte de la tal "prensa de São Paulo" que trabajaba ahí.

Marco Antônio Teixeira, tío del directivo y secretario general de la organización, también parecía dispuesto a buscar problemas. Con una botella de cerveza en la mano, intentó decomisar la cámara de Pedrosa. El fotógrafo se rehusó a entregar el equipo y fue insultado. Enseguida, Marco Antônio vio la credencial del reportero Luiz Antonio Prósperi, que también estaba por allí. Al identificar a otro integrante de la "prensa de São Paulo", el secretario general de la CBF insultó al periodista llamándolo "idiota" o "hijo de puta", dependiendo de la versión. Prósperi solo contestó un "el idiota es usted" antes de recibir un golpe y sentir que la nariz le sangraba. El periodista respondió a la agresión y también dejó al directivo con la nariz sangrando. Los presentes detuvieron la pelea. Marco Antônio se sentó en una silla y se puso a llorar. Prósperi fue llevado al baño por los colegas para hacerle una curación. Los empleados del hotel aconsejaron al periodista que no registrara una queja en contra de Marco Antônio porque la corte estadounidense exigiría la permanencia de los dos en territorio de Estados Unidos por lo menos durante dos meses más.

Dado que era evidente que no estaba preparado para el cargo que poseía, más tarde Marco Antônio fue defendido por su sobrino en la famosa entrevista concedida a la *Playboy*: "Marco Antônio es reconocido como un excelente administrador. Yo fui el que lo contrató. Fue una elección personal mía. [... Él no] puede ser perjudicado solo por el hecho de ser mi pariente". El nepotismo era la práctica heredada de su creador. Cuando estuvo al frente de la CBD, João Havelange contrató a su hermana Helena como secretaria y a su sobrino Rudolf como preparador físico. Además de su tío Marco Antônio, Ricardo Teixeira colocó también en aquel Mundial del 94, como asistente de preparador físico, a su primo Marcos Moura, quien luego se convertiría en el hombre fuerte de la selección hasta el 2000; los empleados de la entidad lo llamaban "el primer ministro".

En la fiesta del Marriot de Fullerton, Ricardo Teixeira no solo refregaba el triunfo en la cara a los críticos, sino también se burlaba de la ausencia de Pelé. Sí, el mayor jugador de todos los tiempos estaba fuera de la conmemoración del cuarto campeonato; se había convertido en persona *non grata* para los dueños del balón. El año anterior al Mundial, Pelé había concedido una entrevista explosiva a la revista *Playboy*. En esta charla denunció los problemas de corrupción dentro de la CBF de Ricardo Teixeira. El ex jugador entró en la batalla por los derechos de transmisión del Campeonato Brasileño de aquel año, con su empresa Pelé Sports & Marketing, y dijo haberse encontrado con un pedido de soborno por un millón de dólares. Pelé fue demandado por Ricardo Teixeira y vio cómo un gran amigo del directivo, José Hawilla, ganaba la "licitación" con la empresa Traffic.

El ex jugador había sacudido el avispero. Desde comienzos de la década de los ochenta, José Hawilla era uno de los hombres más poderosos en los bastidores del futbol brasileño. Todavía siendo presentador de la TV Globo, Hawilla compró la empresa Traffic por algo así como 20 mil reales; en aquel entonces era apenas una pequeña compañía de anuncios en las paradas de autobuses. Con la influencia que tenía en el mundo del futbol, se aproximó a Giulitte Coutinho y le ofreció un proyecto para comercializar los espacios publicitarios que están a los costados de las canchas de futbol. Creó un imperio multimillonario.

Pelé, que había apoyado a Teixeira para la presidencia de la CBF ("Va a poner fin a esta desorganización del futbol en Brasil que hace que los jugadores y los aficionados pierdan el respeto por los directivos"), quería usar su nombre para quedarse con aquella mina de oro. Quizá no imaginaba que la relación entre Teixeira y Hawilla ya era tan estrecha. Más que perder la batalla por el contrato, Pelé fue demandado por Teixeira y se ganó uno de los peores enemigos.

El presidente de la CBF consiguió convencer a Havelange, su santo patrono. Durante los años siguientes, Pelé pagaría por todos sus pecados. "Le ofrecí todas las atenciones y le hice todo tipo de gentilezas a ese muchacho. Me gusta mucho el muchacho. Es un mito del futbol, un jugador inolvidable. Pero jugar futbol es una cosa y ser empresario es otra. No puede salir por ahí atacando violentamente a los otros solo porque perdió una licitación. Es necesario que sepa que en la vida uno gana y a veces pierde. Ese muchacho no podía hacerme lo que me hizo. Ricardo está casado con mi única hija, es padre de mis nietos y yo lo hago todo por él", declaró Havelange a la revista *Veja* una semana antes del sorteo del Mundial del 94.

Sucedió lo inconcebible: Havelange prohibió la participación de Pelé en el evento. La relación de ayuda mutua de las décadas de los sesenta y setenta, gracias a la cual el directivo pagó las deudas de Pelé y se benefició del prestigio de "El Rey" durante la campaña para la conquista de la FIFA, quedó sepultada gracias a Ricardo Teixeira. Al mayor jugador de todos los tiempos, que había puesto en orden el futbol en Estados Unidos, solo le quedó el papel de comentarista de la TV Globo. Por desgracia tuvo de consolarse en el hombro de su colega Galvão Bueno.

La diferencia creció. Al finales de 1994 Pelé aceptó la invitación de Fernando Henrique Cardoso, recién electo presidente de la República, para asumir el Ministerio Extraordinario de Deportes que sería creado durante su gestión. En septiembre de 1995 el ministro Edson Arantes do Nascimento anunció que enviaría al Congreso un proyecto de ley para endurecer la legislación deportiva del país y reducir el poder de los mandatarios del futbol. Teixeira se volvió loco.

Para empeorar el infierno del presidente de la CBF, durante el mes siguiente Adriane, la "amiga" de Teixeira, perdió el control del *BMW* del directivo y murió en una carretera de Florida. Esta resultaría ser la primera gran fisura de la relación con su suegro, que, sin embargo, se contuvo dentro del ámbito familiar.

Pragmáticos, los dos sabían que en ese momento el problema conyugal no podía ser un obstáculo para sus negocios. Por encima de todo, era necesario preservar la imagen y el patrimonio de la familia. Los intereses de Havelange y de Teixeira ya estaban de tal forma enmarañados que hubiera sido imposible separar los negocios sin echar abajo la estructura de poder que ambos habían erguido. El mayor de los negocios, el camino de los sobornos, la International Sport and Leisure (ISL), marchaba a todo vapor, como veremos más adelante. La ISL fungía como intermediaria en la venta de los derechos de transmisión de las competencias de la FIFA a las emisoras de televisión de todo el mundo. Se convirtió en una fuente inagotable de dinero que inundó las cuentas de Ricardo Teixeira y João Havelange durante toda la década de los noventa, según los tribunales suizos.

No es casual que Havelange permaneciera del lado de Teixeira en su guerra contra Pelé, incluso después de aquel accidente que puso fin a su matrimonio con Lúcia Havelange. En 1997 el ex jugador quiso interferir una vez más en los negocios del presidente de la CBF. La nueva embestida tocó un punto sensible que remitía al accidente de Florida. El entonces ministro quería que su empresa, Pelé Sports, fuera la agencia oficial de venta de los paquetes turísticos para el Mundial de 1998. Eso significaría destronar a la empresa Stella Barros de los hermanos Abrahão. Era como dar un puñetazo contra la punta de un cuchillo. En esa época, el Comité Organizador del Mundial confirmó al periódico *Folha de São Paulo* que había descartado a la agencia de Pelé por su mala relación con Teixeira. Aun cuando ofreciera un precio menor que la Stella Barros, la empresa del ex jugador fue descalificada de la licitación.

Al mismo tiempo, el proyecto de la "ley Pelé" seguía su curso en el Congreso. Havelange amenazó con retirar a la selección brasileña del Mundial de 1998 en el caso de que la ley se aprobara. El ministro respondió que el presidente de la FIFA estaba "gagá" (senil). Una vez más, Pelé perdió dinero. Una vez más, Pelé quedó fuera del sorteo del Mundial. El "atleta del siglo" no fue invitado al evento del 4 de diciembre de 1997, en el estadio Vélodrome, en Marsella, Francia. Solo volvieron a invitarlo para que fuera la estrella principal de la fiesta anual de la entidad en enero de 1998, cuando Havelange ya estaba por retirarse de la FIFA.

Si bien en los negocios su sociedad con Teixeira nunca se vio comprometida, dentro de casa las cosas fueron muy diferentes. Ricardo Teixeira y Lúcia se separaban, como era previsible. Era el fin de una estructura familiar deseada, pavimentada, construida y cuidadosamente adornada por João Havelange. Había hecho de todo por aquel yerno, de todo y un poco más. Ni siquiera el accidente de 1995 había sido suficiente para alejarlos. Pero él sabía que allí empezaba a derrumbarse su mundo ideal de patriarca. Solo que no se imaginaba que todo esto acabaría en pleitos legales.

La separación de Ricardo Teixeira y Lúcia Havelange fue a parar a los tribunales. Las discusiones entre ellos fueron acaloradas y enfurecieron a João Havelange, quien no se resignaba al hecho de que, después de darle todo a su yerno, él tuviera la desfachatez de pelearse con su hija por dinero, en especial por la forma como lo hizo. "Mi familia no se merecía eso", decía Anna María, según el periodista Ernesto Rodrigues en *Jogo Duro*.

Aun y cuando ahora Havelange era apenas un "presidente de honor" de la FIFA, Teixeira sabía que quedaría expuesto sin su apoyo incondicional. El sueño de presidir el futbol mundial se había desvanecido tras la jubilación del ex suegro después del Mundial de Francia. Havelange apoyó al secretario general de la entidad, Joseph Blatter, para su sucesión. A cambio, Blatter asumió el compromiso de llevar el Mundial al Brasil, donde Teixeira reinaba. Es el intercambio natural en los bastidores sombríos del futbol.

Ahora, sin su libre acceso al despacho del presidente de la FIFA, y en malos términos con su suegro, Ricardo Teixeira sabía que necesitaba ampararse con un nuevo socio. No se tardó mucho. Muy pronto descubrió que no necesitaba nombres complejos, belgas, para mantenerse como uno de los directivos deportivos más influyentes de todo el mundo. Bastaban cuatro letras.

LOS DUEÑOS DEL BALÓN

Nike es una empresa seria y honesta que invierte en Brasil más por su interés en ayudar al deporte brasileño que para obtener ganancias.

Ronaldo Nazário

En los paseos que animaban los centros comerciales brasileños entre 2013 y 2014, el símbolo máximo de estatus era tener un par de tenis que costaba mil reales. No fue casual que el calzado deportivo se haya convertido en un ícono de la ostentación. La proeza es el resultado de un largo trabajo de mercadotecnia que asocia el éxito de los grandes atletas —hombres y mujeres ricos y famosos— con el calzado que llevan puesto.

Como en todos los grandes negocios del deporte, la competencia entre los fabricantes que calzan a las estrellas pasa por el pago de sobornos y sería imposible contar la historia moderna de los grandes eventos deportivos sin hablar de la batalla de los tenis, la disputa global entre las corporaciones para asociar sus marcas con la imagen de los campeones. Una lucha que comenzó cuando la estadounidense Nike decidió desafiar la hegemonía de la alemana Adidas en el mercado mundial.

En los años noventa Nike percibió que, para poder crecer más allá de Estados Unidos, tenía que entrar con fuerza en el escenario del futbol. No sería con el baloncesto, el beisbol o el *handball* que la empresa podría invadir el territorio de Adidas. En los albores de aquella década, Europa ya había transformado el *football association* en un gran negocio. En Alemania, Adidas inyectó capital en la International Sport Leisure, ISL, controladora de los derechos de transmisión de los eventos deportivos internacionales. En España la empresa Telefónica también invirtió en las transmisiones. El Canal Plus invirtió fuertes sumas para transmitir los partidos de Francia. Silvio Berlusconi compró el Milán de Italia y adquirió los derechos de transmisión para su red de televisión, la Mediaset. En Inglaterra el Manchester United, uno de los principales clubes del país, comenzó a cotizar en la bolsa de valores, llenó sus arcas de dinero y ganó seis de los diez últimos títulos ingleses. El futbol-empresa comenzaba a romper el cascarón.

En 1998 Nike entró al negocio de cabeza, y de pies. No había otra alternativa: la FIFA había comenzado aquel año con 205 países asociados (hoy son 209) y cerca de 400 millones de personas afiliadas en todas las categorías del deporte. La empresa estadounidense optó por invertir en un joven brasileño: Ronaldo Luís Nazário de Lima. En aquel año, el atleta estrella del deporte estrella de Nike hasta entonces, Michael Jordan, se retiraba del baloncesto. Era necesario inventar un nuevo ícono mundial en un deporte de alcance global. Así nacía el *Fenómeno*: la combinación perfecta entre talento y mercadotecnia.

Al mismo tiempo Nike observaba a las selecciones que podían ofrecerle una dimensión global con mayor rapidez. De un solo plumazo firmó con Italia, Holanda, Nigeria, Corea del Sur y Estados Unidos. Eran, estratégicamente, potencias mundiales en el deporte, selecciones reconocida por su futbol-arte, pertenecientes al país más populoso de África y la más prometedora de Asia, además, por supuesto, la de la tierra patria.

Sin embargo, ningún equipo era tan importante como la selección de Brasil, el "país del futbol", poseedor del mayor número de títulos mundiales, cuna del atleta del siglo y la playera más conocida del planeta. En aquellos tiempos todo eso tenía un solo dueño: Ricardo Teixeira. Después de conocerlo, la historia de Nike cambió para siempre.

- - -

Fue un paso gigantesco para una empresa "provinciana" surgida alrededor de uno de los centros del atletismo de Estados Unidos, en la pequeña Beaverton, en el estado de Oregón. El modelo *Cortez*, producto icónico en la historia de la Blue Ribbon Sports, que así se llamaba la empresa antes de ser rebautizada como Nike, fue lanzado al mercado a inicios de los años setenta para lo que en la época se conocía como *jogging*, la carrera individual callejera de hoy.

El hábito de correr en las calles y los parques para mantenerse saludable todavía no se había extendido. La Blue Ribbon hizo mucho para promoverlo. Importaba los tenis de Asia por cerca de diez dólares mientras se disponía a lanzar en Estados Unidos un modelo "revolucionario" con un costo de 50 dólares. ¿La diferencia entre el costo de producción y el precio al público? Las campañas de mercadotecnia.

En la actualidad hasta el pasante que trabaja en una gran corporación sabe que los precios ya no son determinados por los costos de materia prima y mano de obra; son definidos por especialistas que, entre otras cosas, estudian cuánto dinero está dispuesto a pagar el consumidor para asociar su imagen a determinada marca. En el siglo XXI, el del consumismo individualizado, el estatus por asociación es una fórmula que no falla y las grandes empresas de artículos deportivos están íntimamente ligadas a la idea de que unos tenis, una playera o un abrigo son más que ropa: son símbolos que expresan un nivel social en sus colores y modelos.

Aunque ahora Nike es reconocida por sus campañas publicitarias atrevidas, fue una disputa entre hermanos, en Alemania, lo que impulsó la idea de asociar los artículos deportivos con los atletas campeones.

Los fundadores de Adidas y de Puma fueron Adolf y Rudolf Dassler, los hijos de un zapatero que se establecieron en la pequeña ciudad de Herzogenaurach, en Bavaria. Ambos se afiliaron al partido nacionalsocialista de Adolf Hitler. Los detalles de la participación de la familia en el periodo nazi desaparecieron de la biografía oficial de los fundadores de las empresas. Rudolf, que creó Puma, sirvió en la SS, la tropa de elite del régimen de Hitler. Estuvo preso casi un año por las fuerzas de ocupación de Estados Unidos. Solo fue liberado cuando los estadounidenses se concentraron en la reconstrucción de Alemania y liberaron a los prisioneros que no consideraban como una amenaza contra la seguridad. Adolf, creador de Adidas, llegó a ser declarado culpable por el comité de Herzogenaurach del crimen de haber colaborado con el régimen de Hitler y de haber lucrado con el mismo. Corría el riesgo de perder su empresa, entonces llamada Gebrüder Dassler. Sin embargo, apeló la pena y consiguió revertir la decisión.

La larga disputa entre los hermanos por controlar la compañía, que se arrastraba desde antes de la Segunda Guerra Mundial, estalló de lleno después del conflicto. Entonces dividieron el negocio. Adolf, conocido como Adi, creó Adidas. Del otro lado del río que divide la ciudad, Rudolf fundó Puma.

De acuerdo con la descripción de la periodista holandesa Barbara Smit, desde un principio ambos hermanos comprendieron la importancia de promover sus productos utilizando a los atletas. Jesse Owens, el estadounidense de color que ganó tres medallas de oro en las Olimpiadas de Berlín en 1936, y que fue despreciado por Hitler, portó calzado producido por Adolf Dassler. ¿Quién no recuerda la final del Mundial de México entre Brasil e Italia, en 1970, cuando Pelé brilló usando las zapatillas *Puma?* Según Smit, el ídolo brasileño recibió 120 mil dólares de un emisario de Rudolf por la promoción de la marca de sus tenis en todo el planeta.

En 1972, en las Olimpiadas de Múnich, Adidas hizo lo propio y convenció al nadador Mark Spitz, de Estados Unidos, plusmarquista con siete medallas de oro, de cargar en sus manos un modelo de los tenis de la empresa después de la ceremonia de premiación. Mientras agradecía frente a las cámaras y los aplausos de los admiradores, promovía los tenis *Adidas.*

"Convencer" a Spitz, según la escritora, fue el trabajo de Horst Dassler, el hijo de Adi, que heredó la empresa del padre y que hoy es considerado como el verdadero genio detrás de la transformación del deporte en una máquina de hacer dinero. Horst fundó la empresa ISL, a través de la cual Adidas asumió el control de los derechos de transmisión de los grandes eventos deportivos internacionales, con las Olimpiadas y Mundiales de futbol incluidas en el paquete. La idea surgió antes de una final del campeonato de tenis de Wimbledon, en los años setenta, disputada entre dos atletas patrocinados por Adidas: el rumano Ilie Nastase y el estadounidense Stan Smith. Ambos usaban discretos logos de *Adidas* en sus uniformes.

Dassler pensó: ¿por qué no capitalizar los uniformes ofreciendo un espacio muy visible en la televisión a quien pague más por la exposición? Poseedor del monopolio de los derechos de transmisión y de la mercadotecnia de los Mundiales de futbol, Dassler siempre ejerció gran influencia sobre João Havelange, después de que el brasileño asumió la presidencia de la FIFA. Sin embargo, los planes de potenciar los negocios del empresario alemán se topaban con un problema: los directivos improvisados y voraces, aferrados a sus cargos por pura vanidad o por ventajas menores.

La solución de Dassler para romper la resistencia de los directivos tenía un nombre: Jean-Marie Weber, el hombre encargado de "lubricar" el sistema, distribuía las gratificaciones entre los directivos de las entidades con las cuales la ISL firmaba sus contratos millonarios. Nadie hizo más que el dúo Dassler-Weber por enterrar de una vez por todas la idea del francés Pierre de Frédy, el barón de Coubertin, segundo presidente del COI (Comité Olímpico Internacional) e idealizador del movimiento olímpico, para quien "lo más importante en los juegos olímpicos no es vencer, sino participar; lo esencial en la vida no es conquistar, sino competir bien".

Ellos dos le pusieron fin al amateurismo defendido en la Carta Olímpica, libro de reglas del COI, explotando la revolución del consumismo propiciada por una nueva tecnología. Desde los años sesenta la televisión se convirtió en el vehículo ideal para la formación de los primeros mercados globales. La escala de producción de las grandes empresas tenía el potencial de generar ganancias hasta entonces inimaginables. Poco a poco, vencer en los deportes pasó a representar millones y millones de dólares para las empresas de artículos deportivos, las empresas de televisión, las agencias de publicidad y los patrocinadores, y algunas migajas que se distribuían entre directivos y atletas.

Era el nacimiento del fenómeno que presenciamos hoy, en el que las marcas de alcance global concentran sus inversiones en eventos o clubes reconocidos en todo el planeta, como el Barcelona o el Manchester United.

En la década de los ochenta, una nueva generación de atletas competitivos estaba consciente por completo de que sus conquistas atraerían a los patrocinadores. Aunque veladamente, algunas estrellas olímpicas, como Carl Lewis, lo que en realidad querían era coleccionar medallas doradas para entrar a la historia y firmar contratos abultados. Ayrton Senna, tres veces campeón de la Fórmula 1, ya dejaba ver que en el automovilismo la famosa frase del barón había sido enterrada. "Lo importante es ganar. Todo y siempre. Esa historia de que lo importante es competir no pasa de pura demagogia", sentenció el brasileño, en medio de las peleas por los títulos con el francés Alain Prost, en el principal duelo del automovilismo de aquellos años.

- - -

En las Olimpiadas de Barcelona 1992, las primeras en las que los atletas profesionales pudieron participar en el campeonato de baloncesto, el *Dream Team* de Estados Unidos protagonizó un episodio emblemático de la corrupción de los ideales del deporte *amateur*. Al subir al podio como campeones, los estadounidenses se negaron a vestir las prendas de la patrocinadora oficial del torneo, Reebok, porque habían firmado un contrato colectivo con Nike.

Frente a todo esto no es inverosímil la tesis de que Nike fue la que "seleccionó" a un Ronaldo disminuido para que jugara la final del Mundial de Francia 1998 con la selección brasileña, aunque no existan pruebas de que esto haya sucedido. El hecho es que el poder de los patrocinadores del deporte es real y cada vez mayor.

Todos conocemos la disputa entre Pelé y Maradona por el título del mejor jugador de futbol del mundo. Poco sabemos sobre la otra confrontación de titanes. Si Horst Dassler, de Adidas, tuvo alguna vez un competidor a su altura, este fue Phil Knight, el fundador de Blue Ribbon Sports, la empresa nacida en 1964 en Estados Unidos y que en 1971 fue rebautizada como Nike. El nombre se inspiró en la diosa griega de la victoria, Niké (o Nice). Curiosamente, la Copa Jules Rimet, el trofeo de oro robado de la caja fuerte de la CBF, también fue inspirada en una imagen de Niké.

La empresa, que mucho más tarde se asociaría con la imagen dorada de la selección brasileña, comenzó con un truco de dudosa ética. Uno de los socios de Knight era un entrenador de atletismo que popularizó los productos de la empresa entre los atletas estadounidenses sin revelar su condición de socio secreto de la Blue Ribbon. Una de las primeras campañas de mercadotecnia de la empresa, que todavía no tenía dinero para costear campañas millonarias en la televisión, fue pagar sobornos de dos mil dólares a los directores técnicos *amateur* que distribuyeran los productos de la Blue Ribbon entre sus atletas.

Sobre esta base de atletas que consumían sus productos por obligación, Knight fue aún más lejos. Su jugada genial fue percibir, antes que la competencia, que a través de la mercadotecnia podría convencer a cualquier estadounidense de convertirse en un atleta sin compromisos con las competencias, apenas con sus propios límites. De repente, el mundo vio nacer a millones de corredores de fin de semana que se adhirieron a lo que entonces era conocido como *jogging* o *cooper.*

Phil Knight comenzó su carrera en el atletismo, pero de inmediato percibió el potencial de otros mercados. El golfista Tiger Woods se convirtió en el primer gran fenómeno del deporte asociado a Nike, pero su auge vino con Michael Jordan y los tenis de colores de la línea *Air*, que convencieron a millones de personas en todo el mundo de que serían capaces de volar como el ídolo de los Chicago Bulls y se convirtieron en el objeto del deseo de los adolescentes de todo el mundo.

Knight, al igual que Dassler, invirtió cada vez más en la lucrativa identificación entre campeones y consumidores. Estos últimos, aunque fracasados en sus vidas personales y profesionales, pudieron al menos sentirse vencedores por asociación. Fue en los años noventa cuando Nike por fin superó a Adidas en la lucha por el agigantado mercado de Estados Unidos y estaba lista para alzar su vuelo internacional.

Por eso, nosotros insistimos en que los directivos como João Havelange y Ricardo Teixeira tuvieron un papel mucho menor al que se les atribuye en el mundo del deporte. Quienes tomaban, y continúan tomando, las decisiones más importantes son empresas como Adidas y Nike. Los directivos son apenas los rostros visibles frente a las estrategias de negocio planeadas tras bambalinas. En términos burdos, no pasan de mandaderos de las megacorporaciones.

- - -

La primera gran victoria de Nike en el futbol se dio en los años ochenta, a través de una subsidiaria de la empresa en Europa. El ex corredor Brendan Foster, que administraba Nike en el Reino Unido, firmó un contrato de patrocinio con la escuadra del Aston Villa, el campeón inglés. El equipo avanzó de forma sorprendente hasta la final del Mundial de Campeones de Europa —la actual Liga de Campeones— de 1982. La victoria de 1 a 0 en Róterdam (Holanda) tuvo un sabor muy especial para Nike, ya que se había conquistado ante el Bayern Munich, patrocinado por Adidas.

Sin embargo, la entrada de la empresa en el mundo del futbol no fue repentina. Fue el resultado de un largo proceso de prospección, ya que originalmente la compañía de la provincia estadounidense tenía muy poca intimidad con el mercado global. Después del atletismo invirtió en el beisbol, en el futbol americano, en el golf y dio un gran salto con el basquetbol.

Entonces el baloncesto aún no tenía la misma popularidad que el beisbol o el futbol americano en el mercado estadounidense. Nike se unió a ESPN, en aquel entonces una emisora debutante, y promovió tanto la liga universitaria como la profesional. Contrató a técnicos y jugadores. Planeó y promovió la carrera de Michael Jordan desde el comienzo y lucró infinitamente con el ídolo del baloncesto. Con Jordan aprendió que la mina de oro se encuentra entre los principiantes. Patrocinios a largo plazo vinculaban a Nike con toda la vida profesional de un deportista, con todo y sus altibajos. Las derrotas y la rebeldía de los atletas en las canchas y en los entrenamientos no eran necesariamente vistas como problemas. La fidelidad de Nike hacia sus patrocinados, al final de cuentas, mimetizaba la fidelidad del consumidor con la marca. La redención de un atleta, derrotado hoy y victorioso mañana, también ofrecía un gran potencial para estimular las ventas.

La relación comercial entre Nike y Brasil, a través del futbol, solo empezó a moverse en serio en la década de los noventa, desde el Mundial de Estados Unidos. Cuando querían transferir al joven centro delantero Ronaldo del Cruzeiro al PSV Eindhoven de Holanda, los representantes del deportista buscaron a la empresa. Reinaldo Pitta y Alexandre Martins, entonces apoderados de Ronaldo, se encontraron en Los Ángeles con uno de los directores de Nike, Cees Van Nieuwenhuizen. No quedaron satisfechos con la oferta de patrocinio de 150 mil dólares anuales. Tenían mejores propuestas de la compañía japonesa Mizuno, que quería renovar el contrato con Ronaldo, y de la italiana Diadora. Pero para entonces ya sabían que para un atleta era negativo comenzar su carrera patrocinado por un producto y enseguida cambiar de camiseta. Finalmente firmaron con Nike, pensando a largo plazo.

Cuando se celebró, el contrato no era más que una apuesta; más tarde, este acuerdo demostró ser visionario para ambas partes. Ronaldo aún no era el "Fenómeno" y se quedó en la banca durante todo el Mundial de Estados Unidos. La recompensa para Nike solo llegó en los campeonatos europeos en los que el jugador defendió al PSV, al Barcelona y al Inter de Milán. La relación del ídolo con la empresa alcanzó tal grado de intimidad que cuando el futbolista sufrió una lesión seria en la rodilla, mientras jugaba para el Inter en 2000, la empresa se dispuso a rehabilitarlo en Beaverton, Oregón. Ronaldo pasó menos de un mes en la ciudad antes de irse a Biarritz, en Francia. La justificación fue no solo el provincianismo de Beaverton, donde todo cerraba temprano, sino una posible insistencia de los estadounidenses en tomar decisiones sobre el tratamiento del jugador, que estaba a cargo del francés Gerard Saillant.

"En el fondo, el futbol no pasaba de ser una necesidad de mercado en el juego de las empresas", dice Jorge Caldera en el libro *Ronaldo - Glória e Drama no Futebol Globalizado*. De hecho, los jerarcas de Nike demoraron un buen tiempo antes de descubrir que el futbol era la clave en su lucha global contra Adidas. La idea había comenzado a cuajar durante el Mundial de Francia 1998, cuando la empresa entró a la cancha para jugar la final junto a Ronaldo y la selección brasileña.

- - -

Todos tenemos buenos y malos días. A veces solo podemos distinguirlos en retrospectiva; es decir, cuando percibimos la concatenación de los hechos. Popularmente llamamos a esto el "destino". Hay personas que creen tanto en la fuerza del destino que tratan de controlarlo. El ex presidente de Estados Unidos, Ronald Reagan, seguía las órdenes de un astrólogo contratado por la primera dama, Nancy. Después de sufrir un atentado, decidió que solo participaría en eventos públicos en los días astrológicamente considerados como "favorables".

Desde 1980, cuando el director Sean Sexton Cunninghan comenzó la larga serie de películas de terror *Viernes 13*, este es un día que asusta a cualquier supersticioso. Ya dijimos antes cómo fue que esta fecha marcó terriblemente la vida de Ricardo Teixeira en 1995, con el fallecimiento de la joven Adriane Cabete en un accidente automovilístico en Florida. La propagación de la noticia de la tragedia fue el detonante de la crisis en el matrimonio del directivo con Lúcia Havelange.

A aquel viernes 13 podríamos sumarle el 12 de julio dentro del calendario negro de Teixeira. Fue un domingo de 1998, la fecha de la final del Mundial. Era más que un partido entre Brasil y la selección anfitriona de Francia: allí se daba la primera gran confrontación entre Nike y Adidas en el campo del futbol. La fuerte inversión de la empresa estadounidense tenía todo para ser un éxito. A pesar de ser visitante, la selección brasileña entraba a la cancha como la favorita.

Si bien este partido era importante para las pretensiones de Nike en los estadios, para el mayor compañero de la historia de Adidas en el deporte era un día histórico: João Havelange se jubilaría ese mismo día. Su último acto después de 24 años como presidente de la FIFA sería entregarle el trofeo a Adidas, vestida de Francia, o a Nike, vestida de Brasil. Es muy poco probable que la madre patria haya pesado más en el corazón de Havelange, principalmente porque la relación del presidente de la CBF con su suegro no andaba muy bien y el complicado divorcio entre Ricardo Teixeira y Lúcia se había concretado ese mismo año. Lo más seguro es que Havelange sintiera un inconfesable gustito con aquella derrota brasileña.

La desgracia de Teixeira vino menos de la vergonzosa derrota de 3 a 0 que por el episodio presentado como explicación para el sonado fracaso de la selección: aquel día el ídolo Ronaldo, la principal cara propagandística de Nike, había sufrido convulsiones durante la concentración, mismas que estremecieron al equipo y que provocaron la terrible derrota. El centro delantero tuvo de ser trasladado a una clínica local poco antes del comienzo del partido.

Según los médicos de la CBF, los exámenes arrojaron resultados normales. El atleta, que quedó fuera de la selección inicial del equipo para ese día, fue trasladado a toda prisa hasta el Stade de France, entró a la cancha, tuvo una actuación deslucida y presenció el *show* de Zinedine Zidane, que anotó dos de los tres goles franceses. Ronaldo había entrado al partido por la influencia de Nike.

El politólogo Jorge Caldeira afirma en su libro que todo esto no fue más que una sucesión de equívocos. No hubo convulsiones. Ronaldo tenía antecedentes de sonambulismo. Según Caldeira, lo que sucedió se presenta más como un episodio de parasomnia, durante el cual la emisión de ondas cerebrales produce movimientos corporales involuntarios durante el sueño. Algo sin mayores consecuencias. Sin embargo, asustado por lo que había presenciado, el lateral Roberto

Carlos, que compartía habitación con Ronaldo, dio la alerta y desencadenó una reacción atropellada que enloqueció a los jugadores y a la comisión técnica.

En efecto, este puede ser un episodio que revela cierta de falta de profesionalismo, pues los directivos de cualquier equipo de alto nivel deben conocer a detalle el historial médico de sus atletas. Si el sonambulismo de Ronaldo era público e implicaba la posibilidad de parasomnia, todos debían haber sido informados, principalmente el compañero de habitación del jugador. Tal parece que no pasó nada de eso. No obstante, aun cuando Brasil no hubiera perdido la final por jugar peor que Francia, sería imposible atribuirle la responsabilidad de este desastre a Ricardo Teixeira. Sin embargo, como veremos a continuación, el directivo sufrió más que el propio Ronaldo las consecuencias de estas convulsiones inexistentes. Cosas del destino.

Sin la protección de Havelange, y emocionalmente frágil, el presidente de la CBF se convirtió en una presa más fácil. La opinión pública decretó que Ricardo Teixeira era el culpable de la vergonzosa derrota en París, en especial después de que se filtraron los detalles controversiales del contrato entre Nike y la selección brasileña. Por el acuerdo, la empresa estadounidense tenía derecho de promover partidos amistosos de la selección brasileña donde fuera más conveniente para sus campañas de mercadotecnia; además, tenía el derecho de contar con los grandes ídolos en los partidos. En otras palabras, prácticamente tenía la facultad de seleccionar el equipo.

En el ambiente flotaba la idea de que, si bien antes João Havelange había entregado el futbol mundial a Adidas, ahora Teixeira había entregado la selección brasileña a Nike, empresa con la que la CBF había firmado un contrato en 1996. Más adelante esto fue analizado en el Congreso brasileño por dos comisiones parlamentares de investigación, una en el Senado y otra en la Cámara de Diputados. Ambas se abocaron a la tarea de estudiar las negociaciones de la CBF, de Ricardo Teixeira y del futbol brasileño. Fueron consecuencia directa, aunque tardía, de tres factores: la indignación de la opinión pública ante el desastre de Francia en 1998; la versión de que Ronaldo, el ídolo de Nike, entró al partido solo para "pagar" su patrocinio; y la sensación de que una empresa de Estados Unidos "indirectamente" había derrotado a Brasil para favorecer sus negocios. "No hay ningún misterio en mi contrato. No existe nada que pueda decepcionar a mi público", dijo Ronaldo a la Comisión Parlamentaria de Investigación, asesorado por un abogado. "Nike es una empresa seria y honesta que invierte en Brasil más por su interés en ayudar al deporte brasileño que para obtener ganancias."

La multinacional estadounidense fue presionada por los legisladores, pero Teixeira vio que su vida colapsaba. De las acusaciones de la Comisión Parlamentaria de Investigación, el presidente de la CBF solo sobrevivió gracias a la ayuda de la llamada "ala del balón" dentro del Congreso (diputados y senadores ligados a clubes y federaciones) y de sus amigos influyentes en el Poder Judicial. Lo que es preciso decir ahora es que en aquel momento el directivo mantenía una relación personal que se revelaría tan importante para su carrera como el empujón recibido uno años antes por parte de su suegro João Havelange: Teixeira era amigo del hombre que más tarde presidiría el club más poderoso del mundo, el Barcelona. Se trata del catalán Alexandre "Sandro" Rosell Feliu, quien llegó a Brasil para trabajar en Nike, después de que la empresa estadounidense conquistara a la CBF. Rosell tenía en mente un objetivo que Ronaldo "Fenómeno" no había podido alcanzar: ganar el próximo Mundial de futbol. A diferencia del ídolo, él sabía muy bien lo que era necesario hacer tras bambalinas para que eso sucediera.

EL ESTRATEGA DE LAS SOMBRAS

Tenía un objetivo claro: ganar el Mundial de 2002. Esa era mi job description.

Sandro Rosell

N eymar, Daniel Alves, Thiago Silva, Julio Cesar, Robinho, Ganso, Alexandre Pato, Ramires, los otros jugadores y a continuación la comisión técnica. El desembarque de la delegación brasileña trans- curría con normalidad en La Plata cuando una persona desconocida para la mayoría de los periodistas surgió al lado del técnico Mano Menezes. Era Sandro Rosell, el presidente del Barcelona. Alguien de un canal argentino de televisión se percató del elemento extraño en el grupo. "¿Qué hace el presidente del Barcelona con Brasil?", se preguntó la emisora Fox luego del empate 0 a 0 entre las selecciones brasileña y venezolana por la Copa América. Las notarías de Brasil conocían la respuesta.

Amigo de Ricardo Teixeira, Rosell se subió al autobús que transportó a la delegación hasta el estadio de Ciudad de La Plata. Era un viernes, el 3 de julio de 2011. El fin de semana, Rosell se quedó hospedado con los jugadores de la selección. Entre los asientos del autobús y los pasillos de hotel, el catalán y el delantero conversaron durante largo tiempo. El objetivo era obvio: llevarse a Neymar del centro a la región noreste de España. En aquel periodo el ídolo del Santos era un objetivo del Real Madrid, rival del Barcelona, pero Rosell contaba con un padrino muy poderoso para conquistar a la novia del momento: Ricardo Teixeira.

Justo diez días después del partido contra Venezuela comenzaría a revelarse lo que estaba tras las cortinas de las ventanas de los autobuses y en la recepción del hotel. En un reportaje del noticiero *Jornal da Record* mostramos que Rosell era algo más que un gran amigo de Teixeira. Eran socios. El entonces presidente del Corinthians, Andrés Sánchez, no tenía idea de eso. Había volado hasta Buenos Aires para encontrarse con la delegación brasileña e intentar llevarse a Neymar a su club. Se encontró con el delantero del Santos y le hizo una propuesta millonaria, con base en dos cartas de crédito bancarias, pero tuvo que escuchar una respuesta misteriosa: "Presidente, yo no puedo jugar en el Corinthians. Un día usted va a saber por qué", dijo el delantero a Sánchez. El destino de Neymar era Cataluña, mediante un acuerdo que fue urdido en La Plata con el aval del presidente de la CBF.

El delantero quedó deslumbrado. El Barça es el sueño de cualquier muchacho que crece jugando futbol en la calle. Las cifras eran jugosas y, más aún, atendieron el deseo del todopoderoso del futbol brasileño, dueño del siguiente Mundial, mismo que Blatter ayudó a llevar a Brasil como pago por el acuerdo de 1998 con Havelange. Teixeira todavía hacía y deshacía. Además de Rosell, J. Hawilla y Marcelo Campos Pinto (director de la Globo Deportes) adulaban al presidente de la CBF durante el viaje. El hombre a quien nadie podía decir que no. Neymar tampoco tenía ningún motivo para contrariarlo.

El acuerdo entre Rosell y Neymar fue firmado pocos meses después, pero el anuncio fue estratégicamente postergado. El ídolo, con un contrato vigente con el Santos hasta el Mundial de 2014, empezó a dar indicios a comienzos del 2013. Daba a entender, en entrevistas o notas en las redes sociales, que su tiempo en el futbol nacional ya se había agotado. La confirmación de la salida del jugador era ávidamente disputada por los reporteros y columnistas deportivos de las más importantes publicaciones de Brasil. Nadie lo confirmaba ni desmentía. Llovían las especulaciones.

La contratación de Neymar habría sido una petición del director técnico Pep Guardiola al asumir el Bayern Munich. El Chelsea, que entonces era el campeón europeo, esperaba atraer al atleta con la compañía de otros brasileños que jugaban por allá, como Ramires y Oscar. El Manchester City, club emergente en Inglaterra, confiaba en seducir al jugador con los petrodólares del jeque Sulaiman Al-Fahim, de Emiratos Árabes, nuevo dueño del equipo. El Paris Saint-Germain, de Francia, otro club "nuevo rico" de Europa, aprovechó la proximidad del brasileño Leonardo, su director deportivo, con Wagner Ribeiro, agente de Neymar, para hacerle una oferta tentadora. Sin embargo, el Real Madrid y el Barcelona, los archienemigos en España, eran considerados los favoritos en la disputa millonaria.

La ironía fue que la noticia de la salida de Neymar de Brasil, disputada exhaustivamente por todos los periodistas deportivos, fue confirmada por alguien sin ningún vínculo con los medios de comunicación. En el partido de vuelta de la segunda fase del Mundial de Brasil, en mayo, el Santos y el Joinville jugaron un partido aburrido, con pocas jugadas de peligro y ningún gol. Santos, que había ganado el partido de ida por 1 a 0 en Santa Catarina, conquistó su lugar para la siguiente fase. Neymar caminaba hacia los vestidores cuando fue abordado por el guardameta Ivan, del Joinville, equipo de la Serie B del Campeonato Brasileño. El jugador le dijo que era su admirador y le pidió la playera. En medio de las especulaciones sobre la salida del jugador del futbol brasileño, también le pidió que continuara jugando en el país. "Ya no es posible", contestó Neymar y con ello le entregó la codiciada noticia.

A la salida del estadio, el delantero del Santos evitó a los reporteros y se rehusó a contestar preguntas lanzadas al azar. Ivan, por su lado, exhibió con orgullo la camiseta que Neymar le había regalado y confirmó, de primera mano, que Neymar dejaría el país. En España, Rosell se reía con tantas especulaciones infundadas sobre una noticia vieja. El papel estaba en su cajón desde noviembre del 2011, cinco meses después de aquel atinado viaje en el autobús de la selección brasileña.

El acuerdo preveía un pago total de 40 millones de euros (cerca de 133 millones de reales, en enero de 2014) a la empresa N&N Sports, de Neymar y Nadine da Silva Santos, padres del atleta. Según afirmó el padre de Neymar algunos meses después, esa cantidad sirvió para que el Barcelona tuviera la prioridad en la contratación del delantero. En caso de desistir, la N&N Sports, una empresa con un patrimonio total de 100 mil reales al momento de su registro ante la Junta Comercial de São Paulo, tendría que indemnizar al Barcelona con esa misma cantidad (133 millones de reales). La N&N Sports fue registrada ante la Junta Comercial el 18 de octubre de 2011, pero inició sus actividades el día 21 de septiembre.

Hay fechas coincidentes en esta historia. Cuatro días después, el 25, el diario *Sport* de Barcelona atizó la polémica al anunciar: "Neymar ya es del Barça". El periódico afirmó que el presidente del Santos, Luiz Álvaro de Oliveira, había confirmado la información, algo que el directivo no había hecho ante la prensa brasileña. El cuarto periódico deportivo de España publicó también que, en el caso de que el jugador del Santos no tuviera como destino el Camp Nou, el Barcelona recibiría una indemnización de 40 millones de euros.

El reportaje, sin embargo, no llegó a afirmar que la empresa de la familia del jugador se embolsaría esa cantidad si la contratación se confirmaba, pero el diario destacó que Neymar llegaría a Cataluña a comienzos de la temporada 2013-2014. Por tanto, un año antes del término de su vínculo con el Santos, ya prácticamente negociado con el equipo español, Neymar aún tendría tiempo de defender al club de São Paulo en la final del Mundial de Clubes de la FIFA, a finales de aquel mismo año, el 18 de diciembre. ¿El adversario? El Barcelona de Messi. El delantero tuvo una actuación deslucida y el Santos acabó goleado 4 a 0. La verdad es que todo el equipo presentó un desempeño mediocre.

A pesar de las especulaciones, el anuncio oficial tuvo lugar hasta el 13 de mayo de 2013. Para tener a Neymar, el Barcelona pagaría, de nuevo oficialmente, 35 millones de euros. La contratación fue el mayor triunfo del Barcelona en 2013. El jugador ya era el principal ícono del futbol brasileño y había sido fundamental para obtener el título de la Copa Confederaciones en Brasil. La conquista de la selección, dirigida una vez más por Luiz Felipe Scolari, con una victoria de 3 a 0 sobre España en la final, rescató el prestigio del futbol brasileño, sacudido por una secuencia de resultados malos del equipo antes comandado por Mano Menezes. Por fin, Neymar sustituía a Ronaldo "Fenómeno" como la gran estrella del futbol nacional.

El negocio entre el Barcelona y la N&N Sports empezaría a ser desenmascarado a finales de 2013, cuando un socio del club, Jordi Cases, denunció una malversación de 40 millones de euros en la transacción. El caso fue a parar a los tribunales españoles que solicitaron los contratos y balances para evaluar la denuncia. El 20 de enero otro periódico local, *El Mundo*, afirmó que la negociación en realidad habría costado 95 millones de euros (aproximadamente 300 millones de reales en enero de 2014), un aumento de un sugestivo 171% sobre el valor inicial. Esos números colocaban a la transacción con el ídolo del Santos como una de las más caras en la historia del futbol, apenas un poco detrás de la de Gareth Bale, principal apuesta del millonario Real Madrid, que trajo al galés del Tottenham en esa misma época por 101 millones de euros (aunque ese valor tampoco fue confirmado oficialmente por el club español). Después de que la justicia española divulgara los valores reales, el Ministerio Público Federal de Brasil inició una investigación sobre el supuesto crimen de evasión fiscal cometido por la empresa del padre de Neymar.

Rosell capituló ante las evidencias y admitió que Neymar había salido un poco más caro que lo divulgado en un inicio: 57 millones de euros, 40 millones de euros pagados a la empresa del padre del jugador y otros 17 millones de euros al Santos, que a su vez distribuyó 40% de ese valor a DIS (rama deportiva del Grupo Sonda) y 5% a Teisa (grupo de empresarios vinculados al Santos), compañías que poseían parte de los derechos sobre el jugador. El periódico trata de explicar el faltante de 38 millones de euros, que sería rellenado por otros gastos diversos, cada uno más oscuro que el anterior: 10

millones de euros serían pagados a Neymar por el pase; 9 millones por dos amistosos contra el Santos; 8.5 millones de euros de comisión para el padre del jugador; y 7.9 millones servirían para reservar eventuales promesas futuras que surgiesen en el Santos. Finalmente, Neymar tendría la garantía de recibir al menos 54 millones por cinco años de contrato. Ahí entra el último apartado del gasto, una comisión de 5% de ese valor (2.6 millones) para el jugador.

Sandro Rosell renunció tres días después de la nota del periódico *El Mundo*. Era la caída del principal amigo de Teixeira en el futbol europeo. El español reiteró que no había ninguna irregularidad en la transacción de Neymar y justificó su renuncia por motivos personales. "Desde hace tiempo mi familia y yo hemos sufrido amenazas y ataques que me han hecho pensar si debía seguir poniendo en peligro a mi familia. No quiero ataques que afecten al club y es por eso que he presentado mi dimisión a la presidencia del Barcelona de manera irrevocable", afirmó Rosell, bajo los aplausos de una platea colocada dentro del recinto para darle un aire de normalidad a la salida del presidente de uno de los principales clubes del mundo.

No era la primera vez que Rosell se involucraba en negociaciones oscuras con los futbolistas brasileños. En 2010, en plena campaña por la presidencia del Barcelona, participó en las negociaciones para la venta del centro delantero Ronaldinho Gaúcho al Chelsea de Inglaterra. Esto fue denunciado por Joan Laporta, quien buscaba su reelección como presidente del club. Laporta y Rosell habían sido aliados en el pasado, pero luego se hicieron enemigos.

En el libro *Un somni per als meus fills* [*Un sueño para mis hijos*], el ex presidente acusó a Rosell de ofrecerle un soborno para que aceptara la venta de Ronaldinho Gaúcho. Según sus palabras, en 2004 los ingleses ofrecieron 100 millones de euros por el pase del jugador y que 10% de la transacción sería para Rosell y Laporta. El directivo dice que rechazó la propuesta.

La revelación hizo que Rosell amenazara con demandar a su enemigo político, pero esta denuncia no fue suficiente para impedir su elección como presidente del Barcelona. Otra jugada maestra del directivo, que había aprendido como nadie a trabajar en los bastidores del futbol. Su posgrado en negociaciones lo realizó justamente en Brasil, cuando se acercó al dueño del balón en el país del futbol.

- - -

En 1999 mucha gente creía que el mundo acabaría ese fin de año. El cambio de siglo atizaba la imaginación de las personas. Para Ricardo Teixeira no fue un año fácil. Después del fracaso de la selección brasileña el año anterior, estaba en la mira de todos sus compatriotas, principalmente debido a las teorías sobre la selección de Ronaldo para jugar la final del Mundial contra Francia. Entre ellas, la más fuerte lo asociaba con un reciente contrato entre Nike y la CBF. La multinacional estadounidense era sospechosa de haber forzado al jugador a entrar a la cancha. En internet se multiplicaban las teorías sobre conspiraciones que afirmaban que la CBF o Nike habían vendido el título. Dependiendo de la versión, la derrota sería compensada con el privilegio de ser sede del siguiente Mundial, en 2002, ya determinada y posteriormente confirmada, para Corea del Sur y Japón, o la conquista del quinto campeonato cuatro años después, que de hecho ocurrió.

Rumores aparte, los hechos concretos llamaron la atención del Congreso Nacional. Cuando los términos del contrato entre la CBF y Nike se hicieron públicos gracias a las revelaciones hechas por el periódico *Folha de São Paulo*, la situación de Teixeira se complicó. El 25 de febrero, el entonces diputado federal Aldo Rebelo llevó a la Cámara de Diputados una solicitud para instalar una Comisión Parlamentaria de Investigación (CPI) para investigar las relaciones de la confederación con el fabricante de artículos deportivos. En ese mismo día la propuesta consiguió 187 firmas, 16 más que las necesarias, y solo faltaba la solicitud para que fuera sometida a votación por el entonces presidente de la Cámara, Michel Temer. Hasta el diputado Eurico Miranda, ex presidente del Vasco, enemistado con Teixeira, había firmado la petición.

Aquella semana Teixeira viajó a Brasilia para tratar de abortar la investigación. En un principio lo consiguió: algunos días después la Secretaría de la Cámara de Diputados rechazó la solicitud bajo el argumento de que tenía firmas duplicadas. Catorce diputados aprovecharon la ocasión para retirar su apoyo. La Comisión Parlamentaria de Investigación pareció caer en el olvido, pero Rebelo insistía e intentaba convencer a sus colegas en la Cámara para que firmaran la solicitud de investigación. Teixeira también trabajaba con intensidad para detener la amenaza que se cernía desde Brasilia; en una reunión hizo las paces con Eurico Miranda y el diputado-directivo cambió de lado, pues pasó a sabotear la instalación de la Comisión.

Más diputados retiraron sus firmas y dos legisladores vinculados con Teixeira le entraron al juego para tratar de sepultar la iniciativa. La ofensiva de la entidad contó con el apoyo de los diputados Marcos Vicente (PSDB-ES) —presidente de la Federación Capixaba de Futbol—, y Darcisio Perondi, hermano del presidente de la Federación Gaucha de Futbol. A pesar de sus esfuerzos, el 11 de marzo el grupo de Teixeira se llevó un balonazo en la espalda: Aldo Rebelo había conseguido 207 firmas, 36 más que las necesarias, y esa vez las revisó en persona. El destino de Teixeira ahora estaba en las manos del presidente de la Cámara de Diputados.

El presidente de la CBF empezó a utilizar la artillería pesada. Aquella investigación no podía salir a la luz, por lo que llamó al director técnico de la selección brasileña, Wanderley Luxemburgo, a la cancha. Días después de recibir la solicitud oficial de la instalación de la Comisión Parlamentaria de Investigación, Michel Temer recibió la visita del entrenador, que fue a Brasilia a cabildear contra la instalación de la misma. También se encontró con el entonces presidente del Senado, Antonio Carlos Magalhães, para pedir su ayuda. A mediados de abril, Temer impidió la instalación de la Comisión. Fue una maniobra conjunta con el gobierno de Fernando Henrique Cardoso, que también le entró al juego al incorporarse a la base aliada para proteger al directivo. Para esto, Temer usó una artimaña: la Comisión Parlamentaria de Investigación de Nike era la segunda en la fila de las comisiones que debían ser instaladas. Según el reglamento de la Cámara, solo pueden funcionar cinco comisiones al mismo tiempo. El diputado sacó del archivo otras siete solicitudes para la instalación de comisiones parlamentarias de investigación y la de Teixeira se fue hasta el final de la fila. Se había alejado el peligro… temporalmente.

- - -

La casa matriz de Nike, en Beaverton, Estados Unidos, estaba muy preocupada con los acontecimientos en Brasil. La selección brasileña era una pieza clave para la expansión de los negocios de la empresa en el futbol, principalmente por la imagen fuerte del equipo en el mundo. Y resultaba pésimo que la marca estuviera asociada con una Comisión Parlamentaria de Investigación, una investigación oficial. El nombre "Comisión Parlamentaria de Investigación de Nike" causaba un enorme desasosiego entre los ejecutivos de la empresa.

Ellos tenían que encontrarle un remedio a la situación y para eso llamaron a un prometedor ejecutivo español, para que implementara una operación de control de daños. Sandro Rosell parecía ser el hombre ideal para administrar esta crisis. Él había revolucionado las relaciones entre la multinacional y el futbol europeo y había cerrado grandes contratos de la empresa con los principales clubes españoles. Entre otras hazañas figuraba el contrato firmado con la liga española, que había desplazado a la rival Adidas. La actitud agresiva de Rosell y su libre tránsito entre los bastidores eran lo que Nike más necesitaba para apagar el incendio que amenazaba con propagarse en Brasil y que podía incinerar los intereses de la empresa en el mayor mercado de América Latina. Era el hombre ideal para ordenar la casa.

Rosell llegó a Brasil, por lo menos oficialmente, el día 30 de agosto, cinco meses después de que el diputado Aldo Rebello solicitara la creación de la CPI. El ejecutivo asumió la dirección de los negocios de Nike para América Latina y se instaló en Río de Janeiro, sede de la CBF y lugar de residencia de Ricardo Teixeira. Su primera misión fue concluir la crisis de la CPI y dejar el camino libre para que el directivo pudiera volver a actuar en paz, lo que tomaría más de un año.

En los meses posteriores a la llegada de Rosell a Brasil, la presión para que finalmente se instalara la Comisión había crecido y ahora contaba con nuevos ingredientes. A mediados de octubre, diputados del PT neutralizaron una maniobra del gobierno para impedir que la CPI encabezara la lista de espera. La idea era prorrogar el plazo de las comisiones en curso. "Es necesario cambiar para que todo quede como está", enseñaba el príncipe de Falconeri, personaje de la novela *Il Gatopardo* de Tomasi di Lampedusa. Sin embargo, esta estrategia les salió mal. Con eso, la investigación que tanto asustaba a Teixeira solo esperaba la conclusión de la Comisión Parlamentaria de Investigación sobre el Narcotráfico.

En noviembre de 1999 Teixeira y la CBF se granjearon nuevos enemigos y otro frente de batalla. El Gama descendió en el Campeonato Brasileño luego de una polémica decisión del Tribunal de Justicia Deportiva que le dio al Botafogo los puntos del partido disputado contra el São Paulo. En la cancha, el equipo de la estrella solitaria había sido goleado por 6 a 1; fuera de ella, los abogados del club actuaron con rapidez y solicitaron los puntos del partido debido a la participación del delantero Sandro Hiroshi en una situación irregular. La casualidad de aquella decisión salvó una vez más a un club de Río de Janeiro de la caída a la segunda división. El Gama, del Distrito Federal, pasó a integrar la lista del descenso.

La dudosa decisión que salvó al Botafogo también motivó al líder del gobierno en el Senado, José Roberto Arruda, político con base en el Distrito Federal, a entrar en el circuito de las presiones por la instalación de la CPI; si no era posible instalarla en la Cámara de Diputados él propondría una similar en el Senado. Ese mismo mes se filtró a la prensa una lista de jugadores y de clubes que evadían el impuesto sobre la renta, lo que arrojó aún más leña al fuego. El año de 1999 no estaba siendo conveniente para Teixeira, quien pasó el cambio de milenio arrinconado ante la inminencia de la apertura de dos averiguaciones en el Congreso Nacional.

El mundo no se acabó a finales de 1999, pero el nuevo año anunciaba más problemas para el directivo. Para empeorar el escenario, habría elecciones municipales y las comisiones eran excelentes plataformas. En febrero, Teixeira fue al Congreso a presenciar la votación sobre los cambios a la "ley Pelé" y aprovechó para cabildear contra las dos comisiones. En aquel momento el Senado, donde él no contaba con una base aliada fuerte, ya tenía una propuesta para la instalación de una CPI con 32 firmas. En junio ya eran 41 los senadores que apoyaban las investigaciones.

En el mes siguiente el Gama apeló la decisión del TJD y permaneció en la primera división. Ganó, pero no del todo. La CBF disolvió el Campeonato Brasileño y le delegó al Club de los 13 la organización de otro torneo sin la participación del Gama: la Copa João Havelange, con un número récord incluso para los campeonatos nacionales: 116 clubes. En septiembre por fin se instaló la primera CPI. El 14 de ese mes el Senado aprobó la creación de la Comisión Parlamentaria de Investigación del Futbol, solicitada por el senador Álvaro Dias. El objetivo era investigar las irregularidades en el futbol brasileño. La Comisión Parlamentaria de Investigación de Nike todavía esperaba su turno en la Cámara de Diputados, pero no por mucho tiempo. En quince días, el presidente de la Cámara, Michel Temer, que antes había detenido la investigación, ahora anunciaba que la instalaría antes de fin de año. El 4 de octubre Temer clausuró la Comisión Parlamentaria de Investigación sobre el Narcotráfico e instauró la Comisión Parlamentaria de Investigación de Nike.

Ricardo Teixeira puso a toda su tropa de choque al servicio de la CBF para debilitar la CPI del Senado, que prometía dar más dolores de cabeza que la de los diputados. Incluso llamo a su ex suegro, João Havelange, para que cabildeara ante el presidente del Senado, Antônio Carlos Magalhães. Teixeira temía que en el Senado la situación pudiera salirse de control. En la Cámara tenía una base más sólida de diputados aliados que harían todo lo posible para impedir las averiguaciones. Dado que las investigaciones eran inevitables, Teixeira también recibió ataques del fuego amigo. La TV Globo y el Club de los 13 se articularon para empujar a Teixeira y a la CBF hacia la hoguera. El objetivo era blindar a la emisora y así impedir que se investigaran los contratos de transmisión. Algunas personas vinculadas a los clubes incluso enviaron a los senadores un informe con todas las irregularidades del directivo. El plan era concentrar todas las investigaciones en torno a la figura de Teixeira.

El 17 de octubre de 2000 la CPI salió del papel, luego de que se dieran a conocer nuevos incidentes que involucraban a la selección brasileña, a Nike y la CBF, mismos que exasperaron a la opinión pública. Dos partidos amistosos en Australia evidenciaron la extraña relación entre la multinacional de los artículos deportivos y el equipo brasileño. Una vez más, Ronaldo estuvo en el centro de la polémica. Nike ya había acordado con los australianos que el delantero jugaría los dos partidos, pero el futbolista no fue convocado debido a los compromisos que tenía con el Inter de Milán. Como venganza, la Federación Australiana de Futbol realizó los partidos a puertas abiertas. Nike, por su parte, descontó las pérdidas de lo que debía pagar a la CBF.

Al día siguiente a la instalación de la Comisión, Ricardo Teixeira fue convocado a declarar. Ese mismo día los diputados anunciaron que investigarían la influencia de Nike en la participación de Ronaldo en la final del Mundial del 98. Dos días después llegó el turno del Senado de iniciar los trabajos de la Comisión Parlamentaria de Investigación del Futbol. Teixeira vivía una pesadilla. Dos investigaciones políticas simultáneas serían devastadoras para el directivo. Fue escuchado en la Cámara de Diputados y en el Senado. Los negocios, los acuerdos, las cuentas en el exterior y la forma nada ortodoxa de administrar la CBF y el futbol brasileño llegaron al dominio público. Durante toda esta turbulencia, Teixeira contó con la cercana compañía del español enviado por Nike, quien lo apoyó y lo motivó en los momentos más difíciles. Ellos se hicieron grandes amigos y Teixeira supo retribuir, por mucho, esta amistad.

- - -

Sandro en realidad es Alexandre Rosell Feliu. Nació el 6 de marzo de 1964 en Barcelona y posee un título de administración de empresas otorgado por la Escuela Superior de Administración y Dirección de Empresas (Esade). Antes de entrar al mundo de los deportes, el joven Rosell trabajó en el departamento de mercadotecnia de la Myrurgia, una industria catalana de cosméticos. A finales de 1989 integró el Departamento de Patrocinio Deportivo del Comité

Organizador de las Olimpiadas de Barcelona, responsable de las sociedades internacionales.

El área de actuación de Rosell formaba parte de un programa para ampliar la captación de patrocinadores de la ISL, la empresa ligada a Adidas y que en el futuro se vería involucrada en el mayor escándalo de corrupción de la historia de la FIFA, como veremos más adelante. En aquel entonces, ISL poseía los derechos de comercialización de los patrocinios y de las transmisiones televisivas de los eventos del Comité Olímpico Internacional, de la FIFA y de otras organizaciones deportivas internacionales.

Al finalizar las Olimpiadas de Barcelona, Rosell continuó en el comité hasta finales de 1992, cuando concluyó su contrato. En enero de 1993 fue invitado para asumir el cargo de gerente de ISL en España. Uno de sus primeros trabajos fue vender los patrocinios del Campeonato Mundial de Esquí, de Sierra Nevada, en España, realizado en 1996. Recuerde esta información, porque en el futuro va a aparecer de nuevo, en medio de un escándalo en Brasil.

Su entrada al mundo del futbol ocurrió cuando la empresa ISL y Rosell presentaron un proyecto de venta de patrocinio y derechos de transmisión para la Liga de Futbol Profesional de España. El proyecto provocó una dura lucha entre las grandes empresas de artículos deportivos, de la que Nike salió victoriosa. En aquel entonces, Adidas todavía era líder en el segmento del futbol. El éxito del contrato apalancó las ventas de la empresa estadounidense en España y llevó a Nike a entrar de lleno en esta área, al cerrar contratos con ligas de futbol de varios países, incluso el controvertido contrato con la CBF.

Gracias al éxito del proyecto, Rosell recibió una invitación para trabajar en Nike Iberia como director del departamento de *marketing* deportivo. En este periodo cerró el contrato de patrocinio entre la empresa y el Barcelona y aumentó la presencia de la marca en España. Su trabajo llamó la atención de la cúpula de la empresa. Entonces Rosell fue seleccionado para una nueva misión que en teoría se trataba de expandir el mercado latinoamericano; en la práctica, el objetivo era transformar a la selección brasileña en una fuente de dinero y ganar el Mundial de 2002.

Así, en agosto de 1999 el español se mudó con su familia a Río de Janeiro. En un principio se fue a vivir a una mansión en Barra da Tijuca. Después se trasladó a un condominio de edificios en el mismo barrio. La Policía Federal registró la entrada del catalán en el país en el Diario Oficial de la Unión del 30 de agosto de 1999. Era la concesión de una visa de trabajo con el expediente 46000.011773/99 del Ministerio de Justicia. Rosell llegó a Brasil en medio de un bombardeo que caía sobre la CBF y Nike ante la inminencia de la apertura de la Comisión Parlamentaria de Investigación y las denuncias que involucraban al presidente de la CBF en la gestión del órgano. Mucha gente dice que el español fue el responsable del polémico contrato, pero la realidad es que el acuerdo se firmó tres años antes de su llegada a Brasil e involucraba a la CBF, la Traffic —que tenía los derechos de comercialización de la selección brasileña— y Nike.

El contrato de 400 millones de dólares fue firmado por Ricardo Teixeira (CBF), José Hawilla (Traffic), Philip Knight y Cees Van Nieuwenhuizen (Nike Europe BV) y Tom Clarke y Sandy Bodecker (Nike Inc.). Entre las obligaciones contractuales quedó asentado que la patrocinadora tendría injerencia en las decisiones cotidianas del equipo, en la convocación, selección y programación de eventos, así como en la elección de los adversarios para los partidos amistosos. El acuerdo fue renovado y continuará en vigor hasta 2018.

El español no fue llamado a declarar ante la Comisión Parlamentaria de Investigación de Nike. La empresa decidió que su portavoz sería el director de relaciones públicas de la empresa en Brasil, Ingo Ostrovsky. En su declaración, tomada el día 4 de abril de 2001, Ingo fue cuestionado por el diputado federal Eduardo Campos y reveló el papel de Sandro Rosell dentro de Nike y su relación con la selección brasileña:

—Usted dijo hace poco que Nike, de común acuerdo con el equipo técnico, con la comisión técnica y con el director técnico, definía esos partidos cuando respondía al diputado Eurico Miranda. Quisiera que usted nos dijese quién representaba a Nike en este tipo de reuniones.

—Es... Es... Nike propone algunos partidos, que son aprobados o no por la comisión técnica. La programación de la selección la decide la comisión técnica. Por nuestra parte participa el director general de la oficina de Nike Brasil, quien se encarga del contrato con la CBF.

—¿Podría usted decirnos su nombre?

—Es Sandro, Sandro Rosell.

—¿Sandro Rosell? Entonces existen reuniones en las que Nike propone... y de común acuerdo se le hacen propuestas a Nike, que pueden incluso ser vetadas por la CBF. Algunas sugerencias pueden no ser acatadas de los cinco partidos, ¿es correcto?

—Sí, Excelencia, pero a mí me gustaría... Algunas sugerencias de Nike no son aceptadas por la CBF. Sí, eso ocurre bastante. Pero, si Vuestra Excelencia me lo permite, me gustaría aclarar que esas reuniones no son con la comisión técnica. Ningún representante de Nike se reúne con la comisión técnica. Nosotros nos reunimos con la secretaría general de la CBF, que encamina nuestras sugerencias a la comisión técnica. No hay reuniones entre Nike y la comisión técnica.

—Usted lo dijo aquí en esta declaración. Ahora usted debe estar alterando su declaración. Está grabado cuando le respondía al diputado Eurico Miranda que Nike, en acuerdo con la comisión técnica, definía los partidos, ¿es correcto?

—Excelencia, está previsto en el contrato, esa es una cláusula del contrato, que los... los amistosos de Nike, los amistosos organizados por Nike serán aprobados por la comisión técnica. Puedo haber sido malinterpretado...

La declaración de Ingo fue preparada por Rosell y la cúpula de Nike en Estados Unidos. En su libro de memorias, con el sugestivo título de *Bienvenido al mundo real,* el español describe que en aquella ocasión montaron una operación de guerra para defender a la empresa y el contrato ante la Comisión Parlamentaria. Describe una reunión en la que participó con ejecutivos y abogados en la sede de Nike para preparar la defensa, en la que decidieron que ningún ejecutivo estadounidense iría a la Comisión. Incluso organizaron una sesión de entrenamiento en un hotel con una fuerza de tareas que simuló la audiencia en la Cámara para preparar la declaración de Ingo. Rosell comenta que la preocupación era tan grande que, antes de la reunión, hicieron hasta un escaneo para detectar micrófonos en el hotel.

La CPI reveló las negociaciones de Ricardo Teixeira al frente de la CBF, la malversación de fondos, las empresas y las cuentas en paraísos fiscales, pero... no pasó nada. En 2001 la Comisión concluyó sus trabajos. El informe no fue votado gracias a la influencia del "ala del balón" —un grupo de diputados ligados al directivo— y una vez más el país cumplió con su tradición de cerrar una Comisión Parlamentaria de Investigación sin ningún resultado práctico. Teixeira incluso consiguió prohibir en los tribunales la publicación del libro de la editora Casa Amarela que incluía el informe final de la Comisión, lo que haría públicos los hallazgos de los diputados.

Rosell estuvo presente en los momentos difíciles de Ricardo Teixeira y consideró el fin de las investigaciones como un triunfo de su compañero. En esa época se hicieron amigos. En su autobiografía, el español declara que Teixeira es un amigo de verdad. En diciembre de 2003 Rosell fue padrino en la boda del directivo con Ana María Wingand, la segunda esposa de Teixeira.

- - -

Una vez pasada la cruda de la CPI, el ejecutivo español se dedicó a la segunda misión de Nike: ganar el Mundial de 2002. Uno de los capítulos de su libro está dedicado a esta hazaña. Acompañó toda la preparación de la selección, la elección del director técnico, de los jugadores y de los amistosos, ayudó a administrar la crisis e hizo sugerencias de todo tipo. El catalán dice que al principio trabajó solo para animar a su amigo Ricardo Teixeira, aún abatido por la investigación del Congreso. Rosell se fue con la selección hasta Asia. Allá hizo y deshizo. En su libro cuenta que la gente de Nike llegó a fletar camionetas para llevar a los jugadores hasta una discoteca en Corea del Sur. Hasta donde sabemos, el director técnico Luiz Felipe Scolari, conocido por su disciplina, no tuvo derecho a veto. En última instancia se trataba de Nike.

En medio de toda esa fiesta, Rosell se precia de haber ayudado a un jugador de la selección a mantener relaciones sexuales con una joven en un privado de la discoteca. Según dice, el atleta le dijo que estaba interesado en una chica que bailaba en la pista. Rosell mandó a un mesero a buscarla y se la entregó al atleta. "Sin perder tiempo, ella y el artillero se fueron a un rincón. De repente comenzaron los gritos, seguidos de gemidos. 'Sí, qué hombre. Sí, qué hombre.' Se rieron todos y el artillero pasó a ser conocido como un verdadero campeón y recordado siempre por aquella historia."

El artillero le devolvió el favor a Rosell con lo que el directivo más anhelaba: el Mundial. El 30 de junio de 2002 Brasil venció a Alemania por 2 a 0 en el Estadio Internacional de Yokohama y se llevó el quinto campeonato mundial. Era el resurgimiento de Ronaldo "Fenómeno", olvidado por el futbol después de reiteradas y graves lesiones. Rosell revela que en la fiesta del hotel Prince, Ricardo Teixeira le entregó la copa FIFA y le dijo que el título también era suyo. A continuación, Rosell llamó a los ejecutivos estadounidenses de Nike que estaban en Japón, agarró la copa y les dijo: "¿Esto es lo que quería Nike? ¡Está aquí!". Incluso al regreso de la selección a Brasil recibió junto al equipo las felicitaciones del presidente Fernando Henrique Cardoso.

El prestigio de Rosell dentro de Nike creció gracias a la conquista del Mundial, por lo que fue convocado para trabajar para la empresa en Estados Unidos, donde estuvo poco tiempo. Rosell dejó la multinacional y regresó a Barcelona, donde continuó con los negocios que había iniciado en Brasil en sociedad con Teixeira y otras figuras oscuras. Curiosamente, ninguna de estas empresas es citada en el libro escrito por el ejecutivo y futuro directivo.

LOS TRES AMIGOS

*Fue Rosell quien presentó a Honigman y Ricardo Teixeira.
Nos hicimos amigos íntimos.*

Nathalie Peacock Serrano

*Solo hay una forma de probar que todo esto no pasa de
un fraude. [...] Saber si esa operación realmente ocurrió.*

Heleno Torres

Sandro Rosell nunca admitió ser socio de ninguna empresa en Brasil. Cuando en 2011 nosotros lo desmentimos, él declaró en España que nos demandaría, cosa que nunca hizo. Quizá por saber que una simple indagación ante la Junta Comercial de Río de Janeiro lo pondría en evidencia. Los secretos de los negocios del ejecutivo y directivo en Brasil estaban colmados de personajes misteriosos, transacciones oscuras, complots, traiciones y mucho, mucho dinero. Rastreando en los registros oficiales llegamos a la primera empresa de la que él fue socio en el país: Brasil 100% Marketing.

La empresa fue creada el 26 de diciembre de 2001, 22 días después del cierre de la Comisión Parlamentaria de Investigación del Futbol en el Senado, la última investigación que preocupaba al español y a su socio, Ricardo Teixeira. Una vez alejado el peligro, llegó el momento de expandir los negocios. Nuevos personajes entrarían en la trama de Teixeira y Rosell. La empresa Brasil 100% Marketing tenía sus cuarteles en un despacho de Avenida das Américas 3434, oficina 206, Bloque 2, en Barra da Tijuca, Río de Janeiro. Bien cerquita de la casa de Rosell, la de Teixeira y de la CBF. Oficialmente era una consultoría de gestión empresarial, habilitada para realizar actividades de mercadotecnia. Las actividades abarcaban la creación de locales para ferias y exposiciones, mercadotecnia, intermediación y gestión de negocios en general, así como la promoción y producción de eventos deportivos, entre otros.

Los socios principales eran Rosell, con una participación de 4,999 reales, y el ejecutivo del mercado financiero Cláudio Honigman, con 5,000 reales. Los socios minoritarios eran la esposa de Honigman, Nathalie Peacock Serrano, con una participación de 1 real, y la secretaria de Rosell, Vanessa de Almeida Precht, con una participación de 1 real. Existía aún un quinto socio, el ex ejecutivo de la Ambev, la multinacional empresa cervecera brasileña, Alexandre Barreira Leitão, con una participación de 1,000 reales.

En 2001 la Ambev contrató el patrocinio de la selección brasileña para sus marcas *Brahma* y *Guaraná Antárctica*. Barreira tejió el acuerdo. Poco después de concluir el contrato, abandonó la multinacional para integrar la sociedad de la Brasil 100% Marketing. Actualmente es el director y presidente de la filial brasileña de la empresa de mercadotecnia deportiva Octagon.

Pero Cláudio Honigman es el protagonista de esta historia. Un hombre que cayó en paracaídas desde Wall Street hasta los entretelones del futbol brasileño.

Se trata de un personaje misterioso. El Fantasma de Wall Street ya nació rico el 14 de agosto de 1964, en Niterói (Río de Janeiro). Desde su adolescencia frecuentó los mejores restaurantes y se recibió de ingeniero en Texas. Antes de cumplir cuarenta años, como mago de las operaciones financieras, construyó un palacete de mil metros cuadrados en la playa de São Conrado, una zona acomodada del sur de Río de Janeiro.

En 1997 tuvo su primera caída. Trabajaba para la poderosa casa de bolsa Bear Stearns, en Nueva York. En Brasil era la época de las privatizaciones. Bajo la presidencia del profesor Fernando Henrique Cardoso, el gobierno del Partido de la Socialdemocracia Brasileña entregaba el patrimonio público, construido con el sudor de los brasileños. Desde la siderúrgica Vale do Rio Doce, subastada a precio de bananas, hasta las empresas estatales de telefonía.

Desde Wall Street, Honigman obtuvo sus ganancias. Un documento de la New York Stock Exchange (NYSE), la bolsa neoyorquina de valores, fechado el 27 de julio del 2000, detalla sus operaciones. En las vísperas de ser privatizada, una empresa de telefonía brasileña pretendía vender un bloque de acciones preferenciales, exclusivas para empleados y ex empleados, por 80 millones de dólares. La negociación fue encomendada a una empresa brasileña, la que por su parte buscó a la Bear, Stearns & Co. Honigman participó en estas negociaciones como director gerente de la mesa de mercados emergentes de la empresa. Bear Stearns decidió comprar las acciones a través de una filial en Londres y ajustó el precio.

Hasta este punto no hay nada anómalo. El problema es que, a petición de la empresa brasileña, Honigman autorizó la venta de otras acciones de la misma empresa telefónica que ya constaban en la cartera de la Bear Stearns, en el mercado brasileño. El objetivo de esta operación era reducir el precio de las acciones. De acuerdo con la investigación de la NYSE, esta era una forma de convencer a los que estaban vendiendo las acciones preferenciales de que venderlas por 80 millones de dólares a la Bear Stearns era un buen negocio.

La jugada le salió bien a Cláudio Honigman. El día 17 de diciembre de 1997 vendió acciones comunes de la empresa telefónica en Brasil, a través de una casa de bolsa en treinta transacciones distintas. Su precio cayó aproximadamente 10%. Cuando la bolsa cerró en Brasil, aquel mismo día, la Bear Stearns compró las acciones preferenciales, por el precio anteriormente acordado, en el remate electrónico de Londres.

Quedó claro que Cláudio operó desde los dos lados del negocio. Manipuló el mercado. Fue censurado por la NYSE y pagó una multa de 30 mil dólares, pero no admitió su culpa. En enero de 1998 abandonó la Bear Stearns. La investigación de la NYSE no determinó si se benefició, ni cuánto, con esta negociación; tampoco identificó a las empresas brasileñas involucradas en la misma.

Libre, liviano y suelto, Honigman volvió a trabajar en Brasil. Cinco años después de la censura en Estados Unidos pasó a actuar en el mundo del futbol al lado de sus dos nuevos socios y amigos poderosos: Ricardo Teixeira y Sandro Rosell. Una vez reunido, el trío dirigió las operaciones de una empresa que explotó a la selección brasileña a lo largo de una década.

"Fue Rosell quien presentó a Honigman y Ricardo Teixeira. Nos hicimos amigos íntimos. Nuestras familias pasaban la Navidad juntas. Rentamos el yate *Blue Harem* y viajamos en él. Después, hicimos lo mismo en el Caribe. Ricardo Teixeira y su esposa, Sandro Rosell y su esposa, Cláudio y yo", afirmó la ex esposa de Honigman, Nathalie, en una entrevista a la revista *ESPN*. El alquiler del yate, que quede claro, era de 100 mil euros por semana.

Aunque las actividades de la empresa Brasil 100% Marketing quedasen a la sombra de la selección brasileña, el Mundial de Alemania 2006 trajo a la luz la verdadera naturaleza del negocio. El año anterior, Meinolf Sprink, entonces director de deportes de la empresa alemana Bayer AG, propietaria del Bayern Leverkusen, acusó a Brasil 100% Marketing de tratar de "sobornar" al club. Según la entrevista ofrecida por Sprink a la agencia alemana ABK, un ejecutivo de la empresa habría sondeado por correo electrónico, a nombre de la CBF, cuánto estaría dispuesto a pagar el Bayern por la presencia de la selección brasileña en el centro de entrenamiento de Leverkusen durante el Mundial de Alemania 2006.

Aquel Mundial fue un verdadero parteaguas en la vida de Nathalie y Cláudio Honigman. Mientras el equipo naufragaba en el torneo, la pareja y los amigos se divertían de lo lindo. Además del crucero particular en el *Blue Harem*, contrataron un *jet* privado en Alemania solo para ir a almorzar en España y regresar el mismo día.

Las aventuras del socio de Rosell y Teixeira también avanzaron en el terreno conyugal. Nathalie reveló que durante el Mundial Honigman mantenía a una amante en Francia. El final del torneo también marcó el fin de la relación. Honigman se divorció de Nathalie en Nueva York. Dijo que tenía otra mujer. Según Nathalie, esa mujer era una prostituta de lujo conocida por los adinerados de Río de Janeiro y São Paulo.

La denuncia de la solicitud de dinero hecha en Alemania era la punta del iceberg de las operaciones de Brasil 100% Marketing. En aquella época, todos los negocios paralelos de la selección pasaban por la empresa. Las marcas de Ricardo Teixeira en la Brasil 100% Marketing las encontraríamos hasta mayo de 2011, cuando hicimos un reportaje para el *Diario de la Record*. Buscando información en las notarías tercera y quinta de Oficios de Títulos y Documentos de Río de Janeiro, descubrimos papeles que a primera vista parecían indicar una operación seria entre los tres socios: Ricardo Teixeira, Sandro Rosell y Cláudio Honigman.

Las operaciones eran tan complejas que, después de consultar a diversos especialistas, constatamos que se trataba de una jugada para desmantelar a la Brasil 100% Marketing y transferir el dinero y un *jet* privado hacia una nueva empresa, llamada Ailanto Marketing, ya sin la participación de Honigman. Al frente de la Ailanto estaban Sandro Rosell y su secretaria, Vanessa Almeida Precht.

Las transacciones, que pueden no haber sido más que una maniobra contable, involucran cifras millonarias. Básicamente representan un ajuste de cuentas entre los socios, con una promesa de compra y venta de acciones.

Según los documentos, Ricardo Teixeira salió del acuerdo con 22.5 millones de reales, Rosell se quedó con el mismo valor y un *jet* valuado en 8 millones de reales y Cláudio Honigman dejó la sociedad con 17 millones de reales.

– – –

Los nuevos tiempos en el mundo del futbol pueden haber sido uno de los motivos que llevaron a Rosell y Teixeira a eliminar a Honigman de la Brasil 100% Marketing. En 2008 la CBF, dirigida por Teixeira, ya le había vendido los derechos para organizar partidos amistosos de la selección brasileña a la International Sports Events Company (ISE).

La empresa integra el grupo Dallah Al-Baraka, perteneciente al jeque Saleh Kamel de Arabia Saudita. Tiene su sede en las Islas Caimán, conocido refugio caribeño para el dinero sucio.

Según los cálculos de Teixeira y Rosell, la presencia de Honigman podría entorpecer los negocios. Según la ex esposa de Honigman, el hecho de que él fuera judío, según la visión de los directivos, podría ser una desventaja para hacer negocios con los árabes.

Mientras producíamos nuestro reportaje para la TV Record, sometimos la documentación al análisis del experto en derecho tributario y maestro de derecho de la Universidad de São Paulo, Heleno Torres. "Ustedes deben haber percibido que los números no coinciden. Todo es extraño, atípico. Solo existe una manera de probar que todo esto no pasa de un fraude. Lo primero que tienen que hacer es acudir inmediatamente a la casa de bolsa para saber si esta operación realmente ocurrió", nos sugirió el jurista, uno de los mayores especialistas en lavado de dinero del país.

La casa de bolsa a la que se refiere es la Alpes, que actúa en la Bolsa de São Paulo (Bovespa). El acuerdo entre los tres socios incluía la promesa de compraventa de acciones de esa casa de bolsa.

Seguimos el consejo de Heleno Torres. La respuesta que obtuvimos no fue precisamente una sorpresa. En un oficio enviado a la TV Record, la casa de bolsa Alpes sugirió que las operaciones no eran un fraude. Según el oficio, Honigman nunca podría haber hecho esas transacciones a nombre de la empresa porque él nunca fue accionista o detentor de ningún derecho de opción para la adquisición de acciones por la casa de bolsa y no tenía poderes para eso.

Quien ya conocía el pasado del Fantasma de Wall Street no debe haberse asustado al verlo espantar también a la Bovespa.

– – –

Sin el aval del presidente de la CBF, la Brasil 100% Marketing se fue al hoyo. En la práctica, fue como tirarla al mar sin salvavidas, ya que la existencia misma de la empresa solo era viable gracias a los contactos de Teixeira.

Aunque aún permanece activa ante Hacienda, en realidad la empresa ya no funciona. Acumula deudas tributarias con la Federación y juicios laborales presentados por sus antiguos empleados. Solo de impuestos federales debe al erario nacional cerca de 700 mil reales. Rosell y Honigman figuran en todos los casos, pero la justicia es incapaz de encontrarlos.

Después de separarse de su esposa, Cláudio Honigman decidió desaparecer del mundo. Nathalie contó a la revista *ESPN* una historia que solo le sucede a quien le gusta vivir sobre la cuerda floja: "Después del Mundial, él cambió radicalmente su comportamiento. Desapareció con una prostituta de lujo y ya nunca regresó".

Luego de la separación, la ex esposa lo demandó ante un tribunal de Río de Janeiro y solicitó una pensión millonaria para la manutención de sus hijos. Dijo que fue amenazada y tuvo que dejar el país. Se refugió en Chile. Tratamos de conversar con ella a través de un abogado pero no obtuvimos ninguna respuesta a nuestra solicitud de entrevista. El proceso de Nathalie contra el ex esposo prosiguió y a Honigman se le expidió una orden de aprehensión por el incumplimiento del pago de la pensión alimenticia. Entonces el ejecutivo se mudó con su novia a Nueva York.

De acuerdo con los registros de la Policía Federal, Honigman dejó el país el día 19 de noviembre de 2008. Curiosamente, el día del partido amistoso de la selección brasileña que expondría la sociedad entre Teixeira y Rosell y la certeza de impunidad del entonces presidente de la CBF.

Los documentos de los negocios oscuros, registrados en las notarías, ya eran prueba de que el presidente de la CBF estaba convencido de que jamás sería alcanzado por la justicia.

Es importante señalar que esta seguridad fue el resultado de una estrategia cultivada a lo largo de muchos años. Teixeira promovió campeonatos de futbol entre policías, civiles y federales en la Granja Comary, sede de la selección brasileña. El mismo espacio fue cedido para la confraternización de los jueces federales. La CBF llegó a patrocinar un congreso de la Asociación de Comisarios de la Policía Federal, por no mencionar los vuelos de la alegría a los Mundiales de Estados Unidos y Francia, en los que las autoridades —incluso magistrados del Poder Judicial— viajaron con todo pagado por la asociación dirigida por Teixeira.

En cuanto a Honigman, por fin reapareció tiempo después en Brasil bajo circunstancias muy extrañas. En agosto de 2013 fue recibido por la entonces ministra de la Casa Civil, Gleisi Hoffmann, como consta en la agenda oficial del Palácio do Planalto, sede del Poder Ejecutivo de Brasil. La ministra estaba acompañada por Charles Capella, asesor especial de la Casa Civil e integrante del grupo del gobierno que supervisa las obras del Mundial de 2014.

Honigman se identificó en la agenda oficial de la ministra como el presidente del Banco Mizuho Brasil; el contenido de la conversación no ha sido revelado.

Mizuho nos envió un desmentido oficial: "El señor Cláudio Honigman no pertenece y nunca perteneció a la fuerza laboral del Banco Mizuho Brasil S.A. y no representa al banco bajo ninguna circunstancia. Fue empleado de Mizuho Securities USA Inc. menos de un año, hasta el 14 de noviembre de 2013, y durante este periodo participó en reuniones como representante de esa empresa".

- - -

Una vez pasada la tempestad de la Brasil 100% Marketing, los negocios de Rosell y Teixeira se orientaron hacia la nueva empresa del español: Ailanto Marketing. En el *Diccionario Houaiss de la Lengua Portuguesa* la palabra *ailanto* designa a los árboles ornamentales de la familia *Ailanthus*, también conocidos como árboles del cielo. Es un vocablo de origen malayo que significa "que llega hasta el cielo". La creación de esta empresa tiene relación directa con el desmantelamiento de la Brasil 100% Marketing. Como todo en esta historia es confuso de origen, para dificultar su rastreo, veamos algunas fechas para facilitar nuestra comprensión.

La Ailanto fue creada el 21 de mayo de 2008 por Eduardo Duarte y Simone Burk Silva. Su nombre original es Ailanto Participacoes, Ltda. La primera sede quedaba en la Rua da Candelária 79, PH, en el centro de Río de Janeiro. El capital social era de apenas 800 reales, distribuido de la siguiente manera: 799 de Eduardo y 1 de Simone. El objetivo de la empresa era la participación en otras sociedades. Aquí cabe una observación: Eduardo Duarte posee una empresa de consultoría especializada en la apertura y regularización de empresas.

En 2011 la Policía Federal montó la llamada Operación Alquimia que investigó el uso de empresas fantasma para la evasión fiscal en la industria química. Eduardo y Simone estaban involucrados en una de las firmas investigadas. Ellos también aparecen como los creadores de una empresa que después fue vendida al banquero Daniel Dantas e investigada en la Operación Satiagraha, también de la Policía Federal. En resumen, la policía descubrió que Eduardo posee más de 700 empresas a su nombre. Firmas de pura fachada para quienes necesitan enmascarar sus negocios. ¡Un huerto enorme!

Fuimos hasta la dirección original de la Ailanto. Es un edificio antiguo que nos recuerda el escenario de alguna película de suspenso. Las rejas y cámaras de seguridad le dan un aire de búnker. En la entrada, el portero con la camisa entreabierta, corbata corta y ombligo al aire nos preguntó:

—¿Qué quieren?

—Vamos a la empresa Ailanto.

—Aquí no hay ninguna empresa con ese nombre.

—Pero la dirección es esta.

Una empleada de limpieza que pasaba por ahí nos hizo una seña, a espaldas del portero, de que efectivamente ahí estaba la empresa, por lo que nosotros insistimos y el portero por fin llamó al despacho de Duarte.

—La señorita pregunta qué empresa es la que ustedes están buscando.

—Ailanto.

Después de algunos segundos nos indicó que subiéramos hasta el *penthouse*. La empleada de limpieza subió con nosotros en el mismo elevador. Debe de haber simpatizado con nosotros, porque en cuanto llegamos al piso nos sonrió y señaló en la dirección del despacho. La puerta tenía rejas reforzadas, con una ostentosa cámara fijada sobre la puerta. Nosotros continuamos a pesar del riesgo. Nos daba la impresión de que podríamos salir de allí enrollados en una alfombra, como en las películas de la mafia. Llamamos por el interfón. Una joven recepcionista nos respondió. El diálogo fue surreal:

—¿Diga?

—¿Aquí opera la Ailanto?

—Espere, necesito verificarlo.

Entonces ella llamó a alguien y le preguntó si allí era la Ailanto.

—¿Quién quiere saber?

—¿Pero aquí es o no la Ailanto?

—¿Ustedes son policías?

—No, somos de la TV Record y queremos platicar con el responsable.

—Un momento.

Llamó de nuevo a su jefe y regresó con una respuesta aún más sorprendente:

—Para ustedes aquí no funciona la Ailanto.

—¿Qué quiere decir?

—Eso mismo.

—¿Podemos hablar con algún responsable?

—No. Será mejor que se marchen.

Salimos de ahí muy animados, puesto que todo el diálogo había sido videograbado. Este era un indicio más de las cosas raras que rodeaban a esta historia. Nos fuimos al aeropuerto. Al llegar a São Paulo fuimos directamente hacia la redacción, ansiosos por ver la grabación. Para nuestra decepción descubrimos que el búnker de Río de Janeiro tenía un dispositivo bloqueador de imágenes. Todo estaba grabado desde que salimos del elevador hasta que llegamos a la puerta de la oficina. Después, en las filmaciones solo aparecían algunos minutos sin imágenes, lo que en televisión se conoce como *black*. Las imágenes solo reiniciaban para mostrar a nuestro equipo saliendo del edificio. Si no existiese este intervalo en *black*, sería posible concluir que la cámara había sufrido algún desperfecto. Sin embargo, una fuente de la Policía Federal nos confirmó la existencia en el país de estos aparatos para bloquear las señales de cámaras como la que nosotros usábamos. Uno de estos aparatos, concluimos, había sido utilizado en la extraña sede original de la Ailanto.

Menos de dos meses después de la creación de la Ailanto Participações, la empresa cambió de propietarios, nombre y domicilio. De acuerdo con la primera modificación al contrato, registrada el 2 de julio de 2008, Sandro Rosell y Vanessa Precht asumieron el control de la compañía. El español se quedó con 99.87% de las participaciones (799 reales) y la secretaria con 0.13% (1 real).

El domicilio cambió al departamento de Vanessa, en Leblon (zona sur de Río de Janeiro). También cambió de nombre: ahora era Ailanto Marketing. La cláusula 12 del contrato también fijaba que el responsable legal de la empresa era ahora Rosell.

Los nuevos socios incluyeron en el contrato una cláusula para establecer que la distribución de los dividendos podría no ser proporcional a la participación de cada socio. Traduciendo, el dinero que ingresaba en la firma podría ser para Vanessa, independientemente de que ella apenas poseyese 0.13% del capital. Esto facilitaría las transferencias del dinero proveniente de los partidos amistosos de la selección hacia las cuentas de Ricardo Teixeira sin tener que pasar por las manos de Rosell. Así también se resolvió un problema operativo, dado que Rosell ya no estaba en Brasil.

El día 25 de agosto de 2008 se realizó el registro oficial de las nuevas alteraciones al contrato de la empresa ante la Junta Comercial de Río de Janeiro. En menos de dos meses el capital social pasó de 800 reales a 12.8 millones de reales, aunque Vanessa continuó con una participación de 1 real. La empresa también cambió su domicilio a Barra da Tijuca, en un elegante centro comercial en la Avenida das Américas.

En 2011 fuimos hasta la nueva sede de la Ailanto, en un condominio empresarial, a un lado de un centro comercial. Entramos sin dificultades. En el piso de la Ailanto solo encontramos una pequeña placa en la puerta. Golpeamos, llamamos y nada. Preguntamos en el despacho de al lado y nos dijeron que aquella oficina estaba vacía desde hacía mucho tiempo. En la portería nos informaron que una vez al mes llegaba una persona para recoger la correspondencia.

Después de asumir la Ailanto, cambiarle el nombre, el domicilio y el capital, Sandro Rosell estaba listo para continuar sus negocios en el futbol brasileño, pero esta vez en una jugada más insolente y arriesgada: organizar un partido amistoso de la selección brasileña en Brasilia. Fue una jugada que expuso al directivo español, a su secretaria y a Ricardo Teixeira, y que también reveló la verdadera finalidad de la empresa.

La noche del 19 de noviembre de 2008 Brasil jugó contra Portugal en un partido amistoso en el estadio Bezerrão, en Gama. Era la fiesta de reinauguración del estadio de esta ciudad satélite del Distrito Federal. Anunciado como modelo de la arena moderna, como las que se construirían para el Mundial del 2014, su edificación costó 51 millones de reales, un valor modesto comparado con el de los estadios que se construyeron después.

El partido fue promovido como un duelo entre el centro delantero Kaká, del Milán, el mejor jugador del mundo en la época, y Cristiano Ronaldo, del Manchester United, su probable sucesor en el premio de la FIFA al futbolista más destacado. De hecho, el portugués confirmó esta conquista un par meses después. El equipo del director técnico Dunga, por su parte, sufría una sequía de goles. En los tres últimos partidos disputados en casa por las eliminatorias del Mundial de Sudáfrica 2010, contra Argentina, Bolivia y Colombia, no había conseguido pasar del 0 a 0. El último gol hecho en casa había sido anotado por el delantero Luis Fabiano el 21 de noviembre de 2007, en la victoria de 2 a 1 contra Uruguay. Otro tabú acechaba a este encuentro: Brasil no había vencido a Portugal desde 1989, cuando lo goleó por 4 a 0 en un amistoso en Río de Janeiro. Sin embargo, esa noche no fue de Kaká ni de Cristiano Ronaldo. Quien se robó la escena en Gama fue Luis Fabiano. El delantero del Sevilla anotó tres tantos en la goleada de 6 a 2.

Fuera de la cancha, el evento fue una fiesta enorme y lujosa. Políticos, artistas y futbolistas se agasajaron en los mejores hoteles de la ciudad. Fueron recibidos por el entonces gobernador José Roberto Arruda y por Ricardo Teixeira, en un derroche financiado con recursos públicos. Fue el primer evento organizado por Ailanto Marketing, que facturó 9 millones de reales. ¿Cómo es que una empresa con apenas seis meses de vida consiguió entrar en este medio y facturar una cantidad semejante?

Como ya dijimos, Sandro Rosell y su secretaria Vanessa asumieron el control de la Ailanto en julio, cuatro meses antes del amistoso. Por tratarse de recursos públicos, existían requisitos legales que debían ser cumplidos para justificar la contratación sin una licitación. Teixeira creía que lo podía todo, pero esto no era exactamente así.

Para entender mejor cómo es que esta banda usaba los negocios de la selección brasileña para su lucro personal, veamos los detalles de lo que sucedió entre bastidores.

La ley establece con claridad: los contratos que involucran a órganos públicos en Brasil deben ser documentados en un proceso administrativo interno, en el cual se archivan todos los documentos que justifican el uso de recursos públicos. Para este amistoso se abrió el proceso 220.001.026/2008. Ahí comenzaron las cosas raras. En el espacio para colocar el nombre del interesado aparece BSM (Bonus Sports Marketing, S.L.), y en el espacio destinado al asunto aparece Apoyo a Evento ("Amistoso Brasil x Portugal").

La primera página del proceso es un oficio de Fábio Simão, presidente de la Federación Brasiliense de Futbol, dirigido al gobernador José Roberto Arruda. El documento, fechado el 18 de septiembre de 2008, informa que la Federación cede a la BSM los derechos de comercialización de publicidad y transmisión televisiva del partido. La empresa había adquirido los derechos de aquel partido ante ISE, la empresa árabe que posee el contrato para la promoción de los amistosos de la selección brasileña.

Simão termina la carta solicitando al gobernador que se adopten los procedimientos administrativos adecuados. Es decir, conseguir el dinero para financiar el evento. En el documento hay una anotación escrita a mano, y firmada por Arruda con la fecha de 22 de septiembre, que dice: "Sec. Deportes P Providencias urgentes". El despacho del gobernador abrió las arcas y la Secretaría de Deportes recibió el oficio al mes siguiente.

Entre los papeles del proceso existen documentos que revelan cómo funcionaban las transacciones de la CBF referentes a la selección en aquella época. Un documento en inglés, del 18 de diciembre de 2006, en papel membretado de la CBF, firmado por Ricardo Teixeira y dirigido a Dirk Hollstein, de la International Sports Events (ISE) en las Islas Caimán, informa que esta empresa posee los derechos de los partidos de la selección brasileña desde enero de 2007.

Otro documento, esta vez de ISE, fechado el 17 de septiembre de 2008 y firmado por Hollstein, informa que ISE designa a BSM para que organice y venda los derechos del amistoso.

En la hoja 7 del proceso aparece la bomba: una declaración en papel membretado de BSM en donde cede todos los derechos del amistoso a Ailanto Marketing. ¿Quién firmaba por parte de BSM? Alexandre Rosell Feliu. Sí. Sandro Rosell era el dueño de Bonus, una empresa con sede en Barcelona que le cedía los derechos a la empresa que él mismo acababa de establecer en Brasil, la Ailanto. En la práctica eso significaba que todo el dinero de este partido, incluso el dinero del gobierno, iría a parar al bolsillo del español.

Siguiendo este guion establecido por el gobierno, la Ailanto preparó una hoja de cálculo simple en que detallaba los montos que llegaría a gastar en el evento y que debían ser pagados por el Poder Ejecutivo del Distrito Federal. La cuenta era de 9 millones de reales e incluía boletos de avión, hospedaje, comidas, transporte de las dos selecciones, gastos para la organización y adquisición de los derechos de la Federación Portuguesa de Futbol y de la CBF. Este gasto ascendía a 4.6 millones de reales.

Con base en este documento impreso en papel común, sin timbre ni firma, el gobierno inició la contratación de la Ailanto. Sin embargo, la legislación obliga al gobierno a someter todos los contratos a la Procuraduría del Estado para verificar que cumplan con las disposiciones vigentes.

El dictamen del procurador del Distrito Federal, Marcos Souza e Silva, fue demoledor. A menos de un mes de la realización del amistoso analizó todo el papeleo de la Ailanto y su conclusión fue que en este negocio había algo muy confuso. Según el dictamen no se justificaba un gasto tan elevado para la organización de un amistoso. Otro fallo señalado por el procurador fue una cláusula extraña en el esbozo de contrato: además de pagarle a Ailanto, el gobierno también cubriría todos los gastos de las selecciones.

¡Una empresa contratada para organizar un partido de futbol sin sacar un solo peso de su propio bolsillo! Sería lo mismo que el lector le pagara a una empresa para organizar una parrillada en su casa y pagara todos gastos que deberían ser cubiertos por ella, incluso el asador y el carbón.

Lo que más llamó la atención del procurador fue la falta de explicaciones sobre cómo la Ailanto llegó al cálculo millonario del amistoso. En la evaluación de los técnicos, el gobierno no podía derrochar 9 millones de reales con base en una simple hoja de cálculo, sin una firma o explicación convincente. El procurador calificó las cuentas de Ailanto de "inservibles" e hizo una exigencia que complicaría las cosas a los involucrados: Ailanto debía presentar copias de los contratos y facturas de sus servicios en otras presentaciones de la selección brasileña organizadas por la empresa dentro del país, además de demostrar que contaba con la capacidad técnica y la experiencia para organizar tal evento.

¿Cómo es que una empresa creada apenas seis meses antes podría cumplir con estas exigencias?

El 10 de noviembre, cuando faltaban nueve días para el amistoso, el secretario de Deportes del Distrito Federal, Aguinaldo Silva de Oliveira, envió una carta a la Ailanto para solicitar los documentos y comprobantes exigidos por la Procuraduría. Al día siguiente Vanessa, en representación de la Ailanto, envió una serie de documentos al secretario. Curiosamente uno de estos documentos era una carta de capacidad técnica expedida por BSM, firmada por Marta Pineda Minguez, que era una declaración de que Ailanto ya había organizado grandes eventos deportivos; por ejemplo, el Campeonato Mundial de Esquí de Sierra Nevada de 1996. Además de eso, había conseguido el patrocinio de la liga española de futbol, entre otros. Pero, ¿cómo era posible que Ailanto hubiera organizado un evento de esquí en 1996 si había sido creada en 2008?

Recordemos que BSM era la empresa de Sandro Rosell en Barcelona. Marta Pineda, administradora de Bonus y firmante de la carta de capacidad técnica, en aquella época era la esposa de Rosell.

Una auténtica clase magistral sobre artimañas. La señora certificaba a la empresa de su proprio marido en Europa, aunque no tuviera ninguna relación formal con Ailanto, una empresa que nunca antes había organizado nada. Ailanto, por su parte, recibiría un pago por organizar un partido en el que iba a cobrar sin hacer ni gastar prácticamente nada. ¡Un negocio redondo!

Otro documento interesante enviado por Ailanto al Gobierno del Distrito Federal fue un poder otorgado por un notario de Barcelona en el cual BSM y Alexandre Rosell Feliu nombraban a Marta Pineda apoderada y administradora de Bonus.

El documento fue archivado en el Registro Mercantil de Barcelona en enero de 2003. La fecha es importante. Indica que, después de ganar el Mundial de 2002 Rosell dejó Nike, abandonó Brasil y fundó la empresa Bonus en España, con los mismos moldes de la empresa que había creado en Río de Janeiro el año anterior, Brasil 100% Marketing.

En otros documentos enviados por Ailanto, como el recibo de luz de la empresa, enviado para comprobar su domicilio, existe un dato interesantísimo: la documentación fue enviada en la noche del 10 de noviembre desde un número de fax de Río de Janeiro que aparece en el encabezado de las páginas. El fax pertenecía al despacho de abogados BM&A (Barbosa, Mussnich y Aragão); incluso la licencia para conducir y el registro ante Hacienda de Sandro Rosell fueron enviados desde este número. Son los mismos abogados que representan a la CBF en todos los temas relativos al Mundial de 2014. Uno de los socios, Francisco Mussnich, es amigo de Ricardo Teixeira; un indicio más de negocios entre amigos.

Entre los documentos enviados por Ailanto a Brasilia faltaron los más importantes: las copias de contratos y facturas de partidos anteriores de la selección brasileña que justificaran los montos cobrados. La empresa de Rosell tampoco suministró información sobre el precio de los boletos de aviones ni de los hospedajes. Aun así, el 12 de noviembre, ignorando el dictamen contrario de la Procuraduría, José Roberto Arruda firmó el contrato con Ailanto, representada por Vanessa.

El documento 001/2008-GOV ESP preveía el pago de 9 millones de reales, 5.832 millones al momento de la firma y el resto cuando

Ailanto presentara las facturas de los gastos incurridos para organizar el encuentro.

La Tesorería del Distrito Federal autorizó la liberación de los fondos dos días después. Los funcionarios dejaron asentado que el pago había sido autorizado por el gobernador Arruda. Un documento de la Secretaría de Deportes demuestra que la urgencia del pago atendía a las órdenes explícitas del gobernador. En el espacio destinado para colocar la naturaleza del servicio prestado constaba "Cesión de Derechos".

El día 21 de noviembre la empresa Ailanto envió un fax con una confusa rendición de cuentas que mostraba la dimensión de la fiesta hecha con los recursos públicos. Había facturas emitidas a BSM por la agencia Cosmos, de Lisboa, con el valor de los pasajes aéreos de los equipos de Portugal y de Brasil. El vuelo de la selección de Portugal costó 1.2 millones de reales, y el transporte de los jugadores de la selección brasileña costó 900 mil.

En el mismo informe Ailanto declaró haber gastado 151,208 reales en el hospedaje de la delegación brasileña en el Hotel Alvorada. Los jugadores se alojaron en las habitaciones estándar con una tarifa diaria de 504 reales. Un detalle interesante es que el presidente de la CBF se hospedó en la *suite* presidencial del Hotel Grand Bittar, cuya tarifa diaria, según informó la empresa, era de 4,750 reales. La selección de Portugal pernoctó en el Hotel Juscelino Kubitschek, y el servicio costó 141,449 reales. Los portugueses gastaron en alimentación, según Ailanto, cerca de 20,120 reales. Además de estos gastos, la empresa incluyó la renta de automóviles de lujo, seguridad, ómnibus, *frigobar* y derechos de transmisión. Un ítem extraño costó 200 mil reales: el traslado de los entrenadores para asistir al partido. Otros 200 mil se fueron en comunicaciones y asuntos legales. Ailanto consiguió justificar gastos por 7,249,386.70 reales, bastante menos que los 9 millones recibidos.

– – –

El 24 de noviembre, menos de una semana después del amistoso, el procurador general Demóstenes Albuquerque y el fiscal Albertino Netto pidieron información a la Secretaría de Deportes sobre los gastos del gobierno, los beneficiarios del mismo y la recaudación del evento.

La respuesta del Secretario de Deportes, Aguinaldo de Oliveira, llegó hasta el día 17 de diciembre. Informó que el evento tenía como objetivo consolidar a Brasilia como sede para el Mundial de 2014 y confirmó el pago de 9 millones de reales a Ailanto. La Federación Brasiliense de Futbol no informó sobre la recaudación del encuentro. Dos días después, el procurador general Leonardo Bandarra solicitó copias del contrato celebrado con Ailanto. Los documentos fueron enviados en enero del 2009. Entonces se inició una investigación que les provocó grandes dolores de cabeza a Sandro Rosell, a Ricardo Teixeira y al gobernador José Roberto Arruda.

La investigación del Ministerio Público Federal se vio reforzada con el inicio de dos procesos en el Tribunal de Cuentas de Distrito Federal, uno de ellos para verificar el motivo del gasto en el amistoso e investigar irregularidades. Como si esto no bastara, la Policía Federal descubrió que durante el partido una empresa de seguridad de São Paulo había trabajado en el área VIP sin autorización. La compañía había sido contratada por la Federación Brasiliense y presentó presupuestos inflados.

En el desarrollo de las investigaciones salió a la luz un esquema básico de facturación abultada. Todo en el amistoso había costado más que lo normal. El tribunal consideró que era un caso para la policía y le solicitó que iniciara una investigación. Esta diligencia fue realizada por la División Especial de Crímenes contra la Administración Pública.

En el informe de la investigación policial consta que Ailanto declaró haber desembolsado 900 mil reales con los pasajes de avión de la selección brasileña, pero los documentos indican que el valor real fue mucho menor, 617,772. Lo mismo sucedió con las tarifas de los hoteles. La empresa de Rosell dijo que pagó tarifas diarias que iban de 504 hasta los 944 reales para alojar a los jugadores y la comisión técnica. Sin embargo, la policía descubrió que en aquel periodo las tarifas diarias oscilaban entre los 350 y 610 reales. Un aumento de 44% en la facturación. La investigación señaló como beneficiarios a los amigos de

Ricardo Teixeira. La agencia que efectuó las reservaciones fue Pallas, del Grupo Águia, de los empresarios Wagner y Cláudio Abrahão. ¿Se acuerda que fueron mencionados en el primer capítulo?

El hallazgo más importante de la policía estaba en los documentos de la Federación Brasiliense. En ellos se declaró un ingreso bruto de taquilla de 1,392,380 reales y un gasto total de 1,350,186.58 reales. Pero sucede que el Gobierno del Distrito Federal había contratado a la Ailanto para la organización del amistoso y para que asumiera todos los gastos; por tanto, el dinero de la venta de las entradas debió haber ingresado a las arcas públicas. En la práctica, la Federación pagó los gastos y el dinero recaudado por el amistoso fue a parar a las cuentas de la empresa de Rosell.

Las cosas empeoraron para la banda de Teixeira cuando, en medio de la investigación, el gobernador José Roberto Arruda, que en teoría podría haber ejercido su influencia política, fue separado de su cargo y arrestado, acusado de estar involucrado en un esquema de corrupción revelado por la Operación Caja de Pandora de la Policía Federal.

Por otro lado, el presidente de la CBF era el blanco de los reportajes de la TV Record que denunciaban las estafas en la dirección de la Confederación y exponían sus negocios con Ailanto, Rosell y Vanessa.

Uno de estos reportajes hizo una revelación explosiva que vinculó directamente a Vanessa, la cómplice de Sandro Rosell en Río de Janeiro, con Teixeira. Descubrimos este documento comprometedor en una notaría de Río de Janeiro.

- - -

En una tarde nublada de junio de 2011 encontramos lo que estábamos buscando tan obstinadamente. ¡Una bomba que anunciaba la granizada sobre Teixeira!

Escondido entre los archivos del Primer Oficio de Registro de Títulos y Documentos de Río de Janeiro había un contrato de arrendamiento de cinco páginas que colocaba a la pequeña ciudad de Piraí, al sur del estado de Río de Janeiro, en el centro de uno de los principales escándalos recientes del futbol. El documento, de fe pública incuestionable, demostraba lo que muchos periodistas, directivos, jugadores y profesionales del medio deportivo ya sospechaban: la conexión directa entre Teixeira y Rosell.

Según esta transacción, el presidente de la CBF le rentaba la Hacienda Santa Rosa, una de sus propiedades en Piraí, a Vanessa, la secretaria y socia de Rosell en Ailanto Marketing. La renta era de 10 mil reales mensuales, por un periodo de sesenta meses, por un total de 600 mil reales. El documento fue firmado en marzo de 2009, cuatro meses después del amistoso entre las selecciones de Brasil y Portugal.

El arrendamiento puede haber sido un contrato ficticio para justificar la parte del dinero público que salió de las arcas del Distrito Federal con destino al bolsillo del entonces presidente de la CBF.

Primero era necesario verificar si Vanessa, una destacada vecina del elegante barrio de Leblon y ligada al mundo de la moda, en realidad había decidido adoptar el estilo campestre para dedicarse a los negocios agrícolas, de botas, pantalón vaquero y sombrero de paja. ¿En verdad habría decidido dedicarse a explotar un huerto de naranjas? Equipados con microcámaras nos fuimos hasta Piraí para corroborar esta historia.

—¿Esta es la hacienda del señor Ricardo Teixeira? —preguntamos.

—Sí —nos contestó un empleado.

—¿Se encuentra la señora Vanessa?

—No conocemos a ninguna señora Vanessa, señor.

—¿Pero esta no es la hacienda que el señor Ricardo Teixeira le arrienda a la señora Vanessa?

—Es de Ricardo Teixeira. Pero no sé nada sobre la tal Vanessa; no, señor.

Durante nuestra investigación escuchamos a testigos que nunca vieron a Vanessa por aquellos lugares. El encargado que atendió al equipo —vistiendo una playera de la selección brasileña— nos dijo que aquellas tierras, supuestamente arrendadas, en efecto pertenecían a Teixeira.

En la hacienda de al lado, que también es del directivo, al menos en el papel, operó la empresa VSV Agropecuária Empreendimentos. Eso es lo que consta en los registros de la Junta Comercial de Río de Janeiro. ¿Quiénes eran los socios de la VSV? ¡Lotería! Vanessa y Ailanto.

La Ailanto de Sandro Rosell creó, en sociedad con Vanessa, una empresa agropecuaria y puso como domicilio la hacienda de Teixeira, vecina a las tierras supuestamente arrendadas. La empresa inició sus operaciones una semana antes del amistoso entre Brasil y Portugal y culminó las mismas en 2011. No hay señales de que haya crecido en los negocios agropecuarios.

La revelación de este negocio por el *Diario de la Record* llamó la atención de la policía en Brasilia. Era el indicio más fuerte de que Teixeira, Rosell y Vanessa se habían unido para saquear las arcas públicas y de que habían usado a la selección brasileña como su instrumento.

El sábado 13 de agosto de 2011, doce policías civiles de Brasilia cumplieron una orden de búsqueda y aprehensión en el departamento de Vanessa, en Leblon. El domicilio era la nueva sede de Ailanto. Con las nuevas denuncias en ebullición, la policía había obtenido una orden judicial para recoger documentos y computadoras. La operación fue muy productiva. Encontraron informes y miles de correos electrónicos que detallaban cómo actuaban Teixeira y Rosell y cómo movían el dinero dentro y fuera del país.

Los policías también encontraron cheques nominales a nombre de Vanessa por un valor total de 600 mil reales, usados para finiquitar el contrato de arrendamiento de la hacienda del directivo, meses después del amistoso. También descubrieron un documento que indicaba que el grupo había enviado dinero al exterior usando a otra vieja conocida de los lectores, la casa de bolsa Alpes, empresa involucrada en las transacciones confusas de Brasil 100% Marketing.

Por último, una fuente ligada a la investigación, que no quiso ser identificada, dijo que habían encontrado un enigmático papel en el departamento de Vanessa. Una nota escrita por alguien involucrado en el desfalco. Esa persona se enteró por los reportajes de la *Record* que los negocios habían rendido mucho más dinero que lo que le habían declarado y quería que se hiciera un ajuste de cuentas para recibir la diferencia. La nota era una amenaza que Vanessa debía transmitir a sus jefes y agregaba que su silencio tendría un precio. La policía nunca pudo descubrir al autor del chantaje. Por lo visto alcanzaron a cerrar un acuerdo providencial para silenciar al autor de esta carta. Vanessa nunca traicionó la confianza de su jefe.

Los hallazgos en la sede de la Ailanto dieron nuevos aires a la investigación. A finales de 2011, sin embargo, una tragedia estremeció a los agentes involucrados en ella. El fiscal Albertino Netto, su esposa Roberta y el hijo Bruno de catorce años murieron carbonizados en un accidente automovilístico en la carretera BR-040, cerca de Luziânia, en el interior del estado de Goiás.

Sus colegas continuaron la investigación que se transformó en un juicio ante la Primera Jurisdicción de la Hacienda Pública del Distrito Federal y en una Acción Civil Pública por faltas administrativas. Los acusados era José Roberto Arruda, el entonces secretario de Deportes, Aguinaldo de Oliveira y Ailanto Marketing. En la edición del 19 de agosto del 2013 del Diario Oficial de la Justicia aparece por primera vez el nombre de Sandro Rosell como implicado en el proceso.

En febrero de 2014, Arruda fue condenado a perder sus derechos políticos y a pagar una multa, además de quedar inhabilitado para firmar contratos con el poder público por su mal desempeño en un cargo público. El antiguo secretario de Deportes, Aguinaldo de Oliveira, también fue condenado. Ambos tienen aún la posibilidad de interponer una apelación. ¿Y Ailanto? La empresa de Sandro Rosell fue absuelta, ¡porque el tribunal brasileño comprendió que la culpabilidad era exclusiva de la administración pública!

Sin embargo, los problemas para la empresa de Rosell aún no terminaban. En el 2013 se inició otro proceso, esta vez ante la Octava Jurisdicción Criminal del Distrito Federal para investigar los crímenes de falsedad ideológica y adjudicación ilegal de la licitación. Los acusados fueron Rosell y el ex gobernador Arruda. Se trataba de una consecuencia de las investigaciones criminalísticas realizadas a propósito del partido amistoso, a partir de los documentos presentados por Ailanto para justificar la cantidad de dinero público recibida para organizar el encuentro. El proceso sigue su trámite secreto ante la justicia.

La participación de Sandro Rosell en los amistosos de la selección brasileña mereció atención especial durante 2013. El 15 de agosto, Jamil Chade, periodista del periódico *O Estado de São Paulo*, reveló otra bomba: parte del dinero de los partidos amistosos de la selección fue a parar a una empresa del directivo español en Estados Unidos.

¿Se acuerdan de la ISE, aquella compañía de las Islas Caimán que compró los derechos para organizar los amistosos de la selección brasileña? ISE firmó un contrato que incluía la realización de 24 amistosos con la empresa Uptrend Development LLC, con sede en Nueva Jersey.

Del dinero recibido por los partidos, una parte era remitida a la CBF y otra parte, no contabilizada, iba directamente a la cuenta de Uptrend. El reportaje citaba 10.9 millones pagados de dólares a Uptrend, lo que representa algo así como 450 mil dólares por cada partido. Las transacciones se dieron entre 2006 y 2012. ¿Quién controlaba la empresa Uptrend? El mismo Sandro Rosell, el amigo de Teixeira.

En el *Certificate of Amendment*, una especie de acta constitutiva, consta que el español es el dueño de la compañía fundada el 24 de marzo de 2006 con un capital de 1,000 dólares. La empresa estaba localizada en el 811 de Church Road, #105, Cherry Hill, en el estado de Nueva Jersey. En el documento figura la Fundación Regata como gerente de Uptrend, con sede en la ciudad de Panamá, otro famoso paraíso fiscal y sede de empresas *offshore* de quienes tienen mucho que esconder.

La sede de la Uptrend es el Tarragon Office Center. En realidad centenares de empresas ocupan ese mismo domicilio. Se trata de un servicio de oficinas virtuales que suministra apenas un domicilio y una secretaria a empresas ficticias. Es decir, la empresa estadounidense de Rosell no existe físicamente. Como suele hacer, en un principio el directivo guardó silencio sobre la denuncia. Después negó las irregularidades y dijo que el dinero recibido eran honorarios por servicios efectivamente prestados. Uptrend concluyó sus actividades el día 16 de abril del 2013.

Siempre es así, ¿se dan cuenta? Las empresas abren y cierran. Parecen desechables. Quien está acostumbrado a investigar el lavado de dinero sabe que esta es una forma clásica de dificultar las posibles investigaciones de las autoridades.

Antes de dejar la presidencia de la CBF en 2011, Teixeira firmó contratos a largo plazo con la selección brasileña. Renovó el contrato con ISE, la empresa árabe, hasta 2022. De esta manera blindó el negocio montado por Rosell.

Un detalle de la denuncia llamó la atención: parte del dinero pagado por los amistosos de la selección se depositaba en una cuenta del Andbank, un banco del principado de Andorra, otro paraíso fiscal europeo. Como usted podrá ver en el próximo capítulo, Ricardo Teixeira administró su dinero en aquel banco por medio de un apoderado, como bien documentó la fiscalía suiza.

Pero antes veamos las consecuencias que tuvo que enfrentar Sandro Rosell. Debido a esta nueva denuncia, el catalán comenzó a desmantelar sus negocios en Brasil. Ailanto sufrió el mismo proceso de despojo que la empresa Brasil 100% Marketing.

El 18 de julio de 2013 la empresa comunicó a la Junta Comercial de Río de Janeiro la reducción drástica de su capital social, de 12.8 millones de reales a 120 mil reales. Una caída de 99%. La justificación fue que el capital era excesivo para el objeto de la empresa. También cambió su domicilio a un edificio en la Avenida Luís Carlos Prestes, en Barra da Tijuca. El mismo domicilio de una empresa organizadora de eventos que, entre otros servicios, ofrece el de bellas y animadas edecanes. Vanessa Almeida Precht continuó con 1 real de participación en la empresa.

– – –

Los negocios de Sandro Rosell en Brasil solo alcanzaron la esfera pública en fechas recientes, pero él ya era un empresario en España antes de asumir el Barcelona. Después del éxito en el Mundial de 2002, cuando Nike logró su primer título mundial en el futbol gracias a la ayuda de Rosell, el directivo regresó a sus orígenes y se dedicó a ampliar los negocios propios.

Mientras aceleraba la actuación de la BSM, aprovechó la oportunidad para abrirse un espacio en el ámbito del Barcelona. Con el prestigio de ser quien había concretado la sociedad entre Nike y el equipo catalán, llegó a la vicepresidencia del club en 2003, y en el 2010 se postuló a la presidencia. Fue electo con más de 60% de los votos. Su imagen de ejecutivo exitoso lo ayudó para derrotar a Joan Laporta, antiguo aliado y nuevo enemigo político.

Una de las polémicas que antecedieron a esta elección fue justamente la participación de la BSM en el futbol del mundo árabe. La empresa tenía un proyecto, el Aspire Football Dreams, que ayudaba a niños de países pobres con becas y entrenamiento en la Escuela de Futbol de Qatar. En esa misma época y con el apoyo de Teixeira, Qatar fue elegida, en medio de la polémica, como sede del Mundial del 2022. Los detractores dicen que elegir al Emirato Árabe como sede para un Mundial es una locura debido a las altas temperaturas de verano. Se baraja la idea de alterar el calendario del futbol internacional para agradar a los directivos árabes y celebrar el Mundial por primera vez a finales de año. Lo cierto es que, en apariencia, Teixeira y Rosell descubrieron una mina de oro en las arenas calientes del desierto.

Casi un año después de asumir la presidencia del Barcelona, Rosell vendió la BSM. En los registros oficiales de España, la empresa pasó a ser propiedad de la Sports Investments Offshore, con sede en El Líbano. Los registros muestran que el 6 de junio de 2011 la empresa quedó bajo la administración de Shane Ohannessian. Antes de vender la compañía, el Barcelona firmó un contrato millonario con la Qatar Foundation; por 30 millones de euros la fundación estampó su nombre en la playera del club catalán. Este contrato, con validez hasta el 2016, es el mayor firmado por un club de futbol.

– – –

La amistad entre Rosell y Teixeira nunca se vio alterada por las turbulencias que ambos tuvieron que enfrentar. Once años después del trauma de la Comisión Parlamentaria de Investigación, cuando fue forzado por las revelaciones oficiales a alejarse de la FIFA y de la CBF, Teixeira salió de la escena y se refugió en Estados Unidos. En su exilio autoimpuesto contó con la ayuda de su amigo español. En noviembre del 2012, meses después de abandonar Brasil, Teixeira fue fotografiado al lado de Rosell en España.

Tranquilos, los dos amigos fueron vistos por un seguidor del Barcelona, quien publicó la imagen en la red social *Twitter*. Los dos se paseaban por Las Ramblas, la famosa avenida peatonal de Barcelona.

El apoyo explícito del catalán al brasileño incluyó apoyo financiero. En los meses siguientes a la partida de Teixeira de la CBF, varias transacciones reveladas por la prensa demostraron la sólida amistad entre ambos. Rosell es el padrino del segundo matrimonio de Teixeira —concluido en el 2014— y también es el padrino de la hija menor del brasileño.

Uno de los negocios más recientes de ambos fue la adquisición de dos oficinas en el elegante centro comercial Shopping Leblon, en Río de Janeiro. En 2009 una sociedad entre la W Trade Brasil Importação e Exportação (empresa de Ana Carolina Wigand Teixeira, la segunda esposa de Ricardo), Sandro Rosell, Brasil 100% Marketing y André Laport Ribeiro (un ejecutivo del mercado financiero) pagó 7.9 millones de reales por las oficinas. Ana Teixeira se quedó con 24% de cada inmueble.

Seis meses antes de que Teixeira abandonara Brasil, en 2011, Ailanto compró la participación de Ana en las dos oficinas por 2.8 millones de reales. Al momento de la firma del negocio la W Trade tenía un capital social de apenas 50 mil reales. El 7 de diciembre de 2009, menos de un año después de la adquisición, Ana Teixeira y Leonardo Diógenes Wigand Rodrigues, su hermano y socio minoritario de la empresa, aumentaron su capital social a 413,560 reales. ¡Un aumento de 727%!

La relación comercial entre Ana, la esposa de Teixeira, y el catalán comenzó en 2007. El 8 de febrero de aquel año inició actividades la empresa Habitat Brasil Empreendimentos Imobiliários. Los socios que constan ante la Junta Comercial de Río de Janeiro son algunos viejos conocidos: Cláudio Honigman, Sandro Rosell y la W Trade. El capital social de la empresa es de 9,000 reales. Honigman es el socio mayoritario, con 50% de las acciones. El resto está dividido en partes iguales entre Rosell y la W Trade. En ese mismo mes la empresa fue transformada en sociedad anónima. La principal actividad de la compañía es la incorporación de desarrollos inmobiliarios. La firma posee el mismo domicilio que Brasil 100% Marketing, la empresa de Honigman y Rosell que nunca fue formalmente cerrada.

En 2011, cuando fuimos hasta el lugar, nadie conocía a las empresas ni a los socios. La sociedad Habitat es otra evidencia del vínculo comercial directo entre Teixeira, Rosell y Honigman. La firma continúa activa ante las dependencias oficiales y aún la conforman los mismos socios.

Después de comprar la participación de Ana Wigand en las oficinas del centro comercial, Rosell depositó 3.8 millones de reales en la cuenta de la hija de Teixeira y Ana, quien se volvió millonaria a los once años de edad gracias al jugoso depósito que Rosell hizo en su cuenta bancaria, en una sucursal de Barra da Tijuca, en Río de Janeiro. En resumen, en tan solo un mes el generoso español había entregado casi 10 millones de reales a los parientes de Teixeira.

El apoyo no solo se limitó a los negocios de la familia. En octubre de 2013 el periódico *O Estado de São Paulo* reveló que un socio de Rosell pagó la multa de 2.5 millones de dólares impuesta por los tribunales suizos a Teixeira, acusado de aceptar los sobornos de ISL, como el lector verá en el próximo capítulo.

El valor fue finiquitado por la empresa Bon Us. El dueño de la compañía, que no aparece en los registros, es socio de la empresa Co-Invest SP ZOO, de Polonia. Uno de los socios de esta segunda empresa es Joan Besoli, también socio de Rosell en otra firma, Comptages SL, con sede en el paraíso fiscal de Andorra. Besoli es consejero financiero de Sant Julià de Lòria, una localidad de Andorra. Como coincidencia, Teixeira se compró un inmueble por allá. Además, Rosell pidió a dos socios suyos que ayudaran a Teixeira a obtener la ciudadanía de Andorra, país que no tiene tratado de extradición con Brasil.

Los trámites fueron ejecutados por Besoli, el amigo que pagó la multa impuesta por los tribunales suizos, y Ramón Cierco, director del Barcelona y también ejecutivo de un banco de Andorra. Todo se hizo con discreción durante el mes de septiembre de 2012. Teixeira depositó 4.9 millones de dólares en el banco de Cierco y ya tenía dos inmuebles en el refugio fiscal. Necesitaba permanecer 150 días al año en el país e invertir 400 mil euros. Andorra le concedió la visa por un periodo de un año. El proceso avanzaba su trámite normal hasta que esta noticia fue revelada por la Rádio Catalunya en agosto de 2013. Rosell fue entrevistado y dijo que de hecho ayudaba a su amigo. El español afirmó que Teixeira era perseguido por la prensa brasileña, que lo acusaba de corrupción. La repercusión mundial de esta revelación provocó el malestar entre las autoridades de Andorra. El 21 de octubre de 2013 un periódico de Andorra anunció la decisión del gobierno de negar la renovación de la visa de Teixeira. El argumento oficial era que él vivía en Miami, Estados Unidos. El periódico también reveló que los tribunales suizos enviarían copias del proceso que involucraba al directivo en aquel país.

Si bien Teixeira y Rosell fueron poco molestados por la justicia de Brasil, en Europa no sucedió lo mismo. En Suiza, la suerte de Teixeira cambió.

NAVAJA SUIZA

Yo ya fui fanático del Santos y dejé de serlo por la Comisión Parlamentaria de Investigación. Hoy ya no le voy a ningún equipo.

Doctor Rosinha, diputado federal

Míreme de frente y dígame si yo sería capaz de decir una tontería de esas. Decir que Lula no es nadie y pedir un soborno en la tribuna, frente a todo el mundo. ¡Hágame el favor!

Ricardo Teixeira

Dentro de la cancha, como hemos visto hasta ahora, Teixeira era un defensa de cuarta, capaz de mandar el balón afuera del estadio por encima de las tribunas. En los entretelones, sin embargo, era un delantero oportunista que se quedaba en la sombra, a la espera de sacarle jugo a los negocios de la CBF.

Jugando en casa se cubrió muy bien. Montó una amplia red de relaciones con las principales instancias del poder en el país. Políticos, gobernadores, jueces, fiscales y policías orbitaban alrededor del directivo, atraídos por los obsequios que él otorgaba usando al futbol y a la selección brasileña como su arma política. Sus encantos le garantizaron el blindaje en Brasil por más de dos décadas.

El problema surgió cuando fue a jugar fuera de casa; más específicamente, en una tierra de individuos como él. Suiza podrá no tener el mejor futbol del mundo, pero como "madre" de todos los paraísos fiscales, cuenta con muchas personas bien entrenadas para olfatear los ilícitos justo en el terreno donde Teixeira se destacaba: los acuerdos oscuros tras bambalinas.

Llegó a Suiza en 2012 gracias a una empresa de la que los brasileños escucharon hablar por primera vez diez años antes. Era la empresa Sanud, anagrama de Dunas.

Por eso es esencial que hagamos otro viaje en el túnel del tiempo, hasta los trabajos de la Comisión Parlamentaria de Investigación de la Cámara de Diputados, solicitada en 1999, pero instalada hasta el 17 de octubre de 2000. "Los partidos más importantes se negaron a asumir la presidencia", narra el libro *CBF Nike*, escrito por los diputados Aldo Rebelo y Sílvio Torres, que fue prohibido por el Poder Judicial.

En medio del vasto cerco montado para su protección, la comparecencia de Teixeira para ofrecer su declaración fue considerada como la gran victoria de la Comisión Parlamentaria de Investigación de Nike. "Después de nueve horas de interrogatorio quedó evidenciada la responsabilidad de Teixeira en la mala administración de la CBF, en el uso indebido de sus recursos, en las donaciones ilegales a políticos en campañas electorales, en la cooptación y corrupción de los directivos de las federaciones y en la desorganización del futbol brasileño. Quedaron al descubierto preciosos indicios del nebuloso enriquecimiento del presidente de la CBF y de sus amigos y socios, de la fuga de capitales, del lavado de dinero, de la evasión fiscal", describe el libro. La Comisión Parlamentaria de Investigación descubrió solo una pequeña parte de sus acciones en el exterior. Aun así fue capaz de descubrir la punta de la madeja de algunas actividades nebulosas del directivo.

¡Lo increíble es que Teixeira haya resistido prácticamente incólume a esta lista de acusaciones durante más de diez años!

Sobre Nike, la CPI dejó claro que la empresa no se comprometió a invertir 369 millones de dólares en el futbol brasileño, en un periodo de catorce años, solo por la linda cara de Teixeira.

Ante la CPI el contrato fue denunciado por permitir a la empresa que sugiriese a la CBF la selección de sus principales jugadores, lo que en teoría impediría la renovación de los talentos, además de concederle la selección de los adversarios y de los estadios para los partidos en un gran número de amistosos.

El informe final recomendó al Ministerio Público iniciar una acción civil pública "debido a que el contrato alcanza intereses difusos integrados al deporte como patrimonio nacional y cultural del país; y por infringir el Código de Defensa del Consumidor en tanto que perjudica los intereses y derechos del aficionado brasileño". En la visión del autor Sílvio Torres, la CBF representó mal los intereses de la selección brasileña al aceptar "con los ojos cerrados los términos, condiciones e imposiciones" de Nike.

Teixeira no presenció todo esto sin reaccionar. Los diputados integrantes de la Comisión fueron súbitamente removidos por sus partidos. El "ala del balón", dirigida por el ex presidente del Vasco da Gama, Eurico Miranda, sumó los votos necesarios para detener el informe final y generó una versión propia que serviría como un "certificado de higiene" para Teixeira. Los diputados Sílvio Torres y Aldo Rebelo, que dirigieron las averiguaciones con el apoyo de un reducido grupo de colegas, decidieron clausurar la CPI sin votar el informe final que comprometía a Teixeira. A ellos solo les restó enviarle los documentos al fiscal general de la República, Geraldo Brindeiro, también conocido como el "archivador general", al Ministerio Público Federal de Río de Janeiro, a Hacienda, a la Policía Federal, al Ministerio del Deporte y a la Comisión Parlamentaria de Investigación del Futbol en el Senado.

Desde el punto de vista jurídico, Teixeira salió prácticamente ileso. Para sofocar la repercusión de los resultados de la CPI, consiguió una autorización judicial que prohibía la circulación del libro-resumen de los trabajos de la Comisión. Alegó que las 250 páginas de la publicación revelaban datos conseguidos gracias a la suspensión de su derecho al secreto bancario y fiscal. Una vez prohibida por los tribunales, la obra salió de circulación. Ahora es una pieza de colección entre los libreros, que lo venden hasta por 500 reales.

En una entrevista con sus autores, el diputado doctor Rosinha, uno de los relatores de la Comisión, describió: "No concluimos el informe final porque Ricardo Teixeira consiguió, hasta donde nosotros sabemos, comprar el apoyo de los presidentes de las federaciones con nominaciones a cargos o por medio del apoyo financiero a las federaciones. Con ese apoyo consiguió que no ocurriera nada en el terreno de la política de la CBF".

Al preguntarle sobre si Ricardo Teixeira había mentido en las declaraciones, el doctor Rosinha dijo creer que el directivo se intimidó con sus preguntas sobre el *BMW* accidentado en Miami, como vimos en el primer capítulo. "Enseguida le pregunté si tenía una casa en Miami. Él me dijo: 'No una, tengo dos'. ¡En el registro no había ningún inmueble declarado ante Hacienda! Al cometer ese error en la primera entrada creo que acabó mintiendo pocas veces, porque no tenía muchas posibilidades de mentir. Teníamos sus datos bancarios, los de la CBF y sus datos fiscales. Queríamos ponerlo en contradicción y él se contradijo varias veces."

Como el informe final de la Comisión no fue aprobado, los diputados presentaron la información ante el Ministerio Público, pero no se pudo realizar la investigación gracias a una demanda interpuesta por Teixeira. Esto además de la prohibición de la publicación del libro *CBF-Nike*. Rosinha quedó impresionando ante la "gran capacidad de movilización de Teixeira al frente de la CBF". Según el diputado, la CBF financiaba las campañas de legisladores estatales y federales, los bandidos del "ala del balón", de manera legal e ilegal.

El doctor Rosinha confirmó algunos pasajes del libro que mencionan el enriquecimiento personal del directivo, en contraste con la mala situación de los negocios del futbol. "Es verdad y continúa. Se fue a vivir fuera del país, está viviendo muy bien y el futbol brasileño continúa mal." Después de afirmar que ya no hay ningún gran equipo en el futbol nacional y que los clubes se transformaron en empresas, el legislador concluyó: "Si yo pudiera darle algún consejo al pueblo, le diría que dejarse de colocar su pasión y su dinero [en el futbol] porque todos son empresarios. Yo ya fui fanático del Santos y dejé de serlo por la Comisión Parlamentaria de Investigación. Hoy

Pero esto no terminó ahí. Desde 1999 la tarea de pagar sobornos a nombre de ISL fue indirectamente asumida por otras dos empresas, Sunbow y Fundação Nunca, que distribuyeron otros 36,130,220.50 de francos suizos en sobornos (alrededor de 32 millones de dólares). En apariencia, el cambio en el esquema de distribución del dinero para los directivos se dio cuando ISL consideraba cotizar en la bolsa, o sea, ofrecer acciones al público, para lo que tendría que someterse a reglas contables incompatibles con la existencia del soborno declarado en la contabilidad. El objetivo inmediato, al poner en funcionamiento a Sunbow y a la Fundação Nunca, era recobrar los 36 millones de francos suizos.

La cronología expuesta a continuación nos ayuda a entender mejor los entretelones fétidos del futbol.

El 17 de diciembre de 1998 la Fundação Nunca se estableció en Liechtenstein, el principado europeo que también era sede de Sanud, la empresa con la cual Ricardo Teixeira decía mantener "solo" una sociedad. Los directivos del grupo ISL/ISMM figuraban también como directivos de la fundación. La empresa Sunbow fue fundada en el paraíso fiscal de las Islas Vírgenes Británicas el primero de diciembre de 1999. Recibió una transferencia por 36 millones de francos suizos de ISL en la cuenta número 193.223.31 de una institución bancaria identificada solo como "Banco 1". El 8 de febrero de 1999 todos los bienes de Sunbow fueron transferidos a la Fundação Nunca que, a pesar de su nombre, realizó siempre el pago de los sobornos a nombre de ISL. Fue con estos datos iniciales con los que el fiscal Thomas Hildebrand inició su trabajo.

El 3 de noviembre de 2005 se ejecutó una operación de búsqueda y aprehensión en la sede de la FIFA, en Zúrich. De inmediato la fiscalía solicitó a las autoridades de Liechtenstein que revirtieran una orden anterior que les impedía el acceso a información sigilosa y tuvo éxito. Consiguió lo mismo con Andorra y así obtuvo testimonios y documentos que resultarían altamente comprometedores para Ricardo Teixeira. Para justificar su acción, el fiscal alegó que la FIFA se había desviado de sus objetivos oficiales de "mejorar el futbol continuamente, transmitiéndolo globalmente" para promover los lazos entre las naciones. Algo incompatible con el pedido de auxilio de Ricardo Teixeira para pagar una mordaza para la masa acreedora de la ISL.

El acuerdo para librar a Teixeira del problema, concertado en febrero de 2004, tenía como objetivo concluir la discusión de una vez por todas y barrer la historia de los sobornos, de Teixeira y de todos los demás directivos, debajo del tapete. La masa acreedora, que en principio buscaba 36 millones de francos suizos, aparentemente se contentó con los 2.5 millones que tenía a la mano. Quien efectuó el pago fue un abogado que actuaba en nombre de la FIFA el día 17 de marzo de 2004. Interrogado por el fiscal Hildebrand, afirmó que la entidad tenía el interés legítimo de no involucrarse en especulaciones injustificadas. "Es por eso que la FIFA intercede para ayudar a concretar acuerdos en los casos en los que funcionarios del futbol extranjero hayan recibido comisiones", afirmó el abogado.

El fiscal siguió el camino del dinero. Comenzó con los datos que había conseguido de otra institución financiera, identificada solamente como "Banco 8", con base en Andorra, donde Ricardo Teixeira era el titular de la cuenta 400428. Al investigar, el fiscal descubrió que el 11 de abril de 2003 el directivo brasileño había recibido en Andorra varios depósitos provenientes de cuatro cuentas de un banco identificado solo como el número "2", basado en Zúrich, Suiza. Las transferencias sumaron 2.451 millones de dólares.

El próximo paso fue entrevistar a un ciudadano de Andorra, cuya identidad fue resguardada en documentos públicos, que actuó como apoderado de Teixeira. Contó que a nombre del directivo brasileño transfirió dinero de la cuenta 400428 a la de su empresa. Enseguida envió el dinero a la cuenta del abogado de la FIFA, que por su parte pagó la mordaza de la masa acreedora de la ISL.

Hildebrand concluyó que el acuerdo solo fue posible gracias a la "gran contribución de la FIFA o del abogado que la representaba".

El fiscal fue más allá en su investigación y quiso saber de quién eran las cuatro cuentas en Zúrich que abastecieron a la 400428, en Andorra, a nombre de Teixeira, y descubrió que todas pertenecían al propio directivo. Una fue abierta con un depósito en títulos valuados en 300 mil dólares; otra con una transferencia electrónica de 1 millón de dólares. Pero las que más le interesaron al fiscal fueron las dos primeras, abiertas en Zúrich el día primero de julio de 1998, con depósitos de 300 mil dólares cada una. Fue durante el Mundial de Francia. El fiscal descubrió que la apertura de las dos cuentas había sido precedida por un retiro del directivo en otro banco, el "4", por el valor de 600 mil dólares. El dinero estaba en la cuenta numerada 24,034-2-2.002, a nombre de la "institución 2".

Todos estos códigos fueron utilizados por la fiscalía Suiza, en documentos públicos, para proteger a personas y empresas que hicieron negocios con Havelange y Teixeira y que podrían sufrir daños por la publicidad negativa generada por la investigación de los directivos.

Descubrimos parte del misterio cuando tuvimos acceso, en 2011 y a través de una fuente europea, a una transcripción de la lista original de los pagos de sobornos de la ISL. El *Diario de la Record* fue el primero en divulgarla en Brasil, mucho antes del final de la batalla judicial que hizo pública toda esta información. En la lista, todos los pagos hechos a João Havelange y Ricardo Teixeira entre el 10 de agosto de 1992 y el 12 de noviembre de 1997, por un total de 10 millones de dólares, fueron transferencias de ISL a Sanud, con base en Liechtenstein.

O sea, la "Institución 2", dueña de la cuenta bancaria gestionada por Ricardo Teixeira, ¡era Sanud!

Thomas Hildebrand finalmente descubrió no solo que el directivo brasileño tenía una cuenta bancaria y un apoderado en Andorra, sino que él era el verdadero dueño de Sanud. Así es como aparece en los documentos oficiales: "dueño beneficiario" de la "Institución 2". Fueron necesarios nueve años para probar que el presidente de la CBF mintió a los diputados brasileños en su declaración ante la Comisión Parlamentaria de Investigación cuando dijo, refiriéndose a la Sanud: "No es mía. Es simplemente accionista en una empresa que yo tengo". La empresa de Liechtenstein, por tanto, no estaba interesada en hacer inversiones extranjeras en Brasil, como alegó Teixeira al declarar ante el Congreso. Era, en realidad, un canal para los sobornos. Al asociarse con la RLJ Participações, la empresa de Teixeira en Río de Janeiro, Sanud se convirtió en un vehículo para enriquecer al directivo en tierras brasileñas.

- - -

Si en Suiza la investigación contra Teixeira prosperó, en Brasil no pasó nada, a pesar de los muchos indicios descubiertos por la Comisión Parlamentaria de Investigación diez años antes.

Documentos presentados por los legisladores detectaron operaciones de Teixeira en otro paraíso fiscal, las Islas Vírgenes Británicas. La documentación mostró que el directivo se valió de la *offshore* caribeña Ameritech Holding para ocultar la compra de una mansión de lujo en el balneario de Búzios, en el estado de Río de Janeiro. En esa transacción, además de sus parientes, Teixeira contó con la colaboración de abogados y ex compañeros. Uno de los dueños de Swap (la casa de bolsa que operaba para la CBF), Otávio Koeper, simuló la venta del inmueble a la *offshore* caribeña por el precio insignificante de 14,500 dólares. Menos de un año después, ¡la casa fue transferida a los familiares de Ricardo Teixeira por nada menos que 500 mil reales!

El uso de la *offshore* y de la casa de bolsa, además de esconder que el directivo era el feliz propietario de la casa de playa, ayudó por un tiempo a ocultar el probable origen del dinero de ese inmueble; la propia casa de bolsa que prestaba sus servicios a la CBF negó tener relación con la empresa, pero curiosamente pagó una deuda de 18 mil reales en impuestos contraída por la Ameritech Holding.

Al contrario de lo que sucedió en Suiza, nada de eso puede ser investigado en Brasil, gracias al famoso blindaje de Teixeira que mencionamos en el comienzo de este capítulo. El directivo consiguió un amparo del Supremo Tribunal Federal (STF) para prohibir la divulgación y el envío de la información reunida por la Comisión Parlamentaria de Investigación para la apertura de otros procesos judiciales. La decisión fue tomada por el entonces ministro Nelson Jobim el 17 de septiembre de 2001.

Pero ocurrió que, antes de esa decisión, algunos datos sobre las empresas en el exterior involucradas en el negocio de Teixeira ya habían sido enviados al Ministerio Público Federal de Río de Janeiro, que inició una investigación y solicitó la suspensión del secreto bancario de los involucrados. Teixeira tampoco perdió el tiempo. Sus abogados recurrieron una vez más al STF. Así fue como Jobim prohibió al presidente de la Cámara de Diputados que atendiera cualquier orden o solicitud del juez de la Sexta Jurisdicción Criminal Federal de Río de Janeiro sobre el proceso que investigaba los negocios de Teixeira y de la CBF. Decía el documento: "El señor presidente de la Cámara de Diputados deberá dejar de atender y cumplir las determinaciones y solicitudes oriundas del Juicio de la Sexta Jurisdicción Criminal de la Justicia Federal del Estado de Río de Janeiro, proferidas en los autos de la acción cautelar número 201.5101534116-3".

Como gran parte del material ya estaba en manos de la Procuraduría, la investigación prosperó. Uno de los casos que fueron investigados por los procuradores fue una transacción que involucraba al Delta Bank de Nueva York. La CBF solicitó un préstamo de 7 millones de dólares, que fue liquidado antes de tiempo y con una sospechosa tasa de interés, muy superior a la del mercado. Según la denuncia del Ministerio Público, se trataría de un disfraz para el envío ilegal de dinero al exterior. La denuncia de la Procuraduría fue admitida por la Justicia Federal. Teixeira, José Carlos Salim (director comercial de la CBF) y Marco Antônio Teixeira, tío del directivo, fueron los acusados en el proceso. Apelaron al Tribunal Regional Federal y consiguieron detener la investigación para siempre.

El magistrado federal Alberto Nogueira, relator del *habeas corpus*, aceptó los argumentos de la defensa del directivo y llegó a referirse a los misterios del futbol en un texto *sui generis*, tratándose de una decisión judicial: "Para mí, es irrelevante que sea un director de la Confederación Brasileña de Futbol, institución futbolística brasileña que respeto. Sé que el mundo del futbol es un mundo de misterios, de disfraces. Es un mundo sumergido en el que debe pasar de todo, por lo menos en el imaginario popular, pero es una institución civil de derecho privado que se constituyó de acuerdo con las leyes del país, en pleno funcionamiento y contra la cual no pesa absolutamente nada. No puedo olvidar que, de un modo u otro, somos cinco veces campeones. No es poca cosa. Vamos a esperar el sexto título. Concedo, pues, la orden de *habeas corpus* para detener la acción penal".

La acción penal fue sepultada por el Quinto Turno del Tribunal Regional Federal, que por unanimidad decidió confirmar la decisión del magistrado-aficionado. Fue una más de las tantas decisiones de la justicia brasileña favorables al directivo. Si no fuera por el tribunal suizo, Teixeira tal vez aún reinaría de forma absoluta en el futbol brasileño.

PANTALLA CALIENTE

Ricardo Teixeira y João Havelange son acusados de dejar de comunicar y entregar las comisiones a la FIFA. Con este comportamiento le ocasionaron daños a la FIFA y se enriquecieron ilegalmente.

Thomas Hildebrand

No se sorprenda si en algún Mundial de futbol del futuro los partidos se disputan durante la madrugada del horario local. Es posible que incluso inventen que el mejor momento para la práctica del deporte es entre la medianoche y las seis de la mañana. Este fenómeno ya casi sucede en Brasil, donde los partidos del Campeonato Brasileño se juegan a partir de las 21:50 horas durante los días de entre semana y, dependiendo de su marcha, concluyen incluso después de la medianoche.

La explicación para estas situaciones extrañas en los eventos deportivos es la misma que para los sucesos presenciados por uno de los autores de este libro, a lo largo de cien transmisiones en vivo de la antigua Fórmula Indy. En una ocasión, por ingenuidad, insistió en narrar un accidente en el que el neumático de un auto voló sobre las tribunas y mató a un espectador. Esto casi le costó su credencial de reportero.

En otra ocasión vio de cerca que un piloto accidentado, que golpeó su cabeza contra un árbol después del vuelo espectacular de su máquina, había fallecido. Aun así se simuló un "rescate" y la muerte solo fue anunciada después del final de la carrera, para garantizar el cumplimiento de los contratos, que en el automovilismo estipulan apariciones muy específicas de las marcas y anuncios de los patrocinadores.

En resumen, la que manda es la televisión. ¡Esto es estúpido!

A lo largo de las últimas décadas, parte del poder sobre el destino del deporte mundial se desplazó lentamente hacia las sedes de las grandes emisoras. La venta de los derechos televisivos es hoy la principal fuente de ingresos de clubes, ligas y federaciones. Las emisoras, cuya facturación depende cada vez más del deporte, hacen de todo para complacer a los patrocinadores y ellos quieren la mayor visibilidad para sus marcas, en los horarios más atractivos.

El estadio de futbol se convirtió en un estudio de televisión. Salen los pobres de la zona general y entran las familias pudientes a las plateas numeradas. El deporte "del pueblo" se ha convertido en el espectáculo "de los consumidores". Los pobres no tienen oportunidad. En este modelo no tiene sentido mostrar en la televisión un estadio de cien mil lugares semivacío; es mejor mostrar uno de cuarenta mil siempre lleno, símbolo del éxito de la franquicia. Menos gente, entradas más caras, elitización de la platea. Punto para la mercadotecnia.

El poder de las emisoras es tal que actualmente la red estadounidense NBC es la que en buena medida decide el calendario de las Olimpiadas, gracias a contratos multimillonarios de exclusividad. Para asegurarse los derechos de transmisión de los Juegos Olímpicos hasta 2020, en 2011 dicha emisora pagó 4.38 mil millones de dólares al Comité Olímpico Internacional. El paquete incluye las Olimpiadas de Río 2016 y de Tokio 2020, además de los Juegos de Invierno de Sochi, en Rusia, disputados en 2014, y de Pyongyang, en Corea del Sur, agendados para 2018. Con tanto dinero invertido, las televisoras imponen, por ejemplo, que las pruebas de natación se disputen durante la primera semana y que las de atletismo inicien a continuación. Todo para que no se sobrepongan los éxitos históricos de los equipos estadounidenses en esas modalidades. El que paga manda.

El deporte asumió un papel tan fundamental para la facturación de las televisoras que la compra de un evento puede significar el éxito o el fracaso de una empresa de comunicación. En Estados Unidos, en competencia con las tres gigantes locales, el zar de los medios de comunicación australiano Rupert Murdoch solo pudo establecer su propia red, Fox, después de adquirir los derechos de transmisión de la NFL, la liga más popular del país.

En cierta medida los que desencadenaron esta transformación fueron Havelange y Dassler, el hombre de Adidas. El primero detectó con rapidez que la televisión era una mina de diamantes; el segundo descubrió muy pronto cómo extraer y tallar las gemas. El hambre se unió a las ganas de comer. Havelange fue un visionario. Como ya hemos relatado, en cuanto asumió la CBD se allegó (bastante) al propietario de una de las mayores emisoras de televisión de Brasil; sin embargo, pronto aprendió que el camino para ganar dinero no era ese. Paulo Machado de Carvalho era un grande de los medios de comunicación, ya tenía su espacio bien demarcado y no le interesaba compartir con el directivo algo que él había conquistado.

Cuando asumió la FIFA, por tanto, Havelange ya sabía que la amistad no era el camino para ganar dinero con los dueños de la televisión. Era necesario imponerse para cambiar las reglas del juego y fue lo que hizo en su primera reunión importante como administrador de la organización. Convocó a Zúrich a los todos representantes de las emisoras de radio y televisión europeas que poseían derechos de transmisión de la FIFA. Los ejecutivos, que ya eran dueños del Mundial de Argentina 1978, querían conversar con el nuevo presidente para ajustar los detalles sobre los derechos del Mundial de 1982. Los europeos ofrecieron 4 millones de dólares, pero Havelange les dijo que solo los vendería por 10 millones. Las emisoras se dieron cuenta de que el juego era duro, pero no tenían alternativa y su única opción era aceptar. Ese mismo día lo hicieron. En cambio, exigieron la garantía de que el material entregado por los argentinos en 1978 fuera de alta calidad. Havelange les aseguró que sus vecinos sudamericanos harían una excelente transmisión, en vivo y a todo color, la primera en la historia de los Mundiales.

El presidente de la FIFA tuvo de esforzarse para cumplir su palabra. Sabía que Argentina no estaba lista. En 1976 partió hacia Río de Janeiro para solicitar la ayuda de los militares y de Roberto Marinho, dueño del mayor grupo de comunicación de Brasil, las Organizaciones Globo. Marinho prometió resolverlo. Todo salió bien. En enero de 1978 el mundo entero vio en vivo y a colores la imagen de Ricardinho, nieto preferido de Havelange, sorteando los balones del Mundial. La escena evocaba una imagen histórica de la FIFA. Durante el Mundial de 1938 el entonces presidente de la organización, Jules Rimet, también había convocado a su nieto para escoger los balones del sorteo en el Salón d'Horloge del Ministerio de Relaciones Exteriores de Francia, en París. Jules Rimet permaneció al frente de la federación 33 temporadas (1921-1954), cargo que dejó apenas dos años antes de morir. La copa del torneo adquirió su nombre gracias al papel que él desempeñó para consolidar al Mundial como uno de los mayores eventos deportivos del planeta. Al rescatar la famosa imagen de Rimet, presidente de la FIFA durante cinco Mundiales, Havelange mostraba al mundo quién era el que mandaba ahora en la organización. Además cumplía con la promesa hecha a las emisoras europeas, que pagaban en efectivo las cuentas del futbol. Así sucedió con todos los partidos del Mundial de Argentina, gracias al apoyo técnico de Embratel y la TV Globo.

El sorteo del Mundial de Argentina fue la primera y última vez que Havelange se exhibió personalmente. Una vez comprobada su tesis de que el futbol valía mucho más que lo que las emisoras pagaban, convocó a Dassler para que actuara de mediocampista. El heredero de la Adidas ya tenía la idea, desde que había visto un torneo de tenis en Wimbledon, de montar una empresa para intermediar los derechos de transmisión de los eventos deportivos. Horst se dio cuenta de que podría amasar una fortuna no solo al vender artículos deportivos, sino al controlar los derechos de transmisión y organizar los paquetes de los patrocinadores para los eventos en los cuales la propia Adidas figuraría en una posición relevante. Nacía así, en 1982, la empresa de mercadotecnia deportiva ISL, pionera en el ramo. El pago de sobornos por parte de la empresa, como mostramos en el capítulo anterior, fue el aceite que lubricaba los acuerdos y también la causa de la caída de varios directivos.

A lo largo del tiempo, la relación entre la ISL y la FIFA se hizo tan estrecha que en la disputa por los derechos de los Mundiales de 2002 y 2006 la empresa estadounidense IMG, fundada por el legendario golfista Arnold Palmer, apodado "The King", presentó una propuesta de mil millones de dólares y declaró públicamente que podría aumentar la apuesta, pero aun así fue rechazada. La negociación que se dio en 1996 fue la primera después de veinte años de contratos ininterrumpidos entre la ISL y la FIFA de João Havelange. En esa ocasión el vicepresidente de la IMG, Eric Drossart, escribió una carta al entonces secretario general, Joseph Blatter, quejándose del "trato preferencial evidente" que se le daba a la competencia. Sometida a votación en el Comité Ejecutivo de la FIFA, la propuesta de la ISL ganó por nueve votos contra seis, con tres abstenciones y dos ausencias.

La victoria fue atribuida a la oportuna gestión previsora del principal asesor de Dassler, Jean-Marie Weber, también conocido como el "hombre de la maleta". A lo largo de dos décadas, Weber habría distribuido millones de dólares en sobornos a directivos deportivos en nombre de los intereses del gigante Adidas-ISL. El periodista británico Andrew Jennings cita el caso de un directivo que recibió un *Mercedes* de regalo. Weber terminó su carrera en la desgracia, condenado por fraude por un tribunal suizo.

- - -

Los cabellos desgreñados y el discurso franco son las marcas registradas de Jennings. Forma parte del selecto grupo de reporteros sin ningún vínculo con las autoridades, clubes o ídolos del deporte. Autor de dos libros seminales sobre la corrupción en el seno del Comité Olímpico Internacional y de la FIFA, Jennings es reconocido por haber sido el primero en revelar la basura que se escondía bajo el tapete. El 5 de diciembre de 2003, cuando João Havelange aún reinaba en el futbol mundial, firmó un texto en el periódico británico *Daily Mail* con el título altisonante: "Revelado: cómo un pago misterioso de 416 mil libras esterlinas generó el pánico en los pasillos de poder de la FIFA". El reportaje no decía quién había recibido el pago, pero fue ilustrado con una enorme foto de Havelange. Contaba que, después de vencer la pugna por los derechos de transmisión de los Mundiales de 2002 y 2006 contra su competencia estadounidense (IMG), la ISL había realizado un pago de un millón de francos suizos a un directivo, lo que equivaldría a cerca de 2.8 millones de reales en enero de 2014. Sin embargo, un empleado torpe había mostrado el juego sin querer. En vez de registrar el depósito en la cuenta personal del directivo, lo puso en la contabilidad de la FIFA. En pánico, los directivos de la organización redirigieron el dinero a su verdadero destinatario, pero el daño ya estaba hecho. La ruta de los sobornos de la ISL había quedado evidenciada ante los escalafones inferiores de la FIFA.

Una fuente citada en el artículo firmado por Jennings afirmó: "Las más altas autoridades de la FIFA presionaron al banco para que borrara la transacción. La solicitud fue rechazada porque implicaba un acto delictivo. Los datos bancarios suizos se guardan en los archivos durante diez años; por este motivo las pruebas aún están allí si a algún fiscal le interesa verlas". Lo que Jennings no imaginaba era que en aquel momento la fiscalía suiza ya estaba trabajando sobre el tema y que el implacable Thomas Hildebrand se encargaría de desmenuzarlo. Por ironía del destino, como consecuencia de una demanda promovida por la propia FIFA.

La quiebra de la ISL en mayo de 2001 sorprendió al mundo del deporte. En la historia de Suiza solo fue menor a la caída de Swiss Air. La muerte repentina de su fundador, Horst Dassler, en 1987, ayudó a la caída de la empresa. Sin embargo, la pionera de la mercadotecnia deportiva ya había empezado a morir en 1995, cuando perdió los derechos de transmisión y mercadotecnia de las Olimpiadas.

El asistente personal de Dassler, el "hombre de la maleta", Jean-Marie Weber, asumió el puesto con la promesa de una política agresiva.

Gracias a su influencia logró acuerdos millonarios con las federaciones internacionales para la transmisión de los eventos de natación, gimnasia, voleibol, basquetbol y el campeonato de automovilismo de la Cart, la antigua Fórmula Indy. También firmó contratos de exclusividad con dos clubes brasileños, Flamengo y Grêmio. Gastó una fortuna en un acuerdo de diez años con la asociación profesional de tenis, ATP, por 1.2 miles de millones de dólares. El problema fue que las ganancias de los contratos alcanzados fueron insuficientes para cubrir los compromisos de caja de la empresa; además, los sobornos que llegaban a los bolsillos de los directivos desangraban a la compañía.

La FIFA, socia histórica de la ISL, hizo todo lo que pudo para evitar el naufragio. No le faltó creatividad. Para enfrentar los problemas inmediatos, la ISL creó otra empresa, ISL Football AG, a la cual le vendió los derechos de los Mundiales de 2002 y 2006, que ya le pertenecían, por 66 millones de dólares. La maniobra contable reforzó el flujo de caja de manera momentánea.

En Brasil la ISL trató de conseguir un préstamo de la TV Globo, que el 29 de junio de 1998 había firmado un contrato con ISMM, empresa controladora de la ISL, para la adquisición de los derechos de transmisión de radio y televisión de los Mundiales de 2002 y 2006 en Brasil por 221 millones de dólares. La Globo estuvo de acuerdo en adelantar el pago de una de las partes a la ISL, como forma de ayudar a la socia. Nadie sabe quién negoció el acuerdo. La emisora brasileña pagó 66 millones de dólares antes de tiempo y a cambio recibió un descuento por parte de ISL (en realidad transfirió 59.2 millones).

Toda esa ayuda de los amigos no fue suficiente. Con la declaración de quiebra, en mayo del 2001, hecha ante un tribunal del cantón de Zug, en Suiza, comenzó el lavado de la ropa sucia.

Como contamos en el capítulo anterior, la propia FIFA desencadenó este proceso al acudir a los tribunales con el fin de demandar a la empresa en quiebra. Alegó que, por haber recibido un adelanto —no un préstamo— de la Globo, la empresa de mercadotecnia debió remitir 75% de los 66 millones, o sea 49.5 millones, a la propia FIFA, como estaba estipulado en el contrato. La justicia suiza tomó la declaración de testigos en varias partes del mundo. Envió una carta petitoria a Brasil para tomar las declaraciones de los ejecutivos Marcelo Campos Pinto y Fernando Viegas Rodrigues Filho, ligados a la Globo Overseas Investments B.V., empresa a través de la cual la TV Globo había firmado el contrato con la ISMM/ISL. Thomas Hildebrand, el fiscal suizo, solicitó documentos y el derecho, concedido por el Supremo Tribunal Federal, de participar en el interrogatorio a los ejecutivos de la Globo en Río de Janeiro. Campos Pinto era muy cercano a Ricardo Teixeira.

Como consecuencia de los datos reunidos por Hildebrand y su equipo, la justicia suiza procesó a seis ex ejecutivos de ISL, incluso al antes todopoderoso Jean-Marie Weber. La empresa fue a la bancarrota con Weber en la presidencia.

Los ejecutivos fueron acusados de fraude, falsificación de documentos y malversación de fondos de la FIFA. La defensa alegó que, por tratarse de un préstamo concedido por la Globo, ISL no tenía el deber de remitir parte de ese dinero a la FIFA. La justicia aceptó en parte la argumentación de la defensa. Jean-Marie Weber fue condenado por fraude, pero no relacionado con el pago de la Globo sino porque el directivo fue incapaz de explicar un depósito de cerca de 50 mil dólares en su cuenta personal. El hombre acusado de manejar millones cayó por un poco de morralla, en comparación con las dimensiones de los sobornos en el futbol. Dos ejecutivos más fueron multados por falsificar documentos. La sorpresa fue que los jueces consideraron que la FIFA actuó con negligencia al no percibir las dificultades financieras de la ISL, y la obligaron a pagar los gastos del proceso, poco más de 115 mil dólares.

En los debates entre jueces, fiscales y abogados sostenidos durante el juicio, salió a la luz la información de que ISL había pagado un soborno de 130 mil dólares a Nicolás Leoz, presidente de la Confederación Sudamericana de Futbol y miembro del Comité Ejecutivo de la FIFA. También se supo que pagaron 250 mil dólares a un directivo de Kuwait, Abdul Muttaleb, quien dirigía el Comité Olímpico de Asia, con el que ISL había firmado un contrato. También fue revelado en el tribunal que Dentsu, una empresa japonesa que había comprado los derechos de transmisión a ISL, se había esforzado por salvar a la empresa de mercadotecnia con una inyección de capital prestado. Una parte del dinero regresó a Japón, aparentemente en forma de un soborno equivalente a 7 millones de reales, mismos que acabaron en la cuenta de un tal Gimark Hara Yuki Takahashi, ejecutivo de Dentsu.

Los sobornos de la empresa estaban siendo denunciados públicamente por el hombre encargado de administrar los intereses de los acreedores de la ISL, Thomas Bauer. Representaba a los acreedores de los 300 millones de dólares en deudas de la empresa y tuvo acceso a la contabilidad secreta. Con el mapa de los sobornos pagados por ISL a los directivos deportivos comenzó a hacer amenazas públicas y solicitudes de resarcimiento.

Es probable que esto fuera lo que llevó a la FIFA a tratar de concluir con las investigaciones, ofreciendo un pago a los acreedores de la ISL. Este plan cobró forma en aquel acuerdo según el cual quien había recibido sobornos devolvería parte del dinero recibido. Sin embargo, faltó acordar todo esto con el fiscal Hildebrand.

Inflexible, el fiscal avanzó sobre los detalles del acuerdo y decidió iniciar un nuevo proceso judicial en contra de la organización, João Havelange y Ricardo Teixeira. Hildebrand acusó a la FIFA de administración temeraria por no contabilizar los pagos realizados a sus ejecutivos, ajenos a sus actividades formales. "Una persona (o personas) no identificada(s) fue(ron) la(s) encargada(s), con base en transacciones legales, de administrar los bienes de otros y, en violación de sus deberes ocasionó(aron) daños a estos bienes en varias oportunidades, mientras alguien se enriqueció en la misma medida de los daños ocasionados", dice la denuncia.

Havelange y Teixeira fueron acusados de fraude y enriquecimiento ilícito. Los meticulosos investigadores cumplieron todas las formalidades con precisión suiza. Por ejemplo, comunicaron a las autoridades brasileñas los aspectos de la investigación referentes a ciudadanos y empresas brasileñas.

Fue así, por ejemplo, como supuestamente surgieron las primeras pistas sobre el *modus operandi* de la TV Globo durante la compra de los derechos de los Mundiales de 2002 y 2006, cuyos detalles solo serían conocidos gracias a una filtración de documentos de Hacienda en 2013. A través de la Globo Overseas, la empresa de los hermanos

Marinho invirtió en las Islas Vírgenes Británicas para crear una empresa con el nombre Empire ("imperio", en inglés).

Un año después disolvieron la Empire. Con ese capital, Globo Overseas compró los derechos de transmisión a ISL. Hacienda consideró que esta estrategia había sido una forma de evadir impuestos. Por este hecho, la Globo recibió una multa más de 615 millones de reales. En un episodio aún nebuloso, una auditora fiscal perdió el legajo, que tuvo que ser reintegrado. La Globo dice que resolvió su situación con Hacienda al suscribirse a un programa de refinanciamiento de deuda promovido por el gobierno federal. Hacienda afirma que no puede comentar la situación de las empresas que investiga debido al secreto fiscal. En internet, el público pide a la emisora que exhiba el Documento de Recaudación de Impuestos Federales correspondiente, prueba de que la emisora en verdad pagó lo que debe.

El contrato con ISMM/ISL fue firmado por la Globo en 1998. En los años siguientes, las finanzas de la emisora anduvieron mal. El negocio cerrado por la Globo Overseas en el paraíso fiscal del Caribe evitó que la empresa pagara 183 millones de reales de impuestos en Brasil. Una cantidad considerable.

- - -

Usted, estimado lector, puede ser tan corrupto como los directivos del futbol. Por lo menos así se expresó un abogado de la FIFA durante la investigación de João Havelange y Ricardo Teixeira. Dijo que cualquier intento de conseguir que se devolviesen los sobornos que la empresa de mercadotecnia ISL había pagado a los directivos a cambio de jugosos contratos probablemente sería infructífero. La FIFA no tendría éxito en su intento de recuperación del dinero pagado a los directivos de Sudamérica o África, dijo el abogado, "porque los sobornos son parte integral del salario de la mayor parte de la población". Esta declaración aparece en la página 32 del informe de 42 páginas de la fiscalía del cantón de Zug, en Suiza, que fue el último clavo en el ataúd porque comprobó que Havelange y Teixeira habían recibido dinero "por debajo de la mesa".

Curiosamente, el documento fue divulgado por la propia FIFA en julio de 2012, aparentemente para probar el compromiso de la organización con la transparencia, a pesar de que en este caso la federación había jugado en contra durante un buen tiempo. Meses antes de la publicación de los documentos suizos, Teixeira se había separado de la presidencia de la CBF, del Comité Ejecutivo de la FIFA y del COL (Comité Organizador Local) para el Mundial de 2014. Havelange dejó el cargo que ocupó durante medio siglo en el Comité Olímpico Internacional, organización donde era investigado por el Comité de Ética. Sin embargo, aunque de forma indirecta, el suegro y el yerno siguieron siendo influyentes. Joana Havelange, hija de Teixeira y nieta de João, se mantuvo como la segunda directiva más importante del COL. Entre su salario y otros beneficios recibió más de 100 mil reales al mes.

Pero volvamos al informe de la fiscalía suiza. La FIFA solo lo divulgó después de luchar durante más de dos años para salvaguardar los detalles de la investigación. Llevó el caso hasta la Suprema Corte de Suiza, que decidió a favor de varias agencias de noticias que solicitaban el acceso a los documentos.

Estas agencias se unieron al reportero suizo Jean François Tanda, uno de los pioneros de la investigación. Tanda fue el responsable del hallazgo de otra empresa que sirvió como canal para los sobornos a Havelange y Teixeira, la Renford. Entre 1992 y 1997 los sobornos de la ISL fueron pagados a los brasileños a través de la Sanud. De 1998 en adelante usaron a la Renford, como veremos más adelante.

La confirmación se dio durante una peculiar conversación telefónica. Tanda había recibido la información de varias fuentes y decidió hablar con el propio Teixeira. "Llamé a Teixeira y él me lo confirmó. Sin embargo, fue una charla difícil porque él decía que solo entendía portugués, y mi portugués no es de los mejores."

El diestro periodista suizo, después de investigar el caso, se quedó con la misma sensación del diputado doctor Rosinha, que formó parte de la investigación de la Comisión Parlamentaria de Investigación CBF-Nike en Brasil: "Yo todavía amo el futbol. Pero durante mi trabajo entendí que el deporte es dirigido por personas que no deberían estar ahí. El futbol es un bien cultural de la humanidad y debería ser gobernado por el pueblo, no por viejos enemigos del deporte".

Al igual que Tanda, nosotros también tuvimos acceso a los documentos que compartimos en parte con los telespectadores, dada la limitación de tiempo propia de la televisión. Ahora conocerán todos los detalles. Los documentos de la justicia suiza no nombran a empresas, instituciones, bancos u otros directivos involucrados, sino a la propia FIFA, a Teixeira y a Havelange.

Con un interés directo para los brasileños existe una tabla de dos páginas que comprueba el pago de los sobornos, cuya divulgación en Brasil fue anticipada por el *Diario de la Record* un año antes de que se diera a conocer de forma oficial en Suiza; la obtuvimos gracias a una fuente europea.

La tabla detalla 21 pagos que ISL le hizo a la empresa Sanud. Luego de una extensa investigación realizada en notarías y fuentes públicas de información, en especial en Río de Janeiro, ya teníamos cientos de páginas de documentos sobre los negocios del presidente de la CBF.

Antes de proseguir, un dato curioso: el Ministerio de Hacienda informó a una de las comisiones parlamentarias que investigaban a Ricardo Teixeira que la Sanud había sido cerrada, en Liechtenstein, el 8 de enero de 1999. Sin embargo, en la Junta Comercial de Río de Janeiro la sociedad entre Sanud y RLJ, la empresa del directivo, ¡aún permanecía activa en 2012!

Los pagos de ISL a Sanud, registrados oficialmente en la contabilidad secreta de la empresa suiza, se realizaron entre el 10 de agosto de 1992 y el 12 de noviembre de 1997, y suman 9.5 millones de dólares.

Para avanzar en la investigación decidimos cotejar las fechas. El directivo asumió la CBF el 16 de enero de 1989. La RLJ Participações fue registrada ante la Junta Comercial de Río de Janeiro el 16 de mayo de 1992. El primer soborno pagado a la Sanud, por un millón de dólares, fue hecho el 10 de agosto de 1992. La sociedad entre RLJ y Sanud fue registrada en Río de Janeiro el mes siguiente, el 28 de septiembre de 1992. El segundo pago, también por un millón de dólares, fue realizado el 16 de febrero de 1993.

Nuestro equipo completó la investigación de los negocios de Ricardo Teixeira en la notaría de Piraí, en el interior de Río de Janeiro, donde está la hacienda del directivo. Solía justificar su fortuna de dos formas: como dinero ganado en el mercado financiero y gracias a una carrera exitosa como productor de ganado lechero. Recorrimos los supermercados y tiendas de la ciudad y en 2011, como dato curioso, no encontramos leche producida por Teixeira en aquel que sería su mercado natural. Es cierto, sin embargo, que el establecimiento lechero tuvo producción y que el directivo vendió sus productos a la propia CBF. Descubrimos que en 1992 la RLJ hizo una inversión de un millón de reales en el rancho Santa Rosa, lo que permitió el despegue del negocio.

Cuando estuvimos en el lugar, además del caserón de lujo, con una piscina rodeada de palmeras imperiales, había un rebaño de ganado lechero, una cancha de futbol y un helipuerto con capacidad para dos helicópteros. Teixeira también había comprado el rancho vecino, San Antonio.

Tal parece que las palmeras forman parte del gusto del directivo pues están presentes en varias de sus propiedades, como en la casa en el condominio de Itanhangá, en la zona oeste de Río de Janeiro, y también en la casa de playa en Angra dos Reis, en el litoral del estado.

En enero de 1993 descubrimos que la RLJ invirtió otro millón de reales en Barra do Piraí, en una transportadora que ya no existía cuando estuvimos en la ciudad. Según la lista de los sobornos, los pagos de ISL a Sanud continuaban en Europa, mientras que las inversiones de Teixeira crecían en Brasil. Sanud recibió otro millón de dólares, en Liechtenstein, el 11 de mayo de 1993; y otro millón de dólares más el 7 de septiembre de 1993. ¡Patriótico! En 1994 hubo tres pagos a la Sanud que sumaban un millón y medio de dólares, en febrero, mayo y noviembre.

Entre octubre de 1994 y 1996 Teixeira derrochó 1.8 millones de reales en el bar El Turf, de su propiedad, ubicado en el Jockey Club de Río de Janeiro. Más tarde, la Comisión Parlamentaria de Investigación de la CBF/Nike descubrió que el directivo rentaba el bar para eventos que la CBF pagaba. Es decir, los negocios de Teixeira y los de la CBF se cruzaban otra vez.

En 1995, la Sanud recibió cinco pagos más de sobornos en Europa, totalizando 2 millones de dólares. En 1996, la RLJ compró una casa en el condominio exclusivo de Itanhangá, en Río de Janeiro. Conseguimos los documentos de la transacción. La casa fue rentada a Ricardo Teixeira por 7 mil reales mensuales. Quien firmó el contrato de renta en nombre de la RLJ fue el sobrino del directivo, Nilton Teixeira Crosgnac, que es de Piraí. Quien firmó como arrendatario fue el hijo mayor de Teixeira, Ricardo Teixeira Havelange. En Piraí buscamos a Nilton. Él nos dijo, por teléfono, que no participó en la transacción y nos aseguró que no hablaba con su tío desde hacía más de una década. En la ciudad nos contaron que ambos se habían distanciado debido a los negocios del Laticínio Linda, en el que había trabajado el sobrino de Teixeira.

En 1997, Sanud recibió otro millón de dólares en depósitos de la ISL en el paraíso fiscal de Liechtenstein. El último pago a la Sanud fue realizado el 12 de noviembre de 1997. Poco más de un año después, el 8 de enero de 1999, la empresa cerró. Tuvo el desempeño típico de las firmas ficticias que lavan dinero y funcionó mientras fue un canal para el dinero. Nuestra investigación sobre los negocios de Ricardo Teixeira dio como resultado una serie de once reportajes que salieron al aire a partir de junio de 2011. En ellos demostramos:

- Que las señales exteriores de riqueza del directivo en Brasil se multiplicaron en la misma medida en que Sanud era abastecida por los sobornos en Europa.
- Que Teixeira involucró a familiares en todo tipo de negocios, desde esposas hasta hijos, del hermano al sobrino.
- Que él tuvo socios de larga duración con quienes dividió los contratos más lucrativos de la CBF y de la selección brasileña.

En lo general avanzamos mucho en el trabajo que los colegas periodistas dedicados a la investigación de los negocios oscuros del futbol brasileño estaban llevando a cabo. Presentamos la lista de los sobornos, comparamos los pagos con las inversiones de Teixeira y dejamos claro que los negocios entre el directivo y el presidente del

Barcelona, Sandro Rosell, eran mucho más numerosos que lo que se sabía hasta entonces.

También señalamos al círculo de relaciones del directivo. Una fotografía publicada por el portal iG el 11 de julio de 2011 revela, como ninguna otra imagen, a los mandamases del futbol brasileño en las décadas de los noventa y de 2000. En ella aparecen, de izquierda a derecha, el presidente de Traffic, Julio Mariz; el propietario de la empresa, J. Hawilla; el director de Globo Deportes, Marcelo Campos Pinto; y el entonces presidente de la CBF. Fue tomada durante la Copa América de Argentina, aquella en la que Ricardo Teixeira metió a Rosell en el autobús de la selección para que conversara con Neymar.

La Globo Deporte es la empresa de las Organizaciones Globo encargada de los contratos de futbol. Los hermanos Marinho fueron, sin duda alguna, los que más lucraron con la sociedad de veinte años con Teixeira. A pesar de algunas diferencias eventuales, se garantizaron la audiencia y las ganancias multimillonarias. Actuando en los entretelones, la Globo y Ricardo Teixeira destruyeron el Club de los 13, que se encargaba de los derechos de transmisión del Campeonato Brasileño y amenazaron con poner fin a la exclusividad de la emisora. Cuando tomaron aquella foto, la Globo, con la ayuda del directivo, había acabado de cerrar acuerdos, club por club, atropellando las propuestas de otras emisoras que podrían ser más lucrativas, como veremos más adelante.

El monopolio de los Marinho en el futbol se asemeja en mucho al de la ISL en los derechos del Mundial. Al investigar la malversación de fondos, el fiscal suizo Thomas Hildebrand dejó claro que los sobornos pagados a Teixeira también eran una forma de garantizar los contratos de la ISL con la Globo. En la página 17 del informe de acusación escribió: "Los pagos que fueron hechos [por ISL] durante algunos años tenían como objetivo la explotación de la influencia de Ricardo Terra Teixeira en la FIFA, de tal manera que concluyesen las relaciones contractuales entre la FIFA y la compañía 1 [ISL], para en consecuencia usar su influencia como presidente de la Confederación Brasileña de Futbol para asegurar la conclusión de los acuerdos de subconcesión".

El fiscal hace referencia al contrato de subconcesión firmado el 29 de junio de 1998, por medio del cual la Globo compró los derechos de los Mundiales de 2002 y 2006 por 220.5 millones de dólares. Corregido posteriormente, el 17 de diciembre de 1998, el valor ascendió a 221 millones. Es importante destacar que los contratos con la Globo tenían un peso importante en el presupuesto de la ISL. La empresa compró a la FIFA los derechos de los dos Mundiales por 1.4 miles de millones de dólares (650 millones de dólares, al valor de 2002). Al firmar los acuerdos con la Globo ya se garantizaba una ganancia de 15% sobre la inversión. Eso explica la decisión de la emisora brasileña de anticiparle los pagos a la ISL cuando la empresa, desesperada por dinero, estaba en riesgo de quebrar. En los bastidores del futbol una mano lava a la otra.

La Globo se agarraba de la ISL, que se agarraba de la FIFA, que se agarraba de Teixeira, que se agarraba de la Globo. ¿Entendieron el círculo?

- - -

Después de que la Sanud fue "jubilada" de su papel como ruta del dinero, Ricardo Teixeira y João Havelange comenzaron a recibir ingresos a través de otra empresa con sede en un paraíso fiscal, la Renford, cuyos verdaderos dueños fueron identificados públicamente por el reportero Jean François Tanda. Entre el 18 de marzo de 1998 y el 4 de mayo de 2000 hubo ocho depósitos más. Los cuatro últimos vinieron de la Sunbow, en las Islas Vírgenes Británicas, y de la Fundação Nunca, en Liechtenstein, los vehículos inventados por ISL para ocultar los sobornos de su contabilidad oficial, como ya mencionamos. Los informes completos de los sobornos descubiertos por la fiscalía suiza demuestran que Teixeira y João Havelange se embolsaron un total de 21,904,630 francos suizos, o 61,318,122.63 reales, en valores equivalentes a enero de 2014. Más de sesenta millones de reales, ¡una enormidad!

La fiscalía suiza acusaba a la FIFA de administración temeraria o desleal. A juicio del fiscal Thomas Hildebrand, el dinero de los sobornos que Teixeira y Havelange se habían embolsado debería estar en las arcas de la organización. El argumento de los abogados de la defensa sería cómico, si no fuese antes un retrato de la normalidad con la que se observan estas marrullerías en los entretelones del futbol. El representante de la FIFA dijo, por ejemplo, que Ricardo Teixeira no tenía el deber de devolver lo que ya había recibido, dado que la organización tenía el derecho de abstenerse de solicitar que el directivo brasileño entregara los bienes.

Hubo una intensa discusión sobre la prescripción de los eventuales crímenes. El fiscal admitió que el código penal suizo no considera como delito, de forma explícita, recibir o pagar sobornos a personas físicas. Sin embargo, recordó que sí existe una ley que combate la competencia desleal y que, en opinión de la Suprema Corte suiza, se trataba de algo "inmoral". "Es obvio que los millones que fluyeron deben haber conducido a una distorsión en la competencia [por los contratos]", escribió.

La FIFA alegó que los pagos a Havelange y Teixeira eran parte de la remuneración de ambos como resultado de los negocios hechos con ISL. Habrían actuado como "socios contractuales". El fiscal rebatió este argumento afirmando que el destino económico de ISL dependía de los contratos con la FIFA y que la Federación había comprado influencias. "Con la alimentación constante que se dio durante años, los servicios no solo de João Havelange, sino también de Ricardo Terra Teixeira, fueron comprados", acusó.

Por este motivo, la fiscalía quería procesar a los directivos brasileños por apropiación indebida y, posiblemente, administración temeraria. "En resumen, ambos, Ricardo Teixeira y João Havelange, son acusados de dejar de comunicar y entregar comisiones a la FIFA, comisiones que recibieron por sus funciones en la FIFA, ya fuese como integrantes del Comité Ejecutivo, de otros comités o de la presidencia. Con este comportamiento le ocasionaron daños a la FIFA y se enriquecieron ilegalmente".

Si fueran juzgados y condenados en Suiza, Teixeira y Havelange podrían ser condenados hasta a cinco años de prisión. Sin embargo, el fiscal Hildebrand consideró que un acuerdo con los acusados sería suficiente, siempre que ellos pagaran las reparaciones. "Las averiguaciones en curso, el estrés psicológico asociado a las mismas y también la cesión de bienes palpables deberán evitar que en el futuro los acusados subviertan los objetivos de una asociación que tan claramente tiene un compromiso con la unión de diferentes pueblos", alegó.

Después de analizar el caso, el fiscal concluyó que la pena máxima de prisión para Teixeira y Havelange, en el caso de que fuesen condenados, difícilmente sería mayor a dos años. En cuanto a la FIFA, quedó claro que el pago de sobornos era del conocimiento de toda la dirección de la organización. El propio CFO, o *chief financial officer*, de la organización fue testigo de que un pago de un millón de francos suizos (2.8 millones de reales en valores del 2014), destinado a João Havelange, llegó por error a una cuenta de la FIFA. "No solo el CFO tenía conocimiento de esto, sino, entre otros, el P1 tenía que saberlo", escribió el fiscal. "P1" fue el código usado para identificar al sucesor de Havelange en la presidencia, Joseph Blatter, como él mismo admitió.

La FIFA fue castigada por no cuidar sus propios derechos. Como parte de las reparaciones depositó 2.5 millones de francos suizos en una cuenta de la fiscalía. El dinero se destinó a instituciones de caridad. La pena impuesta a Ricardo Teixeira fue devolver 2.5 millones de francos suizos a la FIFA. En cuanto a João Havelange, el abogado de defensa apeló al hecho de que para aquellas alturas ya tenía 94 años de edad. Presentó su declaración de 2008 del impuesto sobre la renta en Brasil, según la cual Havelange tuvo una renta de 87,350 francos suizos (equivalente a 224,521 reales en 2014). Sus bienes en el país sumarían poco más de 13 millones de reales. El fiscal aceptó cerrar un acuerdo que reducía la reparación que Havelange debía pagar a la FIFA, de 2.5 millones a 500 mil francos suizos (1.287 millones de reales en valores actuales). ¡Pobre niño rico!

El abogado de Ricardo Teixeira hizo hincapié en que su cliente no admitía haber cometido ningún ilícito. Thomas Hildebrand respondió: "Debe notarse que ninguno de los acusados admite explícitamente la violación de la ley; sin embargo, eso debe ser colocado en perspectiva por el hecho de que las reparaciones por valores de millones de francos fueron pagadas, lo que puede ser considerado como una confesión implícita de conducta criminal".

- - -

En apariencia, Teixeira perdió el poder. El directivo continúa actuando tras bambalinas. Tiene amigos que cuentan con su silencio sobre lo que hicieron juntos en otros ayeres y no quieren perder sus negocios. En el sorteo de las eliminatorias para el Mundial brasileño, antes de la caída de Teixeira, hubo un ejemplo de cómo esta actitud es rentable. Para organizar el evento, el Comité Organizador Local (COL) recibió 30 millones de reales del erario público. No hubo competencia. La mitad salió de la Secretaría de Deportes y Esparcimiento del estado de Río de Janeiro y la otra mitad de Riotur, una entidad municipal autónoma encargada de promover el turismo. El argumento fue que la ciudad obtendría ganancias a largo plazo. Eso mismo: 30 millones de reales del dinero público a cambio de una vaga promesa de ganancias.

¿Quién se embolsó el dinero? La Geo Eventos, encargada de organizar el sorteo transmitido por TV Globo. ¿Quiénes son los dueños de esta empresa? La propia Globo tiene 57% de las acciones y la RBS, socia de la Globo en el sur del país, tiene el otro 38%; el resto está pulverizado entre varios ejecutivos. La CBF se eximió de toda responsabilidad y afirmó que cabía al COL responder sobre el uso de ese dinero público. Allí, es importante destacarlo, estaba instalada la hija de Teixeira, Joana, en un cargo clave.

Fuera de Brasil, Teixeira todavía puede contar con su amigo Sandro Rosell. Antes de dejar el poder, el directivo protegió a la Globo y también a su amigo. El contrato para promover los amistosos de la selección brasileña con la empresa árabe ISE, firmado por el directivo en Qatar, fue ampliado hasta 2022.

Rosell confirmó que recibió parte del dinero de los amistosos, en Estados Unidos, a través de la empresa Uptrend. Dijo a una estación de radio de Cataluña que solo hizo un buen negocio, nada ilegal, y que consiguió a los mejores adversarios para la selección brasileña. Debe ser muy difícil la tarea de conseguir rivales que quieran enfrentar a la selección cinco veces campeona del mundo. Casi nadie quiere jugar con Brasil, ¿no?

Cuando el acuerdo fue expuesto, se reveló también que Rosell instruyó a la ISE, con base en el paraíso fiscal de las Islas Caimán, en el Caribe, que depositara una cantidad no revelada en una cuenta del Andbank, en Andorra. ¿Sería esta una transferencia a Teixeira? ¿Habría sido este el motivo por el cual el directivo solicitó la ciudadanía en el paraíso fiscal europeo? ¿La cuenta es la misma que Teixeira usó antes en Andorra, cuando hizo un acuerdo con los perjudicados por ISL para devolverles parte de los sobornos que se embolsó? Estas son preguntas que aún no tienen respuesta. Las que existían sobre la empresa Sanud demoraron casi una década para encontrar sus respuestas.

Los negocios de Teixeira pasaban por sus lazos con la TV Globo, heredados de las relaciones históricas entre la emisora y Havelange. La Globo y Teixeira eran socios en las negociaciones de los derechos de televisión de los principales torneos de futbol del país. No obstante, la sociedad se vio afectada una vez, hace trece años, cuando la televisora, de forma inusitada, decidió investigar a fondo las negociaciones del dueño del balón del futbol brasileño. La relación se enfrió y hubo represalias.

FIESTA VIP

Ricardo, el Mundial es un pastel de doce rebanadas. A mí no me importa lo que quieras hacer con las otras once, pero si te metes con la mía yo te trueno.

Juvenal Juvêncio

Orlando [Silva], dile a Ricardo Teixeira que se deje de decir estupideces sobre esta historia del estadio.

Lula

Cuando Ricardo Teixeira asumió la CBF en 1989, la TV Globo ya mandaba en el futbol, y en el país. A finales de aquel año, la emisora consiguió manipular las primeras elecciones presidenciales desde la redemocratización de Brasil. A lo largo de toda la campaña favoreció al candidato Fernando Collor de Mello, socio de la Globo en el estado de Alagoas, donde había sido gobernador. Con el apoyo de la prensa mayor y del empresariado, Collor pasó a la segunda vuelta de las elecciones contra el ex trabajador de la industria metalúrgica Luiz Inácio da Silva, "Lula". Al día siguiente del último debate de campaña, transmitido por la emisora, la dirección determinó que el *Jornal Nacional*, principal noticiero del país, transmitiera una edición del mismo, favorable a Collor. El "Cazador de Marajás",[1] como era conocido el político en su tierra, ganó la contienda.

---

[1] En Brasil se llama marajá a quien vive en la opulencia a costa del erario público, por actos de corrupción. (N. del t.)

Por tanto, al nuevo directivo le convenía ejecutar la política de la buena vecindad o, en buen español, acatar las órdenes de la familia Marinho. Lo fundamental en aquel momento era no meterse con la gallina de los huevos de oro: los derechos de transmisión de los partidos de la selección brasileña. Desde 1978, cuando ayudó a João Havelange con la transmisión del Mundial de Argentina, la Globo poseía los derechos de transmisión de los partidos del Mundial. El suegro ya había instruido a su pupilo sobre que la sociedad con la familia era antigua y que debía ser cuidada con esmero.

La aproximación había comenzado dos años antes, a comienzos de 1976, para tratar los temas de la transmisión del Mundial. A petición de Havelange, Roberto Marinho y su entonces gerente de producción y programación, José Bonifácio de Oliveira Sobrinho, "Boni", recibieron al presidente de la FIFA para un almuerzo en la sede de la emisora, en Río de Janeiro. En su biografía, Havelange describe a Marinho como "un hombre de personalidad y de palabra". La reciprocidad de esta amistad quedó marcada en la memoria del directivo gracias a un episodio que ocurrió muchos años después. En 1994, un amigo de Havelange y Boni fue aprehendido, el jefe de las apuestas clandestinas Castor de Andrade. Castor evadió a la justicia hasta ser apresado en el Salón del Automóvil de São Paulo, disfrazado con un bigote postizo y una peluca negra.

En aquel entonces, el director de la Globo y el presidente de la FIFA eran más que amigos: "En Boni he encontrado a un hermano más joven", dijo el directivo. Los tres se la pasaban juntos. Boni se hizo amigo de Castor gracias a la samba, pues el delincuente, fallecido en abril de 1997, fue patrocinador de la escuela de samba Mocidade Independente de Padre Miguel y ayudó a crear la Liga de Escuelas de Samba de Río. Havelange conoció a Castor en el futbol, como ya hemos relatado, cuando era patrocinador del Club Bangu, y se hicieron amigos del alma. Un reportaje del propio periódico *O Globo*, fechado el 9 de abril de 1994, calificó al presidente de la FIFA como el "aval moral de Castor" y recordó que, según el Ministerio Público, el directivo apareció en la lista de los sobornos de Castor, que andaba por ahí con un "certificado de aptitud" firmado por la propia mano del presidente de la FIFA.

Cuando Castor fue arrestado, el dúo fue hasta el presidio a ofrecerle su solidaridad. Roberto Marinho descubrió por la prensa que su director había visitado a un reo en un presidio y se molestó. En el libro sobre la vida de Havelange, el episodio es narrado de la siguiente manera:

En cuanto lo supo, Roberto Marinho llamó a Boni a su oficina, en el décimo piso de la sede de la TV Globo:
—Boni, estoy muy molesto por el hecho de que hayas ido a visitar a Castor.
—Pero, doctor Roberto...
—No hace falta explicar nada. Sé que fuiste allá por el Carnaval.
—Yo no fui allá por el Carnaval, doctor Roberto. Fui para allá por João Havelange.
—Bueno, entonces por lo menos tenemos una buena disculpa para que yo no me enoje con usted. Me cae bien João Havelange.

Fue en ese ambiente del "todo junto pero revuelto" donde se formó el directivo Ricardo Teixeira. Obtuvo un blindaje por los cuatro costados. Fue protegido, adulado y consentido hasta el día en el que se metió en donde no debía. Ya seguro de sí, con más de una década al frente de la CBF, decidió echarle el ojo a los derechos de transmisión de la selección brasileña.

- - -

Era una noche de viernes, el 17 de agosto de 2001, cuando el programa *Globo Repórter* salió al aire con un gran reportaje llamado "Crisis en la selección brasileña". Por primera vez, y quizás última, Ricardo Teixeira fue atacado por su antiguo aliado.

El programa periodístico presentó una crisis en el futbol brasileño que afectaba a la selección. Con el gancho de la Comisión Parlamentaria de Investigación de Nike, que el *Globo Repórter* llamó Comisión Parlamentaria de Investigación del Futbol, fueron exhibidos los detalles de los hallazgos de la investigación, los escándalos de la CBF y las estafas de Ricardo Teixeira en el exterior. Se presentó así: "En exclusiva en el *Globo Repórter*: las revelaciones secretas de la Comisión Parlamentaria de Investigación del Futbol. Nuestros reporteros siguen la investigación oficial y revelan cómo el dinero del futbol brasileño pasea por los paraísos fiscales y por qué la CBF sufre pérdidas, a pesar del millonario contrato con Nike". A continuación, el hoy presentador Marcelo Rezende desmenuzó las cuentas de la CBF: 30% de lo que recaudaba era destinado a los clubes y el resto al pago de los directivos. Los principales beneficiarios eran Ricardo Teixeira y su tío, Marco Antônio. La CBF había donado dinero incluso para la campaña política de Nilton Teixeira, sobrino del directivo que se había postulado a concejal en Piraí, en el interior de Río de Janeiro.

Según los documentos expuestos por la Comisión Parlamentaria de Investigación, la CBF pagó cenas de los directivos en restaurantes que en aquel entonces pertenecían a Teixeira, y que la agencia que tenía el contrato para los viajes de la selección brasileña pertenecía a Wagner Abrahão. Una extraña transacción financiera hecha por la CBF cerró el tercer bloque. En esa operación la entidad solicitó un préstamo al Delta Bank de Nueva York, pero pagó intereses superiores a los del mercado y parte de ese dinero desapareció. Antes de regresar a Brasil, el dinero pasó por varios bancos y paraísos fiscales, como las Islas Caimán en el Caribe. Dos años después, el Delta Bank estaría entre los involucrados en un esquema monumental de lavado de dinero descubierto por la Policía Federal, que se hizo famoso como el "escándalo del Banestado".

El reportaje puntualizó que el objetivo del cuarto bloque sería el propio Teixeira: "En la búsqueda de ese dinero en los mismos paraísos fiscales, la Comisión Parlamentaria de Investigación encontró pistas sobre negocios de los directivos del futbol brasileño". Para cerrar esta parte, el presentador informó que Ricardo Teixeira había sido buscado por dos semanas y que no había respondido a las acusaciones. Abrió el siguiente bloque con una pregunta: "Pero, ¿qué otra cosa descubrió la Comisión Parlamentaria de Investigación sobre el dinero del futbol brasileño?".

Es probable que el cuarto bloque haya sido el que más ira le provocó al presidente de la CBF. Comenzaba con un ataque directo, que vinculaba el paso del dinero de la Confederación por los paraísos fiscales con el aumento del patrimonio de Teixeira. El reportaje reveló que la Comisión Parlamentaria de Investigación encontró registros de tres empresas *offshore* del directivo, todas con sede en países usados para lavar dinero. Los legisladores descubrieron que, en 1996, El Turf, un bar de Teixeira, contrató un préstamo de 2.5 millones de dólares con la sucursal neoyorquina del Banco Real. Hasta ahí no había nada extraordinario, pero una correspondencia enviada a la sucursal de Río de Janeiro del Banco Real llamó la atención de los diputados. Afirmó el reportaje: "El mensaje decía que en caso de que el préstamo no fuese pagado, la matriz brasileña no necesitaría resarcir a la sucursal estadounidense, puesto que el banco renunciaría al dinero. La Comisión Parlamentaria de Investigación consideró que era raro que un banco no quisiera cobrar una deuda".

La bomba ya había sido lanzada. A Teixeira casi le dio un infarto, literalmente. Dos semanas después de las denuncias de Marcelo Rezende, el presidente de la CBF fue sometido a una angioplastia de emergencia. En su libro sobre los entretelones de los principales reportajes, *Conta Pra Mim (Cuéntame)*, Marcelo Rezende revela que la solicitud para realizar una investigación sobre el presidente de la CBF vino de la dirección de noticias.

Pero, ¿cuándo fue exactamente que se dio esta ruptura entre la Globo y su gran aliado en la CBF, socio de muchos años? Fue por un contrato de la emisora con la CBF que le garantizaba la exclusividad de la transmisión de los partidos de la selección brasileña desde 1999 hasta 2002. El acuerdo preveía que los horarios de los partidos debían ser compatibles con la programación de la TV Globo. Para no estorbar a las telenovelas ni al noticiero estelar, los partidos disputados a media semana comenzaban a una hora absurda, las 21:45 horas; hoy comienzan a las 21:50 horas.

En aquella época la CBF insinuaba que podría abrir la competencia a otras emisoras que quisieran pujar por el contrato de transmisión de los partidos y también que podría cambiar los horarios, que hasta hoy son odiados por los aficionados y amantes del futbol. El reportaje del Globo Repórter era una amenaza directa a Ricardo

Teixeira: o dejaba las cosas como estaban y firmaba con la Globo o sería destruido.

El directivo, sin embargo, no se cruzó de brazos. Después de la transmisión del programa, el presidente de la CBF llamó a su aliado Julio Grondona, presidente de la Asociación de Futbol Argentino (AFA) y le pidió que cambiara el horario del amistoso entre las dos selecciones, programado para el día 5 del mes siguiente. El horario cambió de las 21:45 horas a las 20:00 horas. El cambio le generó pérdidas a la Globo, que dejó de transmitir varios anuncios en el horario más caro de su programación. En una entrevista concedida a la revista *Piauí* diez años después, Teixeira describió así su venganza: "Le pegó a dos telenovelas y al noticiero. ¿Sabes lo que eso significa?".

Un cambio definitivo de este horario para otro más temprano le generaría una pérdida millonaria a la emisora, pero ambas partes llegaron a un acuerdo y la emisora nunca más volvió a molestar al directivo. Quedó para los anales de la historia. La Globo, que hasta había elegido a un presidente de la República, no pudo derribar al mandatario de la CBF. Por el contrario, los directores del área deportiva de la emisora estrecharon sus nebulosas relaciones con el directivo. Teixeira se ganó el estatus de autoridad dentro de la empresa. En las entrevistas recibía el trato de "doctor", a pesar de no haber concluido ni siquiera la licenciatura en derecho.

En 2002, el año siguiente a esa emisión del *Globo Repórter*, la TV Globo renovó el contrato de exclusividad para la transmisión de los partidos de la selección con la CBF, mismo que permanece en vigor hasta el día de hoy.

La paz volvía al reino de los poderosos del futbol brasileño. Ricardo Teixeira se acercó como nunca a Marcelo Campos Pinto, el hombre de la Globo Deportes. Con ellos dos en sintonía, la CBF pasó a ser una extensión de la Globo y viceversa. Licenciado en derecho, el ejecutivo trabajaba en la emisora desde hacía veinte años. Estaba siendo preparado por la familia Marinho y por el propio Teixeira para su sucesión en la CBF después del Mundial de 2014. Un proyecto que naufragó por la ambición y el exceso de confianza del grupo.

--- --- ---

"Ricardo, el Mundial es un pastel de doce rebanadas. A mí no me importa lo que quieras hacer con las otras once, pero si te metes con la mía yo te trueno." Ricardo es Teixeira. El autor de la frase es Juvenal Juvêncio. El pastel son los estadios de las doce ciudades sede, la parte más jugosa de la fiesta que representa organizar un Mundial en Brasil. Juvenal era el presidente del Club de Futbol São Paulo, dueño del estadio Cícero Pompeu de Toledo, el Morumbi. Buscó al presidente de la CBF para reafirmar lo que a él le parecía correcto. Al momento de elegir a Brasil como sede del Mundial, la participación del estadio Morumbi era considerada como un hecho: sería el escenario de la apertura. Sería. Lo único seguro en el futbol brasileño era la palabra final de Ricardo Teixeira.

Corría el año de 2010; el São Paulo se consideraba el principal club del país en aquel momento. Venía de algunas conquistas importantes: su tercer campeonato brasileño (2006, 2007 y 2008), un Mundial y una Copa Libertadores de América (2005). En 2009 quedó en la décima posición en el *ranking* mundial de clubes. Tenía el mayor ingreso entre los equipos nacionales, principalmente proveniente de la recaudación de su estadio por conceptos de publicidad, taquilla, palcos y renta. Se autoproclamaba "soberano". Todo esto le daba a Juvenal la sensación de que podía con Teixeira y fue a intimidarlo.

Hacía tiempo ya que la relación entre Teixeira y los clubes era acalorada. Menos de dos años antes había sido reelecto como presidente de la CBF con todos los votos, incluso el del São Paulo, que nunca tuvo al directivo entre sus preferidos (en el escrutinio anterior, en 2003, solo el São Paulo y el Vitória, de Bahía, no apoyaron a Teixeira). El club de São Paulo buscaba el acercamiento para garantizar la participación de su estadio en el Mundial.

Sin embargo, la cordialidad y el dinero rara vez se mezclan. En el mundo del futbol esta hipótesis es nula. El Mundial, como todos sabían, traería una avalancha de dinero y nadie quería quedar fuera.

El São Paulo no quería ni aceptaba esa hipótesis. El club se consideraba demasiado grande como para que lo dejaran fuera de un evento de ese calibre. De su lado tenía a toda la opinión pública, con un discurso unánime de que no tenía sentido dejar fuera del Mundial al principal estadio de la ciudad, que incluso sería reformado. No había ningún argumento moral que sustentara la exclusión.

Cuestionado sobre la autoría de la frase sobre la división del pastel, el directivo de São Paulo suelta una carcajada típica de quien vio incendiarse el circo. Frente a nuestra insistencia, él confirma el tenor del monólogo con otras palabras. Quien navega por las cloacas que inundan el futbol brasileño, sin embargo, garantiza que esos fueron los términos exactos. Ni más ni menos. No sabemos cómo fue que reaccionó el presidente de la CBF ante la frase de Juvenal. El hecho es que desde entonces ellos se volvieron enemigos feroces.

Con su estilo callado para triturar a los adversarios, Teixeira se tragó el pedazo de pastel de Juvenal y se chupó los dedos. El 16 de junio de 2010 el estadio del São Paulo fue oficialmente excluido del Mundial. Menos de dos años después Ricardo Teixeira tomaría el mismo rumbo que el Morumbi, con la efusiva colaboración de Juvenal Juvêncio.

- - -

La amenaza del presidente del São Paulo surgió cuando quedó declarada la guerra entre la CBF y el Club de los 13, la entidad que reunía a los mayores equipos del país. Como ya hemos relatado, el C13 se creó en 1987 ante el desorden en el que se encontraba el futbol brasileño. Su objetivo inicial era organizar el campeonato nacional de ese año, pero las cosas no quedaron ahí. La organización creció y se convirtió en la protectora de los intereses políticos y económicos de los clubes más importantes del país, en particular la negociación de los derechos de transmisión. En ese sentido, la Globo, que fue socia del grupo desde su nacimiento, siempre tuvo prioridad. No obstante, tener el poder de escoger al comprador era un arma poderosa en las manos del C13. Ricardo Teixeira y la Globo sabían eso. Para ellos la solución era obvia: tomar las riendas del grupo.

Fabio Koff, un juez y magistrado retirado, presidente del club Grêmio de Porto Alegre, presidió el C13 desde 1995. El directivo siempre tuvo una relación difícil con Teixeira. Sin embargo, en 1998 aceptó su invitación para ser el jefe de la delegación brasileña en el Mundial de Francia. Fue muy criticado por eso, incluso por los integrantes del C13. Aun así se mantuvo firme en la presidencia, de la cual recibía un salario líquido de más de 50 mil reales mensuales.

A comienzos de 2010 inició su campaña por un sexto mandato. Para derrotarlo, el presidente de la CBF llamó a la cancha a Kleber Leite, un periodista y empresario que había concluido su mandato como presidente del club Flamengo a mediados de 2009. La característica más importante de Leite era la de ser dueño de la empresa de mercadotecnia deportiva Klefer, antigua socia de la CBF y de la TV Globo. (Nota: poco antes de abandonar la presidencia de la CBF, Teixeira le vendió a Klefer los derechos de transmisión de las eliminatorias del Mundial de 2018.)

En público, Kleber Leite dijo que su candidatura atendía a una solicitud de dos clubes: el Cruzeiro y el Corinthians. Al frente del club São Paulo, dueño de la segunda mayor afición del país, estaba otro socio de Ricardo Teixeira: Andrés Navarro Sánchez. El directivo del Corinthians, quien se convertiría en el gran defensor del jefazo de la CBF, es uno de los dirigentes más polémicos de la historia reciente del futbol brasileño. Hijo de una pareja de españoles, empezó a trabajar de niño en el puesto de frutas de la familia en la Central de Abastos de São Paulo. Trató de ser jugador a los catorce años, cuando pasó por el "filtro" del Corinthians como lateral derecho, pero su plan no funcionó porque él ya fumaba y bebía. Interrumpió sus estudios antes de entrar a la universidad y se fue a trabajar en los negocios de la familia, que cambiaron de giro hacia el ramo de la industria del plástico. A lo largo de los años creó una extensa red de empresas alrededor del nombre de la familia Navarro Sánchez, todas gravitando en torno a la empresa Sol Embalagens. Se abrieron y cerraron empresas en una suerte de maraña que Hacienda aún trata de desenredar. Algunas vieron sus bienes congelados por irregularidades, pero hasta ahora no se les ha comprobado nada ilegal.

En la actualidad Andrés Sánchez dice a sus amigos que se separó de las empresas y que dejó todo en manos de sus familiares. Eso sucedió después de su ingreso al pelotón de frente de los directivos brasileños. Todo comenzó cuando a sus 27 años fundó la porra organizada Pabellón 9, cuyo nombre hacía referencia a uno de los sectores del Complejo Penitenciario de Carandiru, el mismo pabellón que dos años después presenció la pelea que culminó con una masacre de 111 presidiarios en una de las más truculentas acciones de la Policía Militar de São Paulo. La porra creada por Sánchez contaba con algunos ex presidiarios del Pabellón 9; el uniforme de la porra organizada es de rayas horizontales blancas y negras, como la de los reos, y sus mascotas son los Chicos Malos, la pandilla de ladrones creada por Walt Disney.

Socio del club desde su niñez, Andrés Sánchez empezó a trabajar como coordinador en las divisiones de base del Corinthians y se ganó la confianza del entonces presidente, Alberto Dualib. Con la elección de Lula en 2002, Sánchez creció en el interior del club y hasta hoy hace alarde de su amistad con el líder del Partido de los Trabajadores (PT), al cual también está afiliado desde la década de los ochenta y por el cual debe figurar como candidato a diputado federal en 2014. Pero el gran paso del directivo se dio en 2004, cuando fue uno de los responsables de la controvertida sociedad entre Corinthians y Media Sports Investment (MSI), del multimillonario ruso Boris Abramovich Berezovsky, fallecido en 2013. La empresa le inyectó dinero al club São Paulo para que realizara contrataciones importantes, como los argentinos Carlitos Tévez y Javier Mascherano. Frecuentador de las noches de São Paulo, Sánchez se ganó de inmediato la amistad del enigmático Kia Joorabchian, el representante de MSI en Brasil. Con el apoyo del iraní llegó a ser director de futbol del club.

Sin embargo, en el 2006 la sociedad se convirtió en un caso policial. Joorabchian y Dualib fueron acusados por el Ministerio Público Federal y por la Policía Federal de lavado de dinero y asociación delictiva (el proceso seguía su curso en los tribunales al momento de escribir este libro). A ambos se les dictó auto de formal prisión. En septiembre de 2007 Dualib cedió a las presiones y renunció a la presidencia del Corinthians. A pesar de ser el responsable por la sociedad y de verse involucrado en las intervenciones telefónicas de la Policía Federal, Andrés Sánchez nunca fue acusado de participar en el ilícito, por lo que quedaba habilitado para asumir la vacante dejada por su antiguo colega.

Sánchez se sentó en el trono y pocos meses después el Corinthians sufrió el peor revés de su historia: la caída de categoría en el Campeonato Brasileño. Desde esa humillación, el directivo cambió la historia del club. Suele decir que "hay un Corinthians antes de mí y otro después de mí". Al final del año siguiente el equipo conquistó el título de la Serie B y a continuación anunció la contratación del delantero Ronaldo "Fenómeno". En 2009 intensificó su lucha por el poder en la dirección de la CBF. Se pegó de tal manera a Ricardo Teixeira que consiguió rehacer la relación entre el todopoderoso del futbol brasileño y la estrella de su equipo, Ronaldo. Esa relación de Sánchez con el presidente de la CBF se extendía hasta la Globo. El presidente del Corinthians pasó a ser el líder del dúo dentro del Club de los 13.

Preocupado por el fuerte cabildeo, Fabio Koff adelantó las elecciones del C13 en el 2010, de noviembre al 12 de abril, y tuvo que trabajar con otro nombre de peso: Juvenal Juvêncio, abogado, ex diputado estatal, ex investigador de policía, uno de los caciques del futbol de São Paulo desde la década de los ochenta. Juvêncio quedó como vicepresidente en la lista. Los dos eran casi octogenarios —ambos nacieron a inicios de la década de los treinta— pero se vieron obligados a correr contra el reloj para evitar la desbandada. Ambos tuvieron mucho trabajo. Del otro lado hubo muchas promesas y presiones: la CBF llegó a prestarle dinero al Botafogo, que cambió de lado, y la Globo le adelantó dinero al Corinthians.

Fabio Koff venció a Kleber Leite por doce votos contra ocho. "Fue un acto de heroísmo de los clubes que permanecieron junto a Koff, que no se dejaron influir por las presiones. El Club de los 13 es el último bastión de los clubes. Las federaciones están tomadas y no representan nuestros intereses", declaró el hiperbólico Juvêncio al término de la contienda. Y dejó una intrigante frase en el aire: "Si yo contara los entretelones de esta votación...".

La guerra había comenzado; el intercambio de agravios y represalias dominaron la escena del futbol brasileño durante todo el 2010. Dos meses después de la contienda por el mando del C13, Ricardo Teixeira le asestó el mayor de los golpes a su principal enemigo: el Morumbi fue oficialmente excluido del Mundial de Brasil. La FIFA quería que el São Paulo hiciera una reforma de 630 millones de reales pero el club presentó un proyecto de 265 millones, casi un tercio. El Morumbi fue desacreditado. Acto seguido, Juvenal Juvêncio volvió a amenazar y esta vez públicamente. Horas después del anuncio, el club São Paulo emitió una nota oficial de 700 palabras con un enigmático final: "La justicia es hija del tiempo. El tiempo es señor de la razón. El tiempo dirá y nosotros también".

- - -

El estadio del São Paulo quedó "frito" incluso antes de que se anunciara oficialmente que Brasil sería sede del Mundial. "Todo el mundo sabe que el Morumbi no tiene estacionamiento y que está en el medio de una de las zonas más caras de la ciudad. Habría que hacer una reforma muy complicada en términos financieros", dijo Ricardo Teixeira en enero del 2007.

Con varios "puntos ciegos" (asientos en el estadio con la visibilidad perjudicada por la estructura de sustentación) y una gran distancia entre la cancha y la platea, el Morumbi fue blanco constante de las críticas francas y veladas del presidente de la CBF y de Jérôme Valcke, secretario general de la FIFA. Ricardo Teixeira tenía cien millones de motivos para no seleccionar a ese estadio para el Mundial.

Desde el 31 de mayo de 2009, cuando las doce ciudades sede fueron escogidas en las Bahamas, las islas del Caribe tan apreciadas en el mundo del balón, la presión aumentó. Intereses políticos y "económicos" forzaban la construcción de un nuevo estadio en la ciudad más rica del país y eran confrontados por las críticas de la opinión pública. "El São Paulo está haciendo de todo para adecuarse a las normas del cuaderno de requisitos, pero lo que uno siente es que a la FIFA lo que le gustaría realmente sería tener un estadio para inaugurar el Mundial, como sucedió en Alemania, en Múnich, y en Sudáfrica, en Johannesburgo", dijo después Caio Luiz de Carvalho, coordinador del Comité Paulista responsable de la organización del Mundial en la ciudad de São Paulo.

En ese periodo de la disputa, Juvenal echó mano del teléfono, en 2009, para llamar a Lula, de quien se considera un "amigo personal". El 23 de junio de ese mismo año el entonces Presidente de la República llegó en helicóptero a la cancha del Morumbi. Era una visita oficial para dar prestigio al estadio. Para no dejar dudas sobre su objetivo, se hizo acompañar por una comitiva que incluía a la primera dama, Marisa Letícia; el ministro del Deporte, Orlando Silva; el ministro de Turismo, Luiz Barretto; el alcalde de la ciudad, Gilberto Kassab; el presidente de la Federación Paulista de Futbol, Marco Polo del Nero; y hasta el presidente del Corinthians, Andrés Sánchez. ¿Cree que faltó alguien en esa lista? La persona más importante no estuvo presente: Ricardo Teixeira no se molestó en asistir al evento. Irritado con la postura del presidente de la CBF, Lula dijo al ministro del Deporte, frente a varios testigos: "Orlando, dile a Ricardo Teixeira que se deje de decir estupideces sobre esta historia del estadio".

El presidente de la CBF no solo no se detuvo sino que tan solo un año después, cuando salió derrotado de la batalla por la dirección del Club de los 13, hizo que la FIFA desacreditara al Morumbi. Quería demostrar, de una vez por todas, quién era el que mandaba en el futbol brasileño. Para esto se valió de una estrategia perfecta. Presentó una alternativa que de una forma u otra agradaba a muchas de las personas que participaron en la visita al Morumbi: postular para la inauguración del Mundial a un estadio del club más popular de São Paulo. Era la oportunidad del Corinthians de entrar al juego.

A muchos se les hacía agua la boca ante la posibilidad de realizar una gran obra en la capital financiera del país con la aportación de recursos públicos. A pesar de las promesas de no utilizar dinero del municipio en el proyecto, el entonces alcalde Kassab ya se enfocaba en una alternativa para el Morumbi, incluso meses antes de la exclusión de la FIFA; una arena multiusos en el barrio de Pirituba, al norte de la capital. Una semana después de la exclusión del estadio, el alcalde ya tenía en sus manos el proyecto completo del "Piritubão", listo para presentárselo a los organizadores del Mundial. Promotor del *boom* inmobiliario que vivió la ciudad durante su gestión, Kassab, que antes había sido agente inmobiliario, decía que un estadio aceleraría el desarrollo de la zona. Esa ferocidad inmobiliaria se convirtió en la escena del mayor escándalo descubierto durante la gestión del alcalde, conocido como la "mafia del ISS", cuando se difundió que los fiscales de la ciudad recibían sobornos de las constructoras para reducir el valor del impuesto sobre servicios que debían pagar por las obras. Testigos de los hechos acusaron al alcalde Kassab de estar involucrado en la corrupción, así como a su secretario de Finanzas, Mauro Ricardo Costa, y a Marco Aurélio Garcia, hermano del secretario estatal Rodrigo Garcia, compañero político de Kassab.

En la disputa por el estadio sede del Mundial, el principal aliado de Kassab, el entonces gobernador José Serra, corría por afuera. "Serra no quería al Morumbi en el Mundial", dijo Juvenal Juvêncio. "Es *fan* del Palmeiras, de esos capaces de arrodillarse frente a la televisión." Pero no era solo la decisión de un aficionado. Como consejero del Palmeiras, movía sus fichas para que el nuevo estadio de su club llenara la vacante en el Mundial. "No hablen del Mundial [como el objetivo del nuevo estadio] porque eso se nos va a caer encima", le dijo supuestamente Serra a los directivos del club Palmeiras en una reunión en el Palácio dos Bandeirantes, sede del gobierno del estado, según la revista *Placar*.

Las intenciones de Serra iban más allá. Durante la construcción del nuevo estadio del club, la Arena Palestra, una de las empresas contratadas por el Palmeiras fue la PluriSport S.A., del ingeniero Vladimir Antonio Rioli. El empresario trabajó durante muchos años para el extinto Banespa y llegó a ser condenado a prisión por su mala gestión. Más que eso, fue recaudador de campaña del Partido de la Socialdemocracia Brasileña (PSDB) y socio de... Serra. Durante nueve años, Rioli y Serra fueron socios en la empresa Consultoria Econômica e Financeira, Ltda.

La postura del ex gobernador en el caso del estadio de São Paulo es criticada hasta hoy. En marzo de 2014, de manera sorpresiva, el economista Luís Paulo Rosenberg, vicepresidente del Corinthians y uno de los responsables por el proyecto del Itaquerão, criticó la (falta de) postura del gobierno del estado en relación con la FIFA. "Continúo creyendo que la inauguración debería darse en el Morumbi. El gobernador debió decir: 'aquí no manda cualquiera como para que la FIFA venga a decir que un estadio de ese tamaño, con 250 millones de reales de reformas que el São Paulo quería hacerle, no sirve para la inauguración del Mundial'. Lo encuentro absurdo", dijo Rosenberg en una entrevista concedida al periodista Ricardo Perrone. "¿Quién dijo que Brasil tiene que hacer la inauguración en el estadio más moderno del mundo? No hace falta. ¿Por qué no puede hacerse en el Morumbi? Como economista digo que la solución más racional sería realizar la inauguración en el Morumbi." Para el directivo, "fue un error" que el Corinthians hubiese aceptado la inauguración del Mundial. Con un costo muy superior a lo previsto, el Itaquerão finalmente sería entregado a la FIFA antes de la conclusión de las obras, pocos días antes del Mundial, por culpa de la negligencia de algunos y la gula de otros.

En abril de 2010, dos meses antes de que retiraran las credenciales al Morumbi, Serra abandonó el gobierno del estado y la lucha por los estadios para postularse a la presidencia de la República. Dejó el conflicto en manos de su vicegobernador, Alberto Goldman, que poco pudo hacer. Con Serra derrotado en las urnas y sin el mismo capital político, Goldman fue avasallado por la voluntad de Kassab y por la complacencia de Lula ante el proyecto propuesto por Teixeira para el Corinthians.

Al mes siguiente, el mandatario Lula recibió a la plana mayor de la CBF y a la selección brasileña en el Palácio da Avorada. El Presidente había solicitado el encuentro para desear "buena suerte" a los jugadores que participarían en el Mundial de Sudáfrica 2010. Recibir la bendición de Lula fue el último compromiso del equipo antes de embarcarse hacia Johannesburgo. La única cosa más vergonzosa que el desempeño de la selección en aquel Mundial, donde cayó frente a Holanda en los cuartos de final, fue la posición de Ricardo Teixeira en la foto oficial de la visita en el Alba: prensado entre Lula y Andrés Sánchez, el presidente de la CBF quedó en una situación extraña, sin saber dónde poner su mano.

Sánchez salió bien en la foto. Fue el único vencedor en África: además de ser el jefe de la delegación brasileña, regresó con la seguridad de que la inauguración del siguiente Mundial sería suya. Tan solo un mes después declaró al periódico *O Estado de São Paulo* que el estadio ya era una realidad. El Itaquerão era la oportunidad del Corinthians de anunciar la construcción de su propia arena, en el año del centenario del club. A pesar de su esfuerzo inicial para garantizar el lugar del Morumbi en el Mundial, el Presidente de la República vio en el proyecto de Teixeira una oportunidad de satisfacción personal y de realización política, de manera que le dedicó todo su empeño.

Lula se ofreció a viabilizar el estadio. Para esto se aproximó a Emílio Odebrecht, de quien se hizo muy cercano, para solicitar su ayuda para la construcción del Itaquerão. Dueño de una de las mayores constructoras del país, el empresario fue convencido de que debía financiar la obra y a cambio recibió la promesa de ayuda del erario público. "Los que hicimos este estadio fuimos Lula y yo. Les garantizo que va a costar más de mil millones de reales. Punto. Nadie más se metió en la cuestión financiera. Solo Lula, Emílio Odebrecht y yo", dijo Andrés a la revista *Época*.

Cuestionado por la revista *Brasileiros* sobre cómo fue que el entonces Presidente entró al proyecto, el directivo fue enigmático: "Si yo te cuento, él y yo 'tamos' muertos. [No lo cuento] ¡Ni a palos!". Como consejero del club, Lula ayudó a quitar del camino todos los obstáculos burocráticos que impedían la construcción del estadio. Por su paciencia y cooperación, Emílio Odebrecht recibió el título de "asociado benemérito" del club.

Sánchez dice que ni él ni el Presidente proyectaron el estadio para ser sede del Mundial. Lula prefería el estadio del São Paulo en el Mundial para evitar posibles acusaciones de uso de su poder político en favor de su club. No obstante, en medio del proceso prefirió no chocar de frente con la FIFA para imponer el Morumbi y aceptó de buen grado el gesto que Ricardo Teixeira y Jérome Valcke otorgaban al Corinthians. Lula dio una palmadita en la espalda a su amigo Juvenal Juvêncio y cargó el cambio de estadio a la cuenta de los directivos.

- - -

Después de ese tiro de bazuca, al Club de los 13 solo le quedó un arma: los derechos de transmisión del Brasileirão. Koff anunció que pretendía hacer un "proceso de licitación" para la renovación del contrato con la Globo y retirar la cláusula que siempre le dio prioridad a la familia Marinho. La emisora de Río de Janeiro pagaba al Club de los 13 en promedio 300 millones de reales cada año. Con este cambio, la expectativa era aumentar la recaudación a más de mil millones de reales. Las otras emisoras se alborotaron, especialmente la Record. El Consejo Administrativo de Defensa Económica (CADE) y el Ministerio Público Federal (MPF) entraron en el circuito, declararon ilegal la cláusula que favorecía a la Globo y orientaron al C13 en el sentido de que abriera las puertas a todos los interesados en participar en el proceso de venta de derechos.

En diciembre, Koff dio una demostración pública definitiva de que la relación entre los clubes, la CBF y la Globo había cambiado para siempre: contrató a una empresa para saber cuál era la hora preferida de los aficionados brasileños para ver los partidos. El resultado arrojó que en las ciudades medianas el horario preferido era las 20:30 horas; en las grandes preferían las 21:00 horas, por el tránsito. ¿Se acuerdan de la frase de Ricardo Teixeira sobre su venganza contra la Globo? "Dos novelas y el noticiero estelar. ¿Sabe lo que eso significa?". La única diferencia en los resultados de la encuesta encargada por el C13 es que el horario se empalmaba "solo" con una novela y el noticiero estelar, las dos audiencias más importantes y el horario de mayor facturación de la TV Globo.

A pesar de que el C13 informó que la encuesta era para uso interno, también era una clara provocación. La idea era convocar, el siguiente año, a un foro de debate con la participación de la prensa, las secretarías de seguridad pública, los clubes, la CBF y el Ministerio del Deporte para discutir los horarios de transmisión de los partidos. La bomba estaba lanzada.

Ya catapultada hacia el segundo lugar en la preferencia de la audiencia, la TV Record fue la primera en mostrar interés en la disputa con la Globo por la transmisión del Campeonato Brasileño. La emisora de São

Paulo había adquirido los derechos exclusivos de los Juegos Panamericanos y de las Olimpiadas que se celebrarían en 2011 en Guadalajara y en 2012 en Londres, respectivamente. Estaba, por tanto, invirtiendo fuerte en el deporte; además de la Record, la RedeTV! y la SBT entraron en la disputa con la Globo, que tiene a la TV Bandeirantes como socia de transmisión. La emisora de Silvio Santos [SBT] hizo apenas prospecciones y no continuó con las conversaciones.

El proceso de licitación, conducido por el director ejecutivo de la organización, Ataíde Gil Guerreiro, consejero del São Paulo, estaba previsto para concluir en marzo del 2011. Con esta contienda, los clubes se proponían duplicar su recaudación por concepto de transmisiones televisivas. Pero la licitación se cerró antes de lo previsto; el 22 de febrero, Andrés Sánchez comunicó la separación del Corinthians del Club de los 13. Según el directivo, las negociaciones no se conducían correctamente. Al día siguiente anunció su desafiliación definitiva: "El simple hecho de que durante la reunión de ayer de la comisión de negociación del Club de los 13, su director ejecutivo, en medio de las discusiones, haya llamado a un alto ejecutivo de una de las emisoras competidoras para saber su opinión sobre una deliberación en debate (hecho confirmado por dos miembros de la comisión de televisión) demuestra que este proceso no se está conduciendo con imparcialidad y mancha de forma indeleble la imagen de los trabajos que se están haciendo", dijo Sánchez en una carta enviada al C13 para justificar la salida del Corinthians.

Así comenzó la implosión de la organización que había nacido en 1987 para defender a los grandes clubes. Ese mismo día, los cuatro equipos más importantes de Río de Janeiro siguieron el mismo camino del Corinthians. Flamengo, Vasco, Fluminense y Botafogo no se desafiliaron, pero comunicaron al C13 que harían las negociaciones de los derechos de transmisión de sus partidos por su cuenta, por "no considerar adecuada la forma en la que el Club de los 13 condujo, frente a sus asociados, el proyecto del nuevo contrato de transmisión". El resumen de la historia es que tanto el Corinthians como el Flamengo, con las dos mayores aficiones de Brasil, ya habían cerrado acuerdos con la Globo.

Según lo previsto en el guion de este entremés teatral, al día siguiente, 25 de febrero, la Globo emitió una nota de prensa para informar que ya no participaría en la licitación del Club de los 13. En un texto poco claro trató de explicar que la solicitud de los clubes era demasiado alta:

Las condiciones impuestas en la carta de invitación no armonizan con nuestros formatos de contenidos y de comercialización, que se basan exclusivamente en la audiencia y en la pauta publicitaria, siendo incompatibles con la vocación de la televisión abierta que, por ser incluyente y gratuita, es la principal fuente de información y entretenimiento para la mayoría de los brasileños. Por tanto, por respeto al interés del público, la Red Globo siente que no puede participar en esta licitación y pretende mantener diálogos con cada uno de los clubes para poder llegar a un formato para la competencia por los derechos de transmisión que privilegie a la parte más importante de este evento: el público.

El resumen de esta nota era: la Globo está firmando contratos exclusivos con los clubes y dándole la vuelta al Club de los 13.

Cuestionado sobre la postura de la emisora de Río de Janeiro, el Club de los 13 mostró una falsa sorpresa: "Esta organización lamenta el hecho de que la emisora haya alterado abruptamente su posición, toda vez que desde la creación del Club de los 13 la Red Globo siempre fue nuestra socia en la construcción y en el fortalecimiento del futbol brasileño". Pero la verdadera respuesta vino más tarde. En una entrevista concedida a Juca Kfouri, Fabio Koff fue mucho más incisivo: "Esa ruptura con el Club de los 13 es cosa de Ricardo [Teixeira] y de Marcelo [Campos Pinto]. Sus casas de fin de semana son vecinas y ellos traman todo en las comidas que hacen. Andrés Sánchez vino a mi oficina, me halagó profusamente y de paso me avisó que el Corinthians se salía. Yo le respondí que lo entendía, que admitía que todo el que entra siempre puede salir, pero que quería saber el motivo. Me dijo que cuando alguien toma un rumbo debe seguir hasta el fin. '¿Pero qué rumbo?', pregunté. 'El rumbo, el rumbo', me contestó".

En una entrevista de la cadena ESPN, el presidente del Atlético MG, Alexandre Kalil, reveló la conversación que mantuvo con Sánchez sobre este tema: "Hablé con él y le pregunté: '¿Qué has hecho?'. Porque él puede ser de todo, pero no tiene un pelo de tonto", afirmó Kalil. "'Kalil, me estoy ganando un estadio', me dijo. Entonces yo me di vuelta y me fui, porque si a mí me diesen un estadio yo también patearía la mesa." Cuestionado sobre la supuesta declaración, Sánchez dijo que Kalil era un "mentiroso".

La decisión del presidente del Corinthians de atacar al Club de los 13 tuvo su precio: la venganza de Juvenal Juvêncio. La implosión de la organización era la segunda derrota del presidente del São Paulo ante su adversario, que ya había conseguido el Itaquerão para la inauguración del Mundial. El día 3 de mayo el presidente del Corinthians fue invitado a una reunión del Club de los 13. Se trataba de un encuentro a puertas cerradas para discutir ideas, debatir las negociaciones con la Globo y reflexionar sobre el futuro del C13. Parecía una trampa. Despistado por naturaleza, Sánchez siempre dice lo que no debe cuando el micrófono está encendido; ya dentro de un recinto cerrado, pierde la compostura por completo. Quien lo invitó lo sabía muy bien. Tal vez por eso dejó encendida una cámara, sin el conocimiento del presidente del Corinthians.

Tres días después de la reunión, Juca Kfouri filtró la información de que Sánchez había insultado a la Globo. Kfouri dio la noticia y fue cuestionado por todos lados sobre la veracidad de la información. El día 18 el periodista recibió el video. De pie, en uso de la palabra y frente al micrófono, Sánchez suelta la perla: "Efectivamente, soy amigo de Ricardo Teixeira. También soy amigo de la Globo, a pesar de que [los de la Globo] son unos gánsteres. No sé de quién soy amigo... Yo no tengo ese problema… no. ¡Esto se acabó! Yo veo por mi club". A continuación se oye una única carcajada, al fondo.

El directivo del Corinthians se volvió loco con la filtración del video y tuvo que disculparse públicamente con su socia, la TV Globo. Fue un claro intento de quemarlo con la emisora. En una entrevista colectiva, Sánchez fue directo: "Sabía que Juvenal era prepotente, engreído, pero no sabía que era una rata [sic]. No solo yo creo que él lo filtró: Ataíde [Gil Guerreiro] lo confirmó". El hecho es que para aquellas alturas todos ya habían hecho acuerdos individuales con la emisora de Río de Janeiro, incluso el São Paulo.

Buscamos a Fabio Koff. Le contamos sobre nuestro proyecto para un libro y le dijimos que nos gustaría hacerle algunas preguntas. Lo que nos dijo fue intrigante:

Su llamada me dejó un poco perturbado. Le prometí a mi familia que no me metería más en estas cuestiones de naturaleza política por todo lo que pasó, que fue muy desgastante para mí. Yo me sentí abandonado, solo en una pelea de perros grandes. Me gustaría que usted me diera un tiempo para pensarlo. Hay muchas cosas que contar, muchas cosas que no fueron dichas. Los temas que ustedes están abordando creo que son muy interesantes. Es el registro histórico de un momento que no debe regresar. Es necesario hacer este testimonio para que esto no suceda de nuevo más adelante, con los mismos o con otros personajes. Entonces, denme un tiempo para pensar. Repito, creo importante el registro que ustedes están haciendo. Pueden llamarme mañana.

Koff nunca más atendió nuestras llamadas.

- - -

Pero si bien el Club de los 13 ya es historia antigua, después de esta guerra la TV Globo salió con el bolsillo bien mermado. Se calcula que solo con el Corinthians y el Flamengo la Globo desembolsó 200 millones de reales, es decir, ¡66% de lo que pagaba antes a todos los clubes! Ataíde Gil Guerreiro, el director ejecutivo del C13, resultó perdedor en la guerra pero salió satisfecho: "Marcelo Campo Pinto me dijo que los Marinho no pueden ni escuchar mi nombre. Me dijo que yo les ocasioné pérdidas por dos mil millones de reales".

Y la Record no podía ni escuchar el nombre de Ricardo Teixeira. Diez años después que la Globo, ahora había llegado la oportunidad de que la emisora de São Paulo expusiera la verdad sobre el presidente de la CBF. Fue entonces cuando nosotros entramos a la cancha. La dirección de la emisora decidió encargar esta misión a profesionales sin ningún vínculo con el periodismo deportivo. El objetivo era presentar el lado sucio del futbol, el juego duro, el juego profesional, no el que se muestra a los telespectadores y se juega en los estadios.

Del 12 de junio al 5 de septiembre de 2011 salieron al aire 18 notas que expusieron a Ricardo Teixeira y sus socios. La primera apareció en el programa *Domingo Espectacular*. En un reportaje especial de nueve minutos, la gran novedad fue la revelación de la lista de 21 pagos de soborno que la empresa Sanud había recibido de ISL. La lista, que era parte de la investigación suiza, era la prueba más contundente hasta entonces del vínculo entre el directivo, la Sanud y la empresa usada para pagar sobornos a los directivos de la FIFA.

Los reportajes continuaron en el programa *Diario de la Record* con la serie *Juego Sucio*. Mostramos la vida de lujo de Teixeira, los negocios oscuros del directivo en Brasil, que involucraban a varios personajes como el entonces presidente del Barcelona, Sandro Rosell, que apareció en el escandaloso episodio del partido amistoso de la selección brasileña contra la de Portugal.

Diversos medios de comunicación de Brasil y Europa hicieron eco de las notas de la Record. Con acceso a los documentos que nosotros habíamos conseguido, la influyente revista británica *The Economist* hizo un perfil de Teixeira en el que narró "los autogoles del Señor Futbol". El texto fue escrito por el reportero suizo Jean François Tanda. Como es común en el ambiente del periodismo, comenzamos a intercambiar información con Tanda, con el británico Andrew Jennings y con otros colegas europeos; esto era necesario frente a un escándalo global.

Ya en Brasil, los reportajes fortalecieron la indignación popular que culminó con el movimiento "Fuera Ricardo Teixeira" y las protestas que se derivaron de éste. El gobierno quedó en una situación embarazosa y Teixeira se quedó solo. Los reportajes tuvieron como resultado la reapertura de una investigación iniciada por el Ministerio Público Federal de Río de Janeiro, una investigación de la Policía Federal y una solicitud de investigación en el Congreso Nacional. Ricardo Teixeira se volvió loco.

El presidente de la CBF estaba acompañado por la periodista Daniela Pinheiro, de la revista *Piauí*, cuando comenzó el bombardeo. Con la autorización del director de comunicación de la empresa, Rodrigo Paiva, la periodista viajó con Teixeira, incluso a Zúrich, y lo acompañó en sus paseos, reuniones y almuerzos. El tiro de Paiva le salió por la culata. El perfil publicado por la revista *Piauí* fue desastroso para el directivo. Bajo el título de "El presidente", y con una caricatura del logotipo del Mundial de Brasil 2014 con el rostro de Ricardo Teixeira en lugar del globo terráqueo, el reportaje de 17 páginas exhala la insolencia del directivo. Cuestionado por la periodista sobre cómo reaccionaba ante las denuncias, él contestó como un lord inglés: "No me importa. Además, cagué. Cagué un montón".[2] En aquel momento Teixeira mantenía la misma línea de raciocinio de los años ochenta: "Solo me voy a preocupar, mi amor, cuando salga en el noticiero estelar de la Globo".

La emisora de Río de Janeiro hizo su esfuerzo para blindar a Teixeira. La periodista cuenta que un equipo de la Globo fue despachado a Zúrich con el objetivo de entrevistar al presidente de la CBF sobre los preparativos del Mundial. "Ejecutivos de la Federación, incluso Teixeira, hablaron largamente sobre las obras de infraestructura en Brasil, la construcción de los estadios y las ciudades sede de los partidos. A pesar de todas las denuncias sobre corrupción y soborno, la Globo no hizo ninguna pregunta sobre el tema." En otro momento la reportera cuenta que Teixeira recibió una llamada telefónica de un representante de la empresa Match, que quería saber si en la entrevista agendada con la TV Globo le harían preguntas sobre los altos precios de los hoteles y restaurantes en el Brasil. "No va a haber nada de eso, está todo bajo control", le dijo Teixeira.

Match Hospitality fue la empresa suiza que comercializó las entradas VIP de la FIFA para el Mundial de Brasil; entre sus socios figura una empresa presidida por Philippe Blatter, sobrino de Joseph Blatter. Fue a la empresa Match a la que Traffic, de J. Hawilla (el mismo mencionado anteriormente), y el Grupo Águia, de Abrahão (el mismo de antes, también) le compraron los derechos exclusivos de las ventas de estos paquetes de lujo. ¿Comprende?

Pero las cosas no estaban tan "bajo control" como quería el directivo de la CBF. Nuestras notas comenzaron a salir del horno. Daniela relata en su reportaje que el día en que Teixeira se enteró de lo que estaba sucediendo:

---

[2] Se refiere a que tuvo suerte, mucha suerte. La traducción literal obedece al interés de preservar la ironía de la frase del autor. (N. del t.)

Llovía con intensidad y el celular de Paiva no tenía descanso. En otra llamada alguien le avisó que un reportaje "explosivo" sobre Teixeira sería exhibido el domingo en la Red Record. Él reaccionó maldiciendo a la emisora, a los periodistas, a los portales de noticias y a toda la prensa en general. Dijo que no le preocupaba porque el programa de la red de la Iglesia Universal le iba a "comer el *rating*". Hasta le parecía algo bueno: "Cuanto más palo me da la Record, más crédito gano con la Globo". Con el pasar de los días, sin embargo, tuvo la sensación de que era injusto recibir solo todos los golpes de una pelea malsana entre la Globo y la Record.

"Se lo comía" es una expresión usada cuando un programa de televisión tiene cero puntos de audiencia según las mediciones de IBOPE. Aquella noche del 12 de junio, el programa *Domingo Espectacular* obtuvo el primer lugar de audiencia durante la transmisión del reportaje.

Al día siguiente, Teixeira recibió la información de un "reportaje arrollador". Según la *Piauí*, "ordenó a su abogado que nos enviara una notificación de demanda", pero nunca nos demandó; ni él, ni Sandro Rosell (que también lanzó amenazas en unas entrevistas en España) ni ninguno de los personajes denunciados en nuestros reportajes, porque todo se basaba en documentos oficiales. La justificación de Teixeira para este alboroto era la misma de siempre, la cantaleta de que, supuestamente, se apropiaba de dinero público de la CBF desde que asumió el cargo: "¿Qué carajo tienen que ver las personas con las cuentas de la CBF? ¿Qué carajo tienen que ver con la contabilidad del Bradesco o del HSBC? Son todas instituciones pri-va-das. No tienen dinero público, no poseen exención fiscal. ¿Por qué coño todo el mundo se mete?".

La CBF no recibía dinero público de manera directa; pero en aquel momento Teixeira era más que el todopoderoso del futbol brasileño: era el presidente del Comité Organizador Local del Mundial Brasil 2014, hacia donde corría el dinero público y la exención fiscal. Más que nunca, todo lo que Teixeira necesitaba era paz para ocuparse de sus negocios.

— — —

La fiesta comenzó en 2006, cuando Thierry Henry se filtró hasta el área brasileña; es difícil saber quién estaba más distraído, si Roberto Carlos o Ricardo Teixeira. Mientras el lateral izquierdo de la selección se arreglaba los calcetines, el delantero francés aprovechó la cobranza de una falta de Zinedine Zidane e hizo el gol que eliminó a Brasil en los cuartos de final del Mundial de Alemania. En las tribunas, el presidente de la CBF se arreglaba el bolsillo; la mente del directivo estaba muy lejos de las canchas, como siempre. El 4 de julio, tres días después de la derrota, Joseph Blatter confirmó que el próximo Mundial de 2014 iba camino a Brasil.

Cumplía así una promesa contraída hacía mucho tiempo, cuando Havelange lo apoyó en su ascenso, y Teixeira decidió ocuparse del futbol "en casa".

Además del juego político de Teixeira y Havelange, lo que favoreció a Brasil fue un cambio en el reglamento interno de la FIFA, introducido en el 2000, cuando se determinó un sistema de turnos entre los continentes que serían sede del evento. En 2002 el Mundial fue en Asia (Japón y Corea del Sur); en 2006 en Europa (Alemania); en 2010 en África (Sudáfrica); y en 2014 le tocaba el turno a América del Sur.

El 28 de septiembre Blatter se reunió con el presidente Lula para saber si Brasil estaría dispuesto a aceptar todas las exigencias de la FIFA para ser la sede de un Mundial. Un contrato leonino que llevaría al país a gastar cerca de 30 mil millones de reales, equivalente a la suma del costo de los tres Mundiales anteriores.

Entre otras cosas, el cuaderno de requisitos de la organización exige:

- Exención de impuestos para la FIFA y sus asociadas (un estudio del Tribunal de Cuentas de la Unión señaló que el país dejaría de recaudar más de mil millones de reales).
- Permiso para la comercialización de bebidas alcohólicas en los estadios, lo que está prohibido por el Estatuto del Aficionado.
- Concesión de dos kilómetros de perímetro alrededor de los espacios oficiales de la competencia como área de exclusividad para la FIFA y sus patrocinadores.

- Disponibilidad de servicios de seguridad, médicos y de inmigración.
- Que el Estado asuma la responsabilidad civil de cualquier problema relativo a la seguridad del evento.
- Castigo a todo aquel que hasta finales de 2014 reproduzca o piratee los símbolos de la FIFA y comercialice productos relativos al Mundial, con penas que puedan llegar a un año de prisión.

El presidente Lula les dijo a Blatter y a Teixeira que siguieran con el chistecito, que él lo firmaría todo. Para materializar el acuerdo alcanzado por Lula, en 2012 la presidenta Dilma tuvo que sancionar la Lei Geral da Copa (Ley General del Mundial). La FIFA se sintió tan complacida con la buena voluntad del gobierno brasileño que anticipó la fecha de inscripciones para los países sudamericanos candidatos, de febrero de 2007 a diciembre de 2006. El último día, Colombia postuló su candidatura pero sin el apoyo de Blatter y sin las condiciones para financiar todo lo que la FIFA pedía; por tanto, optó por desistir de la contienda.

El día de la fiesta en Zúrich llegó el 30 de octubre de 2007. Para darle más brillo a la oficialización de Brasil como país sede del evento, el gobierno federal patrocinó un feliz viaje grupal. Además de Lula y Ricardo Teixeira, en la comitiva fueron doce gobernadores, el entonces ministro del Deporte, Orlando Silva; el entonces director técnico de la selección, Dunga; el entrenador de 1994, Carlos Alberto Parreira; el escritor Paulo Coelho, además de los ex jugadores Bebeto, Cafu, Carlos Alberto Torres y, por ironía del destino, Romário.

Blatter promovió la *mise en scène* y apapachó a Lula, pero le hizo la advertencia en público, para que todo el mundo pudiera oírla: "El país que nos dio los mejores jugadores del planeta y que posee cinco títulos mundiales tendrá el derecho, pero también la responsabilidad, de ser la sede del Mundial en 2014". ¡Una explosión de alegría en la platea! Los que estaban allí solo iban a festejar, pues la responsabilidad caería realmente sobre los gobiernos siguientes.

En medio de numerosas conmemoraciones, el gobierno federal prometió a la población transformar al país en un mar de obras. El resultado final ya todos lo conocen: muchas nunca se materializaron. Esto no le importaba en lo más mínimo a Teixeira o a la FIFA. La única preocupación era que se cumpliese con lo indicado en el cuaderno de requisitos, que involucraba su cofrecito. Cuestionado por *Piauí* sobre los problemas de infraestructura, el entonces presidente de la CBF fue directo al grano: "Eso es un asunto del gobierno, y si el gobierno cree que el Mundial no es una prioridad, yo no puedo hacer nada. Es su país". Así como lo oye, "su país". Así exactamente era Ricardo Teixeira, quien siempre trató al futbol como a un mundo aparte, un territorio independiente dentro de Brasil, de su propiedad y, por tanto, un mundo sobre el cual él no tenía por qué dar explicaciones a las autoridades locales.

A lo largo de este libro usted debe haberse preguntado algunas veces: ¿De dónde provenía toda esta fuerza política? ¿Por qué los gobernantes del país nunca detuvieron a estos directivos tan detestados por la población? El periodista Juca Kfouri, uno de los críticos más incisivos de los directivos brasileños del deporte, cree en la teoría del canto de la sirena.

> Pienso en un escenario que es pura imaginación, pero que creo que tiene cierto fundamento:
> —¿Cómo es mi día mañana, Gilberto?
> —Desayuno a las ocho con el ministro de Salud...
> —Vaya. Mi día comienza bien, con problemas.
> —A las diez y media viene el embajador de Bélgica a presentar sus credenciales.
> —Joder. ¡Qué aburrido!
> —A las doce y media, almuerzo con la primera dama.
> —¿No puede ser con la modelo Gisele Bündchen? ¡Jajajaja!
> —A las cuatro y media el ministro de Justicia.
> —Arrghh...
> —Después viene Ricardo Teixeira con Ronaldinho.
> —¡Eso! Traiga a todos para que salgan en la foto. ¡Llame a mis nietos!

Kfouri no es precisamente un periodista inocente. Lejos de eso, sabe bien que, además de ser el opio de los pueblos, que hace alucinar hasta a los que no son del pueblo, el futbol posee intereses mucho mayores que sustentan esta cercanía entre los políticos y los malolientes poderes del futbol. Este periodista también es testigo ocular de uno de los episodios más polémicos de esa relación.

El 2 de mayo de 2005 el presidente Lula visitó São Paulo para la conmemoración de los cinco años de vida del periódico *Valor Econômico*. A media tarde llamó al periodista y al ex jugador Sócrates al edificio de la Presidencia de la República. Según Juca, quería escuchar su opinión sobre la creación de la *Timemania*. La idea del juego de lotería deportiva nació el año anterior con el objetivo de sanear las deudas de más de 900 millones de reales de los clubes de futbol con la Federación. A comienzos de 2005, el entonces ministro del Deporte, Agnelo Queiroz, apoyado en una justificación insólita, convenció a Lula y a los presidentes del Senado y de la Cámara de Diputados de que esta propuesta era urgente para el país.

Según Juca, el Presidente de la República quiso saber su opinión y la de Sócrates.

Nos sentamos José Dirceu, Lula, Gilberto [Carvalho], Sócrates y yo. Tanto Sócrates como yo estábamos en contra de la *Timemania* y más en contra aún de que él [Lula] la presentara como una medida provisoria. Él dijo: "No firmo eso ni loco". Yo le dije: "Presidente, usted va a tener problemas. El ministro [Queiroz] está llamando a todos los directivos este miércoles pa'la firma". Se volvió hacia Gilberto y le preguntó: "¿Yo le prometí algo a él?".

Él [Carvalho] dijo: "Prometer... no, pero tampoco fue categórico". "No firmo esto ni loco." Zé Dirceu puso a Toffoli [José Antonio Dias Toffoli, entonces subjefe de área para temas jurídicos de la Casa Civil y hoy ministro del Supremo Tribunal Federal] en el manos libres. Oí que Toffoli decía: "no hay prisa, no hay nada que justifique esto como una medida provisoria y eso todavía tendrá que ser debatido en el Congreso". Lula: "No lo firmo ni loco."

El lunes llegué a la CBN y dije eso mismo (que la *Timemania* no se crearía como medida provisoria), me senté, envié mi columna al *¡Lance!*, me fui a la TV Cultura, hice mi comentario en el noticiero de la estación y abrí el segmento elogiando el hecho de que se eligiera usar la figura de proyecto de ley. A la medianoche, cuando llego a mi casa, suena el teléfono; era el editor del *¡Lance!*, Marcos Augusto Gonçalves. "Juca, ¿viste el noticiero de la Globo?". "No, no lo vi." "Ana Paula Padrão acaba de informar que Lula firmará el miércoles la medida provisoria." Yo me enojé mucho y le dije: "Si quieres quita mi columna. Pasé dos horas con Lula, ¡¿y tú crees lo que dice Ana Paula Padrão?!".

El martes salió la columna de Kfouri con sus alabanzas a la decisión de no crear la *Timemania* utilizando la figura de medida provisoria. Al día siguiente, el 4 de mayo de 2005, el presidente Lula firmó la medida provisoria, junto a Agnelo Queiroz y Ricardo Teixeira (al siguiente año firmó la ley 11.34/2006 que hizo oficial a la *Timemania*).

En la época escribí que Lula me había traicionado y que tenía testigos de esa alevosía. Tiempo después yo le reclamé ese episodio, ¿y sabes lo que me dijo? "Juquinha, usted dijo que yo era un hijo de puta. Fui un hijo de puta con usted. Estamos cero a cero. Entre ser un hijo de puta con usted o con Agnelo, que era mi ministro, ¿a quién cree iba a elegir?

El pragmatismo del ex presidente, por lo visto, solo se queda atrás del de Ricardo Teixeira, adquirido por ósmosis de su padrino João Havelange. El directivo planeaba sobre todos los partidos políticos con la naturalidad del carroñero que sobrevuela al animal agonizante, a la espera del golpe. Poco antes de las elecciones de Lula, en el 2002, Teixeira ascendió la rampa del Palácio do Planalto al lado del entonces presidente Fernando Henrique Cardoso para llevarle el trofeo del Mundial de aquel año. El 30 de junio la selección brasileña venció a Alemania por 2 a 0 y conquistó su quinto título mundial, no consecutivo. Fue una campaña brillante, al comando de Felipão, con siete victorias en siete partidos. Uno de los villanos del Mundial de 1998, Ronaldo, fue el gran héroe de aquel Mundial de Japón y Corea del Sur. Al regreso de Yokohama, la delegación hizo la escala obligatoria en Brasilia para tomarse las fotos y recibir las medallas del político. Teixeira, que había amenazado con no llevar a la selección hasta la capital federal por las comisiones parlamentarias de investigación, insistió en salir fotografiado al lado de Fernando Henrique.

Algunos meses después, el multifacético Teixeira declaró que votaría a Ciro Gomes (entonces del Partido Popular Socialista) en la contienda electoral por la presidencia de la República. Lula ganó y el directivo comenzó a adularlo, pero rezando por el triunfo de la oposición. Se hizo amigo íntimo del opositor Aécio Neves, su conterráneo. En 2004, el entonces gobernador de Minas Gerais homenajeó al directivo con la Medalla de reconocimiento concedido por el gobierno de Minas Gerais a los ciudadanos cuyos logros hayan contribuido al prestigio y la proyección del estado.

Siempre solícito, el directivo alabó a todos los presidentes de la República con los que convivió: José Sarney, Fernando Collor, Itamar Franco, Fernando Henrique, Lula y Dilma Rousseff. De esa última, sin embargo, recibió el tratamiento que se espera de un jefe de estado. El presidente de la CBF solicitó muchas veces una audiencia con la Presidenta de la República desde que ella tomó posesión del cargo, en enero de 2011. Teixeira, que se acostumbró a pasar los viernes conversando de futbol y tomando whisky con Lula, se despidió del cargo sin ser recibido por Dilma.

El tamaño del desaire de la Presidenta a la figura de Ricardo Teixeira era proporcional a la seguridad que él tenía en su impunidad, alimentada por los años de acceso privilegiado a las más altas instancias de los tres poderes. En la entrevista concedida a la revista *Piauí*, dentro del *jet* de la CBF, Teixeira dio la declaración que mejor representa este sentimiento:

> Hasta 2014 puedo hacer la maldad que sea. La maldad más elástica, más impensable, más maquiavélica. No otorgar credenciales, negar accesos, cambiar el horario de un partido. ¿Y sabe qué va a pasar? Nada. ¿Sabe por qué? Porque yo salgo en el 2015. Y ahí se acabó.

Nunca antes en la historia de Brasil Ricardo Teixeira estuvo tan equivocado sobre su porvenir.

10

LA PRIVATIZACIÓN DE LOS ESTADIOS

El Mundial es un evento privado. El papel del gobierno no es el de un inversionista, sino el de un generador y facilitador. No hay razón para hablar de recursos públicos. Haremos todo el campeonato con inversión privada.

Ricardo Teixeira

L os técnicos del Corinthians y del Palmeiras dan un entrevista conjunta. Al fondo, visible ante las cámaras, un *slogan* dice que la rivalidad solo existe "dentro de la cancha". Se supone que es una campaña para evitar la violencia entre los aficionados. Curiosamente, se da en las vísperas de que los dos clubes inauguren sus nuevos estadios. Son arenas multiusos. Con el Mundial, el futbol brasileño entra en una nueva fase. Estos estadios, menores y más cómodos, reducen el riesgo de que en la televisión aparezcan tribunas vacías. La iluminación es digna de un *set*.

Como explicó el ex presidente del Corinthians, Andrés Sánchez, el Itaquerão es un centro comercial con una cancha en medio. La idea, como sucede en Europa y Estados Unidos, es convencer al aficionado de que gaste no solo en el boleto de entrada, ya que puede hacer compras, comer o participar en otros eventos en el estadio. En el argot de los especialistas de mercadotecnia, esto se llama "calificar" al público o, dicho de otro modo, expulsar a los pobres. Van a cuadrar a las porras organizadas para que obedezcan la numeración de los asientos. La presión para desmantelarlas va a aumentar. En la nueva era ya no son convenientes. Es necesario atraer a las familias, que ayudan a aumentar el gasto promedio "por entrada", como les gusta decir a los especialistas de mercadotecnia. ¿Qué padre de clase media le va a negar a su hijo la camiseta oficial del ídolo por 200 reales? Que vengan los niños.

Romário, el ídolo que celebró tantas veces sus goles frente a la zona general en el Maracaná, hizo esta observación sobre la reforma del estadio: "Es triste ver al Maracaná como quedó. El verdadero Maracaná ya no existe. Esos políticos que no tienen compromiso con lo que es del pueblo desfiguraron el Maracaná". Zico reinó en el estadio en la década de los ochenta, mostró preocupación por el presente del futbol en los nuevos estadios. "Lamento mucho que no exista una manera de garantizar que los aficionados más pobres puedan acceder al estadio", afirmó el jugador.

Quizá Zico y Romário vivan de la nostalgia, pero lo cierto es que la idea del futbol como el deporte del pueblo, en Brasil, se volverá cosa del pasado. Ya no existe más la batalla entre *arquibaldos* (los de la platea) y *geraldinos* (los de la general), clásica definición de Nelson Rodrigues para las personas que habitaban los dos espacios de las tribunas en los estadios. Las arenas mataron a los *geraldinos*; los *arquibaldos* se transformaron en espectadores de una obra de teatro en la que levantarse es una falta de respeto. La pasión en el estadio se convirtió en algo burocrático.

Es necesario vender membresías anuales para adelantar las ganancias y eso solo es posible con quienes tienen empleos seguros con buenos salarios. Sale el pueblo y entra la clase media. Un cambio dramático, en especial cuando es el pueblo el que ayuda a pagar estos nuevos estadios. Cuando Brasil ganó el derecho de ser sede del Mundial se estimó que sería financiado en 80% por la inversión privada; el tesoro público aportaría solo 20%. Sin embargo, lo que se vio en la práctica fue casi lo contrario. El dinero de los contribuyentes fue a parar a las obras, en masa.

Los costos del Mundial de Brasil deben superar los 30 mil millones de reales, 70% de los cuales será de dinero público. Será el torneo más caro de todos los tiempos.

La previsión inicial de los costos para la construcción y reforma de los doce estadios era de aproximadamente 5.1 miles de millones de reales, según la cifra divulgada por el Ministerio del Deporte en enero de 2010. En febrero de 2014 la cuenta iba por 8.5 miles de millones. Entre estos muchos millones invertidos en los estadios, apenas 133.2 millones de reales no provienen de las arcas públicas, o sea, poco más de 1.5%. El cálculo incluye los incentivos fiscales, préstamos e incluso la participación efectiva del gobierno como "dueño" de estas arenas; 3.9 miles de millones de reales del total, prácticamente la mitad, está vinculado a financiamiento público a través del Banco Nacional para el Desarrollo Económico y Social (BNDES). El gobierno alega que va a recuperar ese dinero con creces. Que el Mundial generó miles de puestos de trabajo, que el evento acelera drásticamente la economía, que proyecta al país y fortalece el turismo.

La única seguridad absoluta es que los gastos ya se hicieron y que el retorno de los mismos es incierto. Un buen ejemplo de cómo se trataron las cosas en Brasil es la estructura provisional de la seguridad en los estadios. La calidad internacional exigida por la FIFA prevé la instalación de detectores de metales, equipos de rayos X, tiendas, bardas, en fin, varios dispositivos de seguridad. Son 40 millones de reales por estadio. Según el contrato, los clubes propietarios de las arenas seleccionadas para albergar los torneos mundialistas deben financiar toda esta parafernalia.

Pero en febrero de 2014 el Corinthians, el Atlético Paranaense y el Internacional anunciaron que no iban a pagar esta seguridad provisional. Los clubes actúan de esta forma porque saben que, en última instancia, el dinero saldrá de algún lugar. Es probable, estimado lector, que salga de su bolsillo.

Además de absorber una buena dosis de dinero del contribuyente, el Mundial trae consigo una transformación en el mundo del futbol de la que pocos se han percatado: ¡este es el año en el que las constructoras se zambullen en el negocio del entretenimiento!

El tan soñado estadio del Corinthians, por ejemplo, no le pertenecerá al club tan fácilmente. El dueño del estadio será Arena Fundo de Investimento Imobiliário (FII), cuyos socios son el propio club São Paulo, la constructora Odebrecht y la BRL Trust, administradora del estadio.

Además del terreno, el Corinthians cedió al fondo todos los derechos comerciales futuros del estadio, incluso la renta, el *branding* (el derecho de venderle el nombre del estadio a alguna empresa), los anuncios de los patrocinadores y la renta de los locales comerciales. FII controlará las finanzas del predio hasta el finiquito de un préstamo con el BNDES por un valor de 400 millones de reales. Al principio la empresa actuará en el Itaquerão durante 16 años. El préstamo fue otorgado al fondo porque el banco federal no puede prestar dinero a un club de futbol.

De esta manera, la constructora Odebrecht adquiere intereses directos ligados al futuro del futbol, así como otras grandes constructoras que levantaron estadios para el Mundial y, en un momento u otro, también van a controlar su administración.

Olvídense del "deporte del pueblo". Por encima de todo, desde ahora será el deporte de las ganancias… privadas.

Los escándalos en torno al uso de recursos públicos todavía van a generar muchos mamotretos de papel en los tribunales. El que involucra a la construcción del Itaquerão, por ejemplo, todavía está lejos de llegar a su fin. El fiscal Marcelo Milani promovió una acción judicial contra el alcalde de São Paulo, Gilberto Kassab, del PSD, que se rehusó a recaudar 420 millones de reales en impuestos para ayudar al club. Milani argumenta que el poder público municipal le otorgó ventajas indebidas a una institución privada.

El gobierno estatal de Geraldo Alckmin (del PSDB) también dio su ayuda: hizo obras en los alrededores y negoció con la iniciativa privada una sociedad para la construcción de las gradas móviles.

Ya el gobierno federal, además de abrir las arcas del BNDES, propuso y consiguió la aprobación del Congreso para la Lei Geral da Copa (Ley General del Mundial), que concede la exención fiscal, por ejemplo, a todo el material importado utilizado en los estadios. Si el Corinthians instaló una cocina industrial traída desde el extranjero para hacer las comidas que se van a servir en los palcos, el estado no recaudó ningún impuesto por la importación del equipo. Sin exagerar podemos decir que los contribuyentes de las zonas marginales pagaron una parte de lo mejor que los turistas extranjeros vendrán a ver en el Mundial. El lucro se lo van a repartir entre la FIFA, el Corinthians y la constructora Odebrecht.

- - -

El Mundial es, visto así, como un Robin Hood al revés, que transfiere los recursos de los que menos tienen a los que ya tienen bastante. El Mundial llenó las arcas de las mayores constructoras del país: Odebrecht, Andrade Gutierrez y OAS. De los doce estadios, en nueve apareció el nombre de cuando menos una de estas empresas. Las nueve obras costaron más de 7 mil millones de reales.

Solo en el Maracaná fueron más de mil millones de reales, con la participación de Odebrecht y Andrade Gutierrez. El proyecto de privatización del mayor estadio del país fue desarrollado por la compañía IMX, del empresario Eike Batista. Escandalosamente, IMX forma parte del consorcio que ganó la concesión, junto con AEG y Odebrecht. En otras palabras, IMX pateó el tiro de esquina y saltó para cabecear. Negocios entre amigos.

El gobernador del estado de Río de Janeiro, Sergio Cabral, del Partido del Movimiento Democrático Brasileño (PMDB), respondió así a los críticos de la privatización: "El gobierno del estado, que debe encargarse de mil escuelas, cincuenta hospitales públicos, 45 mil policías militares, doce mil policías civiles, setenta mil maestros, ¿va a ocuparse también del Maracaná?", se justificó. "A la gente le encanta hablar del futbol europeo. Entonces, vamos a hacer como hace el futbol europeo. A la gente le encanta hablar de la NBA estadounidense.

Entonces, vamos a seguir la lógica de estos países civilizados en los que los estadios no son asunto del gobierno", añadió.

Lo que omitió el gobernador Cabral es que el Maracaná fue construido, mantenido y reformado con recursos públicos. O sea, es un patrimonio público cuyos lucros fueron privatizados.

El consorcio que logró la concesión del estadio va a administrar el predio por 35 años, con un pago anual al poder público de 5.5 millones de reales. Es decir, el estado de Río de Janeiro va a percibir un total de 182 millones de reales en tres décadas y media, según la compañía Complexo Maracaná Entretenimento S. A. El concesionario prometió realizar inversiones por 600 millones de reales para crear un centro deportivo para el entretenimiento y el esparcimiento.

La privatización del futbol es un fenómeno global en la medida en que las personas gastan cada vez más en entretenimiento.

El Estadio Olímpico utilizado en las Olimpiadas de Londres 2012 también fue concesionado a la iniciativa privada. Luego de recibir más de cien propuestas, entre ellas hasta una presentada por la MLB, la liga estadounidense de beisbol, el día 12 de noviembre de 2010 se dio a conocer una preselección de dos consorcios. Los seleccionados, ambos encabezados por equipos de futbol de la ciudad, fueron el Tottenham/AEG y el West Ham/Newham Council.

En el caso del Maracaná, ya el Ministerio Público calculó que el poder público podría ganar mucho más si mantuviera la explotación comercial de los alrededores del estadio. "Generaría un rendimiento mayor para el estado, podría aumentar sus ingresos de los 5.5 millones de reales, previstos en la propuesta vencedora de la licitación, a 30 millones de reales por año, según estimados del MP", dijo el fiscal Eduardo Santos Carvalho.

Además de perder dinero, el gobierno de Río de Janeiro casi echó abajo parte del patrimonio público. La reacción de la población evitó la demolición del estadio de atletismo Célio de Barros, del Parque Acuático Júlio de Lamare —dos espacios históricos del deporte olímpico brasileño ya utilizadas en el Pan Rio 2007—, y del Museo del Indio, prevista en el contrato inicial con la concesionaria. Sabemos cómo es esto: el atletismo y la natación no dejan tanto dinero como el futbol, los estacionamientos y los centros comerciales.

- - -

Los oscuros acuerdos alcanzados tras bambalinas que involucran a los estadios sede del Mundial no se restringieron a los estados de São Paulo y Río de Janeiro. En Minas Gerais, tres empresas asumieron las obras del estadio Mineirão, rebautizado como la Minas Arena: Egesa, Construcap y Hap Engenharia. Aquí están, de nuevo, las constructoras.

En los registros del Tribunal Regional Electoral se descubrió que estas empresas donaron 25 millones de reales para las campañas políticas de las elecciones de 2010 y 2012, 6 millones de los cuales fueron donados al partido que controla el ejecutivo de ese estado, el PSDB. El contrato de concesión por 25 años incluye una cláusula que garantiza una facturación mínima al consorcio de 3.7 millones de reales mensuales. Si no se alcanza esta cifra, el gobierno estatal deberá aportar generosamente la diferencia. ¡Capitalismo sin riesgo! Mejor, imposible.

En abril de 2014, diputados de la oposición solicitaron la creación de una Comisión Parlamentaria de Investigación (algo raro en la Asamblea Legislativa de Minas Gerais durante las gestiones de Aécio Neves y Antonio Anastasia) para investigar el contrato entre el gobierno del estado y la Minas Arena. De las arcas públicas salieron 44.4 millones de reales con destino a los cofres de la empresa.

Algunos escándalos en torno al Mineirão fueron a parar en los tribunales. El Ministerio Público Federal pidió y consiguió que un juez congelara los bienes de las autoridades del gobierno y de un despacho de arquitectura contratado sin licitación para hacer el proyecto de reforma del Mineirão. ¿El valor? 17.8 millones de reales. Como lo oye, sin una licitación pública. Al fiscal le pareció raro que la empresa de Oscar Niemeyer hubiera cobrado mucho menos, 6 millones, para hacer un proyecto más complejo, el de la Ciudad Administrativa del Ejecutivo del Estado. El dueño de la empresa beneficiada, Gustavo Penna, es amigo del entonces gobernador de Minas Gerais, Aécio Neves, del PSDB. Estos acuerdos entre amigos que garantizan el lucro privado con el dinero o el patrimonio público parecen haberse convertido en la norma.

Es por eso que la Ley General del Mundial fue aprobada en el Congreso sin mayor oposición. Hay mucha gente sacándole provecho.

--- --- ---

En Brasilia también habrá privatizaciones. La inversión en el estadio Mané Garrincha fue de más de 1.4 miles de millones de reales, una obra de la empresa Andrade Gutierrez. Una ONG calculó que este será el cuarto estadio más caro del mundo. El gobernador Agnelo Queiroz, del PT, avala la privatización. "Ya hay interés por parte de muchas empresas para administrar este espacio multiusos que será muy importante para el desarrollo económico de la ciudad", afirmó.

El fiscal del Distrito Federal, Demóstenes Albuquerque, recomendó que se redujera la capacidad del estadio de 71 mil asientos a entre 30 mil y 40 mil con el objetivo de reducir el gasto público. El consejo es sensato, dado que el promedio de asistencia durante el Campeonato Brasiliense de 2013, por ejemplo, fue de 1,176 personas, según datos de la Pluri Consultoría. ¡El total de público que asistió a ver los partidos durante todo el torneo ascendió a 89,353, poco más de la capacidad total del Mané Garrincha! La forma como se pretende garantizar un mejor uso del espacio será seguir llevando a los clásicos del Campeonato Brasileño hasta ese estadio.

--- --- ---

Mucho se ha hablado sobre estos posibles elefantes blancos. Hay candidatos más fuertes que el estadio de Brasilia. Entre ellos, la Arena de la Amazonia, en Manaos, construida por Andrade Gutierrez; la Arena de las Dunas, en Natal, erigida por la OAS; y la Arena Pantanal, en Cuiabá, obra de la empresa Mendes Júnior. Es curioso notar, antes que nada, cómo el pastel del Mundial se dividió entre varias constructoras. Eventualmente, si los negocios no funcionan, la pérdida será pública; ya si hay lucro, se lo quedará la iniciativa privada. Es poco probable que el rendimiento de esas construcciones monumentales provenga del futbol.

Contemos el caso de Cuiabá, en el estado de Mato Grosso. El locutor deportivo Rubens Neves recuerda que los tiempos áureos del futbol se dieron en la década de los ochenta, cuando el promedio de asistencia al campeonato estatal alcanzó los 15 mil aficionados. Ya en los años noventa comenzó la decadencia, con el bombardeo de las transmisiones televisivas de Río y São Paulo y el crecimiento del mercado de la televisión por cable, que ofrecía otras atracciones. Muchos jóvenes de Cuiabá se aficionan desde niños a clubes foráneos, a los que siguen por televisión. No quieren ni oír hablar de ir al estadio.

Los clubes locales más importantes en la actualidad son el Cuiabá y el Luverdense, de Lucas de Río Verde. Ambos fueron a parar a la serie C del Campeonato Brasileño. El Luverdense se hizo famoso a nivel nacional en 2013, cuando derrotó al Corinthians, entonces campeón del mundo, por 1 a 0 durante la Copa del Brasil. Los equipos más tradicionales también sufren. El Mixto, que ostenta el récord de títulos estatales, ahora está en la D de la tabla nacional. El Obrero, de Várzea Grande, otro club tradicional de Mato Grosso, ha arruinado temporadas en la segunda división del estado y sufre recurrentes problemas económicos. Este es el análisis de Rubens Neves:

Es difícil creer en la recuperación del futbol de Mato Grosso. No es imposible, pero será bien difícil. Ese estadio será un gran elefante blanco. El legado que le va a quedar a Cuiabá es el de la movilidad urbana, pero aún estamos esperando que lo prometido se haga realidad. Cuiabá es una ciudad con muchas carencias en materia de salud pública y transporte.

No es sorprendente que el pueblo se queje. La fila de espera en el hospital se hace más difícil a la luz de una obra magnífica construida en tiempo récord. La Arena Pantanal tiene 42,968 lugares, bastante espacio para un campeonato estatal cuya asistencia promedio en 2013 fue de 605 personas, la vigésima segunda más baja de los 25 estados del país. El estadio costó 518.9 millones de reales y será utilizado en cuatro partidos del Mundial. Según una encuesta realizada entre arquitectos en el 2013 por el portal español "El Gol Digital", esta es la séptima arena más hermosa entre las que estaban siendo construidas o reformadas en todo el mundo en aquel momento. Lo difícil va a ser llenar el espacio cuando acabe el Mundial.

El caso de Mato Grosso no es único. Otra obra, la Arena de la Amazonia, tiene una capacidad total para 42,374 personas, básicamente para albergar los partidos del Campeonato Amazonense, cuyo promedio de asistencia no rebasó los 807 aficionados durante 2013. Es decir, esta asistencia sería capaz de llenar apenas 1.9% del estadio.

Para complicar un poco más las cosas, demos un dato específico del estado de Amazonas: los clubes de provincia han conseguido un éxito nunca antes visto. De los diez últimos campeonatos estatales, cinco fueron ganados por equipos de fuera de Manaos. De los clubes tradicionales de la capital, apenas el Nacional se mantiene como fuerza regional. El Río Negro, en crisis financiera, ya fue rebajado tres veces en la tabla del estado, la última en 2013. El costo total de la Arena de la Amazonia es de 605 millones de reales, 21% más de lo previsto.

Quienquiera que se quede con la administración del estadio tendrá que sudar sangre para obtener un rendimiento financiero que cubra los costos del mantenimiento.

La Arena de las Dunas de Natal, considerada una de las más hermosas construidas para el Mundial, también es una fuerte candidata a quedar vacía. En comparación con los estadios erigidos para el campeonato, podríamos decir que hasta tiene una capacidad modesta: podrá recibir a 31,375 personas, al costo de 423 millones de reales. El problema es que servirá a un regional que logró un promedio de asistencia de apenas 958 aficionados en 2013 (3% de la capacidad del estadio). El ABC y el América, los dos principales equipos de la capital del estado de Rio Grande do Norte, han frecuentado la Serie B del Campeonato Brasileño. El último que compitió en un campeonato en la elite fue el América, que cayó en la tabla nacional en 2007.

En el mundo de los sueños, las arenas multiusos serán utilizadas para conciertos, eventos y convenciones. Podrían colocar a Brasil de una vez por todas en la ruta de los grandes *tours* internacionales de los *shows* y las exhibiciones. Los clubes que controlan algunos de estos espacios van a dejar de depender exclusivamente del futbol. Estarán interesados en ocupar los estadios todo lo que sea posible. El lucro, en los casos de mejor aprovechamiento, es claro: va para los propios clubes y las empresas que asuman la administración. La duda es sobre lo que sucederá en aquellos casos en los que la ganancia no sea suficiente, por ejemplo, para cubrir los préstamos con el BNDES. ¿Alguien tiene dudas de que la cuenta se pagará con recursos públicos?

A corto plazo los nuevos estadios generaron una acción política para la población local, que vio la capacidad del Estado para actuar con rapidez y eficiencia cuando quiere. Es por eso que los habitantes pasaron a exigir la misma calidad en los servicios públicos esenciales. En la zona este de São Paulo, donde está el Itaquerão, el estadio de la inauguración del Mundial, viven cuatro millones de personas.

La obra es hermosa, pero contrasta con una de los estaciones de metro más congestionadas de la ciudad. A poco más de cien metros de la arena, el tráfico de drogas y la prostitución infantil bullen sin control. Faltan espacios en las guarderías de la región. Con las exageraciones retóricas sobre el impacto del Mundial, especialmente las de las autoridades, la expectativa de una transformación completa en la vida del barrio ha fracasado.

¿Dónde están los médicos del centro de salud? ¿La reforma de la escuela? Algo cambió para bien, es verdad. Al lado del Itaquerão construyeron una facultad y una escuela técnica. Pero la central de autobuses, el foro, el parque y la estación de policía previstos en el plan de desarrollo fueron desechados, por lo menos por ahora. Los inmuebles se valorizaron, pero el precio de las rentas también subió, lo cual provocó la expulsión de los más pobres. Las obras viales hechas para facilitar el acceso al estadio provocaron desalojos y crearon un clima de incertidumbre entre los que viven en esas áreas.

– – –

En todo Brasil al menos 150 mil personas serán desalojadas de sus hogares para completar las obras, calcula el Portal Popular del Mundial y de las Olimpiadas de 2016 en Río de Janeiro. Parece poco, pero cada drama personal repercute entre los amigos, vecinos y familiares.

El estado es veloz cuando se trata de desalojar, muchas veces con el uso de la fuerza, pero lento a la hora de indemnizar… y eso cuando indemniza. Raquel Rolnik, relatora especial del Consejo de Derechos

Humanos de la Organización de las Naciones Unidas para el Derecho a la Vivienda Adecuada, hizo un balance devastador del llamado "legado del Mundial". Ella destaca que la realización de algunos proyectos viales y de infraestructura para facilitar el transporte entre los aeropuertos, las zonas hoteleras y los estadios no siempre fue prioritaria. Muchas obras se quedaron en el camino. En Río, por ejemplo, falta realizar la limpieza de la Bahía de Guanabara y otras obras de saneamiento. Afirma Raquel:

> Por otro lado, para la implementación de estos proyectos de infraestructura fue necesario retirar comunidades y asentamientos que se encontraban en esos lugares desde hacía décadas, sin que se les haya ofrecido una alternativa adecuada de vivienda. A las personas directamente afectadas, más que un legado el Mundial les deja una carga.

El maestro Carlos Vainer, del Instituto de Investigación y Planificación Urbana y Regional de la Universidad Federal de Río de Janeiro (UFRJ), va más allá. En el caso específico de Río de Janeiro, sede de las Olimpiadas de 2016, cree que la ciudad está en manos de la lógica empresarial. En vez de servir a sus habitantes, el espacio urbano servirá principalmente al lucro privado. Esta ciudad-empresa compite con otras de todo el mundo por turistas, eventos e inversiones de las grandes corporaciones. Ya no se consulta al pueblo sobre estos asuntos. El poder fue transferido a una coalición de grandes intereses económicos.

Las obras del Mundial y de las Olimpiadas atienden preponderantemente a estos grupos, que "incluyen a las antiguas oligarquías de la ciudad, los grandes bufetes de abogados, una elite de este tipo; también atienden los intereses de los grandes comerciantes, de los grandes propietarios de tierra, de lo que quedó del capital industrial y de todo el capital que gira alrededor de la actividad turística", afirmó el maestro.

Para Vainer, el dominio pertenece cada vez más a las grandes constructoras. "Podemos contarlas con los dedos de las manos, son diez: Odebrecht, Camargo Corrêa, Mendes Júnior, Carioca Engenharia, OAS y otras cinco." Algunas crecieron construyendo Brasilia; otras construyeron las grandes obras de la dictadura militar "y después se instalaron en la república democrática como uno de los vectores fundamentales de los grupos dominantes. Incluso, como nosotros sabemos, las grandes constructoras, junto con los grandes bancos, son los mayores financiadores de campañas, son el campo fértil del sistema político construido desde la Constitución de 1988", analiza Vainer.

Llegamos al meollo de la privatización, a quienes son los grandes ganadores del Mundial, independientemente del resultado final de los partidos. Son las constructoras que hicieron los estadios, muchas de las cuales van a administrarlos en concesiones a largo plazo. Piensen bien. Algunos estadios ya estaban listos, en zonas ricas. Apenas fueron reformados. Otros van a transformarse en centros de desarrollo urbano. Las constructoras adquirieron inmuebles de primer orden, con intereses bajos, financiados por el erario público. Ganaron con la construcción y pueden seguir ganando por otros veinte o treinta años si saben promover el futbol y los espectáculos artísticos, convenciones, hoteles, centros comerciales y otras actividades.

Como dijimos al comienzo, ellos son tan protagonistas del Mundial de Brasil 2014 como Neymar, aunque actúen en silencio, detrás de cámaras.

Con una ayudita de las contratistas… las obras se atrasaron. La FIFA había estipulado el 31 de diciembre de 2013 como la fecha límite para la entrega de los estadios. Seis sedes no se entregaron dentro del plazo: São Paulo, Manaos, Curitiba, Porto Alegre, Cuiabá y Natal. No es casualidad que en las dos primeras hayan ocurrido las mayores tragedias. De los ocho obreros muertos en las obras de los estadios (hasta el cierre de edición de este libro), cuatro fallecieron en la Arena de la Amazonia y tres en el Itaquerão; la octava víctima perdió la vida en el multimillonario estadio Mané Garrincha de Brasilia.

Después del accidente que mató al obrero Fábio Hamilton da Cruz, en el Itaquerão, el ex presidente del Corinthians, Andrés Sánchez, responsable de la construcción del estadio, redujo la responsabilidad de las constructoras: "En la vida cometemos errores y excesos. Yo ya conduje un automóvil a 150 km/h. Yo no bebo. Ustedes ya deben haber dirigido 'borrachos'. Lamentablemente cometemos errores que acaban en fatalidades. En realidad esto es normal en la construcción civil". A la opinión pública, sin embargo, le quedó la sensación de que los accidentes fueron el resultado de los trabajos hecho a las prisas.

Es necesario admitir que también hubo mala fe contra el gobierno por motivos electorales, ya que 2014, el año del Mundial, también es un año de elecciones. Algunas primeras planas sensacionalistas, como la de la revista *Veja*, previendo que las obras de los estadios no estarían concluidas sino hasta 2038, fueron una exageración evidente, cosas de gente mezquina que se queja del Mundial para perjudicar a sus adversarios políticos.

Los políticos de todos los partidos y en todas las esferas, muchos de los cuales tuvieron sus campañas financiadas por las constructoras, garantizan que el Mundial es un buen negocio para todos. El gobierno federal de la presidenta Dilma Rousseff dice que es necesario dejar de lado la mezquindad y pensar en grande: el evento fortalece a toda la economía. El gobierno admite que en 2010 retiró 22 de las 55 obras prometidas de la Matriz de Responsabilidades del Mundial, pero prometió que las mismas serán realizadas posteriormente a través del Programa de Aceleración del Crecimiento (PAC).

En un artículo, el ministro del Deporte, Aldo Rebelo, del Partido Comunista de Brasil (PCdoB), defendió el evento: "El Mundial tiene un techo presupuestal de 33 mil millones de reales, disponibles desde la selección de Brasil en el 2007. Algunas consultorías independientes estiman que en el periodo que va de 2010 a 2014 en la economía brasileña circularán 112 mil millones de reales adicionales. Se generarán 3.6 millones de puestos de trabajo y la población va a recibir ingresos adicionales por un total de 63.48 miles de millones de reales".

El ministro no explicó con precisión cuáles eran estas consultorías independientes. Si fueron contratadas por el gobierno para hacer este trabajo, tal vez quisieron agradar al que paga la cuenta. Muchos números, como la generación de puestos de trabajo, también son difíciles de cuantificar. ¿Cuántos de estos puestos de trabajo no se habrían creado independientemente del Mundial? ¿Cómo estimar cuántos turistas más vendrán a Brasil gracias al Mundial? ¿Vendrían de todos modos, aunque el campeonato no fuera aquí?

Otro problema es que muchas promesas fueron claramente incumplidas. En los tiempos de Internet, Google nos ayuda a hacerlas eternas:

- Del entonces alcalde de São Paulo, Gilberto Kassab, del Partido Social Democrático (PSD): "El Ayuntamiento de São Paulo reafirma su decisión de no utilizar recursos públicos para la construcción de una nueva arena en la ciudad de São Paulo, pues entiende que su papel es hacer inversiones en obras de infraestructura urbana, que mejoren aún más la vida cotidiana de los habitantes de São Paulo". La vida cotidiana de São Paulo no mejoró "aún más", a pesar de que el Itaquerão haya quedado hermoso... para el Corinthians.
- Del ex presidente de la CBF, Ricardo Teixeira: "El Mundial es un evento privado. El papel del gobierno no es el de inversionista, sino el de generador y facilitador. No hay razón para hablar de recursos públicos. Haremos todo el campeonato con inversión privada".
- Del ex ministro del Deporte, Orlando Silva, del PCDOB: "Los estadios para el Mundial serán construidos con dinero privado. Como ministro, yo puedo garantizarles eso. No vamos a utilizar dinero público. El país tiene otras prioridades".
- Del ex presidente Lula, del PT: "Hago hincapié absoluto en garantizarlo. El Mundial de 2014 será un campeonato en el que el poder público nada gastará. Ni un centavo. Todo se hará a cargo de la iniciativa privada. Todos los gastos. Al pueblo brasileño le quedará la fiesta. La celebración del amor al futbol".
- Del entonces presidente del Corinthians, Andrés Sánchez, al que le va bien con todos los partidos: "Si la FIFA me da 300 millones de reales, 30 millones por mes o me consigue alguien que me dé ese dinero, haré el estadio para la inauguración del Mundial. De la forma que ellos quieran, para 68 mil personas y todo lo demás". La entidad no dio el dinero, ni un mísero centavo. El estadio costó mil cien millones de reales, dinero que salió de un banco público, el BNDES, con préstamos a intereses amigables, de los impuestos de los contribuyentes de São Paulo.

La FIFA no dio un centavo, pero se llevará una fortuna. Saldrá de Brasil con una facturación récord del orden de los 8.8 miles de millones de reales. Mucho más que los 7 mil millones de reales de Sudáfrica o los 4.4 miles de millones de Alemania. Buena parte de eso proviene de los derechos de transmisión, pero también hay decenas de contratos de patrocinio. Usted, obviamente, también va a ayudar a llenar el cofre del señor Joseph Blatter, del partido del dinero. La FIFA se engulló, gaznate abajo del gobierno brasileño, con la anuencia del Congreso, lo percibido por las exenciones fiscales que suman mil millones de reales. Nada malo para una entidad que en el 2012 tenía casi 1.4 miles de millones de dólares en caja en Suiza. Y eso que la FIFA no persigue "fines de lucro".

Al aficionado común le queda la impresión de que hay gente que ha ganado mucho dinero con el Mundial y él no. En el entretiempo del partido, si consigue una entrada, todavía tendrá que vérselas con un *hot dog* de 8 reales y una cerveza de 9 reales en el Maracaná. Esto quedó claro en febrero de 2014. En una investigación realizada por la Confederación Nacional de Transportes, 75.8% de las personas dijeron que los costos del Mundial eran innecesarios, y 80.2% creía que las inversiones hechas en los estadios serían más útiles en otros sectores, como salud y educación.

Es innegable que Brasil ha experimentado una transformación a partir de 2002. Aumentaron los puestos de trabajo y los salarios, hubo más inversión social, las capas más pobres de la población aumentaron su consumo y la desigualdad se redujo; poco, pero se redujo.

Aparentemente todo esto despertó nuevos deseos y exigencias. El país fue tomado por sorpresa por las manifestaciones de junio de 2013.

El Brasil del año del Mundial es un país muy distinto a aquel que festejó en las calles su selección como sede del Mundial, en 2007, y de las Olimpiadas dos años después. De acuerdo con la investigación encargada por la CNT [Central Nacional de Trabajadores], si esta selección se realizara en 2014, 50.7% de las personas estaría en contra.

La encuesta apenas muestra una constatación evidente. El pueblo brasileño no se sintió invitado a la fiesta del futbol en su propio país.

ya no le voy a ningún equipo. Hasta es difícil que le vaya a la selección brasileña".

La Comisión Parlamentaria de Investigación suministró las primeras piezas de un rompecabezas cuya imagen solo se aclararía diez años después.

Registros de varios negocios oscuros de Teixeira que involucraban a la CBF y a la selección asociaron al directivo con empresas radicadas en paraísos fiscales, paraísos para los evasores. La Ameritech Holding Ltd., con base en las Islas Vírgenes Británicas, le vendió a Teixeira su primera mansión en Búzios, en el litoral de Río de Janeiro. En la declaración a la Comisión Parlamentaria de Investigación realizada el 10 de abril de 2001, el directivo negó ser el propietario de la empresa, a pesar de haber hecho dos pagos en su nombre mediante cargos en su cuenta corriente.

La mayor parte de la información se refería a la Sanud, que aparecería así en el informe final: "Aunque insistiendo en que no es dueño de ninguna empresa en el exterior, el presidente de la CBF admitió en su declaración que la empresa Sanud tiene sociedad con una empresa de su propiedad, RLJ Participações. La empresa Sanud, al igual que la Globul, también tiene su sede en el principado de Liechtenstein, en Europa. La empresa figura como propietaria de 40% del capital de la RLJ Participações. La sucursal de Sanud en Río de Janeiro está instalada en la oficina de João Havelange, y la casa en la que vive Ricardo Teixeira, en Río de Janeiro, está a nombre de la Sanud".

A partir de entonces, el nombre Sanud perseguiría a Teixeira entre los bastidores del futbol como una maldición. Más adelante el lector verá cómo sucedió todo.

- - -

El blindaje de Teixeira alcanzó su fecha de caducidad en 2010, como fruto de una denuncia surgida del otro lado del Atlántico, en el viejo continente.

En mayo de aquel año la red de televisión británica BBC reveló que Ricardo Teixeira y su ex suegro João Havelange recibieron un soborno de 9.5 millones de dólares, principalmente por medio de la empresa *offshore* Sanud Etablissement, con sede en el principado de Liechtenstein. El soborno se habría otorgado a cambio de los contratos firmados con las empresas de comunicación bajo la intermediación de la ISL, que negociaba los contratos de mercadotecnia y transmisión de la FIFA.

Recordemos un poco: la empresa ISL fue creada por Horst Dassler, el dueño de Adidas, quien pensó que podría acumular una montaña de dinero montando paquetes de patrocinio para eventos como el Mundial y vendiendo los derechos de transmisión. Para convencer a los directivos deportivos, recelosos de hacer negocios con él, Dassler colocó en la cancha al "hombre de la maleta", Jean-Marie Weber, encargado de lubricar los acuerdos realizados tras bambalinas.

La investigación que colocó de nuevo al directivo de la CBF en el ojo del huracán fue realizada por un fiscal suizo: Thomas Hildebrand. Meticuloso, enfocado y aparentemente inmune a las presiones, hizo lo que la justicia brasileña no había conseguido: comprobar que João Havelange y Ricardo Teixeira aceptaban sobornos cuando eran directivos de la FIFA, el suegro como presidente y el yerno como integrante del Comité Ejecutivo y administrador de la poderosa CBF. Más que eso, el fiscal Hildebrand reveló el misterio que se cernía alrededor de la Sanud, la empresa que, según la declaración de Ricardo Teixeira a la Comisión Parlamentaria de Investigación de Nike, hecha en la Cámara de los Diputados el 10 de abril de 2001, era solo, recalcamos, *solo* su socia.

Resulta curioso que el día de aquella declaración Teixeira no parecía saber muy bien en qué país estaba la sede de Sanud. Un olvido compatible con la idea de que esas empresas solo existen en los papeles, no poseen inmuebles ni empleados y son artificios contables creados en los despachos de abogados. Cuando el diputado doctor Rosinha le preguntó dónde estaba la sede de Sanud, el directivo respondió: "En Suiza". Después fue corregido y asintió: "Liechtenstein". El diálogo que sigue, sobre la Sanud, tuvo que esperar más de diez años para ser desmentido por el fiscal Hildebrand:

—Usted dijo hace poco que no tenía ninguna empresa en el exterior —afirmó el diputado.

—Sí, pero esta [Sanud] no es mía. Es simplemente una accionista en una empresa que yo poseo —contestó el directivo.

- - -

Quien divulgó el nombre Sanud al mundo fue el periodista británico Andrew Jennings, en el programa *Panorama* de la BBC, que en el 2010 trató lo que entonces eran solo sospechas de corrupción en la FIFA. Jennings le hizo una pregunta a distancia, a Ricardo Teixeira, durante una visita del directivo a Europa. Con su característico acento escocés, disparó: *"Mr. Teixeira, did you take your bribes through the Sanud company?"* ("Señor Teixeira, ¿usted recibió sobornos a través de la empresa Sanud?"). Enseguida, como no oyó ninguna respuesta, gritó: *"Mr. Teixeiiiiiiiiiiiiiira!",* mientras el brasileño se subía a un auto.

El programa salió al aire unos días antes de que el Reino Unido perdiera contra Rusia la contienda por el derecho a ser la sede del Mundial de 2018. Algunos meses después, Teixeira apareció en la lista que el ex presidente de la Asociación de Futbol inglesa (FA), David Triesman, presentó ante el Parlamento Británico. Denunció que seis directivos ligados a la FIFA le solicitaron un soborno para apoyar la propuesta británica para ser la sede del Mundial.

Además de Teixeira, en la lista aparecían varios pesos pesados del Comité Ejecutivo de la entidad: Jack Warner (entonces presidente de la Concacaf, que dirige el futbol de Norteamérica, Centroamérica y el Caribe), Nicoláz Leoz (entonces presidente de la Conmebol, la Confederación Sudamericana de Futbol) y Worawi Makudi (presidente de la federación tailandesa). Warner, un personaje constante en los escándalos de la FIFA, pidió 2.5 millones de libras esterlinas para construir un centro educativo en su ciudad natal, Trinidad, y 500 mil más para adquirir los derechos de transmisión del Mundial para Haití. Según el ex presidente de la FA, David Triesman, Makudi había solicitado el dinero de los derechos de transmisión de un amistoso entre Inglaterra y Tailandia a cambio del apoyo a la candidatura inglesa para el Mundial de 2018. Teixeira, durante un amistoso de Brasil con Inglaterra, supuestamente le dijo a Triesman: "Lula no es nadie. Usted venga y dígame lo que tiene para mí". Era una forma velada de decir que quería algo a cambio del apoyo a la candidatura inglesa. El pedido más inusitado, sin embargo, fue el de Leoz, que le solicitó al ex presidente de la FA el título honorario de *Sir*.

En una entrevista concedida a la revista *Piauí*, Teixeira calificó estas denuncias como una "elucubración" del gobierno británico y de la emisora en la que trabajaba Jennings, considerado por él como "un fanfarrón" que vive de las conferencias. "Esos ingleses están enojados porque perdieron. No se conforman. [...] Piénselo: la BBC es estatal, es del gobierno. ¿Entiende? El interés del gobierno inglés es el de anular la elección de Rusia y sacar a Brasil de la competencia, porque ellos creen que pueden sustituirnos en el último momento. Está todo orquestado. ¿Se da cuenta?". Respecto del comentario sobre el presidente Lula, que quería ganar en 2007, en pleno segundo mandato, la sede del Mundial de 2014, el directivo declaró: "Míreme de frente y dígame si yo sería capaz de decir una tontería de esas. Decir que Lula no es nadie y pedir un soborno en la tribuna, frente a todo el mundo. ¡Hágame el favor! [...] Ese Triesman tiene que explicar en los tribunales cómo es que se gastó 50 millones de dólares, 15 del gobierno, en la candidatura de Inglaterra. Es una cantidad absurda, no se puede explicar. Nosotros gastamos 3 millones de reales y ganamos la sede del 2014. Ellos no se creen eso. ¿Me entiende?".

La derrota del Reino Unido vino junto con la sorprendente elección de Qatar como sede del Mundial de 2022, una demostración de la creciente influencia árabe en los entretelones del futbol, que pasa por Teixeira y Sandro Rosell.

En 2014 estalló un nuevo escándalo en torno a la controvertida elección de Qatar. El periódico británico *The Telegraph* publicó una declaración del FBI que afirmaba que, días después de la selección, Jack Warner, entonces directivo de la Concacaf, recibió 1.2 millones de dólares a través de sus hijos y de un empleado, provenientes de una empresa ligada a Mohamed Bin Hammam, entonces representante de Qatar ante el Comité Ejecutivo de la FIFA.

El caso comenzó a ser investigado cuando un banco de las Islas Caimán se negó a hacer una transferencia de dinero, aceptada por un banco de Nueva York. La cantidad transferida llamó la atención del FBI. Uno de los hijos de Warner vive en Miami y llegó a un acuerdo para colaborar con las autoridades, indicio de que todavía hay mucha basura que sacar de debajo del tapete del futbol.

Al calificar a la denuncia de la BBC como una elucubración, en la entrevista concedida a la revista *Piauí*, Teixeira en realidad estaba jugando para exhibirse ante la platea. Sabía bien lo que sucedía en Suiza. Sabía bien que este país ya no era el refugio seguro para el dinero sucio de todo el planeta que había sido en el pasado. Desde los atentados del 11 de septiembre de 2001 contra las Torres Gemelas, en Nueva York, Estados Unidos pasó a defender —con el argumento del combate al terrorismo— el fin del secreto absoluto de las transacciones financieras. La presión creció aún más después de la crisis económica mundial de 2008, dado que los gobiernos, deseosos de recaudar más impuestos, ya no aceptaban de la misma forma el libre tránsito de dinero que favorece la evasión.

No se engañen, el secreto aún protege a los ricos y poderosos, en especial a las grandes corporaciones. Enron, una compañía tejana de energía que quebró espectacularmente a inicios de 2000, tenía 881 subsidiarias en paraísos fiscales, 692 de ellas en las Islas Caimán; Citigroup, el controlador del banco Citi, 427; la News Corporation, del magnate de los medios de comunicación Rupert Murdoch, 152.

Sin embargo, en ciertos casos específicos las autoridades locales acaban por ceder para no correr el riesgo de echarlo todo por la borda. Fue lo que el fiscal suizo Thomas Hildebrand consiguió con el caso Teixeira, información valiosa que fue entregada por las autoridades de dos paraísos fiscales antes considerados inviolables: Andorra y Liechtenstein.

Según Nicholas Shaxson, autor del libro *Treasure Islands: Tax Havens and the Men who Stole the World [Islas del Tesoro: Los paraísos fiscales y los hombres que robaron al mundo]*, existen hoy cerca de sesenta jurisdicciones secretas en el planeta. Él las divide en cuatro grupos: las europeas, como Suiza, Andorra y Liechtenstein; las que se agrupan en torno a la City, el distrito financiero de Londres, como Jersey, Guernsey y la Isla de Man; las que gravitan en torno de la economía de Estados Unidos, como las islas del Caribe; y las surtidas, como Uruguay. Solo hay una justificación para tantos refugios financieros y es que hay clientela.

Según un informe del gobierno estadounidense divulgado en 2008, de las cien mayores corporaciones de Estados Unidos, 83 actuaban en paraísos fiscales. El objetivo es reducir o evadir la tributación. En el libro, con un tono ácido, Shaxson desafía el sentido común y dice que la frase "fuga de capitales" es una forma de culpar a la víctima; en realidad existe un sistema bancario altamente eficiente para sacar el dinero de África, por ejemplo, y desviarlo hacia Europa y Estados Unidos. Un sistema manejado por un ejército de "banqueros, abogados y contadores respetables", ironiza el autor. Lejos de representar el lado transparente del sistema, afirma Shaxson, Nueva York y Londres funcionan como los centros de reciclado del capital evasor y acaban lucrando con el dinero atraído hacia los paraísos fiscales.

En 2010, el Fondo Monetario Internacional (FMI) estimó que un tercio del PIB del mundo, 18 billones de dólares, circulaba por los centros financieros con el objetivo de mantener oculto el dinero. Esos territorios, pequeños en extensión geográfica, literalmente son sanguijuelas de la economía global. Ofrecen su sigilo a cambio de migajas de la riqueza en forma de tasas e inversiones.

Tomemos el ejemplo de Andorra, principado situado en las montañas entre España y Francia, con un área de menos de 500 kilómetros cuadrados. Ricardo Teixeira, con la ayuda indirecta de su amigo Sandro Rosell, llegó a solicitar la ciudadanía local. Para eso compró dos inmuebles. O sea, ayudó a mover la economía del país, que tiene apenas setenta mil habitantes. El pedido de ciudadanía de Teixeira finalmente no prosperó. Pero, ¿qué obtendría él a cambio para justificar su inversión? Sigilo en sus transacciones financieras y, eventualmente, garantía de no ser extraditado por las autoridades brasileñas, algo muy improbable.

Otro principado, el de Liechtenstein, ubicado entre Austria y Suiza, tiene cerca de 35 mil habitantes en 160 kilómetros cuadrados. La renta per cápita es de 34 mil dólares y se ubica entre las más altas del mundo. Eso solo se explica por los servicios prestados a quien quiera evadir impuestos en otros países, ya que el principado no posee ninguna industria, comercio ni agricultura notables. Fue en una oficina de Vaduz, la capital de Liechtenstein, que Sanud, la empresa con la cual Ricardo Teixeira dijo mantener solo una sociedad, surgió el 7 de noviembre de 1990.

Al momento de su creación, Sanud fue representada por el abogado Alex Wiederkehr. Es común que eso suceda: las empresas ficticias, protegidas por el sigilo y manejadas por bufetes de abogados, sirven como fachada para que los verdaderos dueños evadan impuestos. El 29 de julio de 1992, Wiederkehr firmó un poder para que el brasileño Alberto Ferreira da Costa firmara en nombre de Sanud en Brasil. Ferreira era el mismo abogado que seis meses antes había participado como testigo durante la constitución de la empresa RLJ, en Río de Janeiro. Como ya demostramos, la RLJ —iniciales de Ricardo, Lúcia y João Havelange— era una de las empresas más importantes de Teixeira. Quedaba así establecido un canal para traer legalmente la inversión foránea. Bajo la protección de las rigurosas leyes de secreto bancario de Liechtenstein, no era necesario identificar el origen del dinero.

Al investigar el caso en Brasil, nosotros también creíamos que Sanud Etablissement usaría el método rutinario de las casas de cambio brasileñas; es decir, camuflarse como inversionistas extranjeros para hacerse socios de empresas brasileñas, en este caso la RLJ.

Los dueños de una empresa *offshore* siempre son anónimos. Las autoridades solo conocen a sus administradores o apoderados. Entonces, los verdaderos socios tienen "acciones" de la empresa, las cuales son al portador, o sea, pueden vender su participación a quienes ellos quieran. En el submundo del lavado de dinero las *offshores* (que solo hacen operaciones intercontinentales) funcionan como empresas de transporte. Son conocidas así porque solo ejercen la función de llevar y traer el dinero escondido en el exterior.

Sospechábamos que Teixeira usaría a la Sanud Etablissement, disfrazada de inversionista extranjera, para adquirir acciones de alguna de sus empresas en el país. Como todo esto no pasa de un juego de escenificación, nosotros no veíamos nada anómalo si Ricardo Teixeira apareciese en los dos extremos de la transacción, como apoderado de Sanud Etablissement en el paraíso fiscal y en la condición de propietario de RLJ, que recibía los recursos del nuevo socio extranjero.

Bastó una investigación hecha en la Junta Comercial y en las notarías de títulos y documentos para que nuestras sospechas se confirmaran. Pero, para disfrazar el ingreso del dinero con más cuidado y con un cierto barniz de legalidad, el ex presidente de la CBF se valió de otra máscara: en vez de hacerlo él mismo, nombró a su hermano Guilherme Teixeira como apoderado de Sanud Etablissement. Le heredó el poder que originalmente había otorgado al abogado Alberto Ferreira da Costa para representar a Sanud en Brasil.

O sea, el eventual "inversionista" europeo, si de hecho existió, renunció a controlar su propio dinero y dejó todo en manos de Ricardo y Guilherme. ¡Qué magnánimo!

La oficialización de este negocio otorgó a Sanud el derecho de realizar operaciones de cambio e inyectar fondos en la empresa propiedad de Ricardo Teixeira en Brasil. Todo el dinero, justificado como un aumento de capital de RLJ y formalizado (presentado al contado) por Sanud Etablissement, fue invertido en los negocios del presidente de la CBF.

Para asociarse con la RLJ, la empresa de Ricardo Teixeira y Lúcia Havelange, Sanud trajo a Brasil inicialmente Cr$ 3.5 millones (394,486.20 dólares en valores de la época). Teixeira y Lúcia aumentaron su participación en la sociedad y juntos pasaron a tener Cr$ 3,503 millones (394,824.34 dólares, en valores de la época).

Aunque su inicial estaba en el nombre de la empresa, João Havelange no participó de forma directa en el negocio. El día que RLJ y Sanud se unieron, quien firmó como testigo fue Ricardinho, primogénito de Ricardo y Lúcia y el consentido de Havelange.

La fusión de RLJ y Sanud conectó formalmente los negocios de la familia a un canal europeo. En Brasil, la relación empresarial entre Ricardo, Lúcia y João se manifestó incluso en la elección de los domicilios: la sede de RLJ fue transferida a la Avenida Rio Branco

151, en el centro de Río de Janeiro, junto a la oficina de João Havelange en la ciudad.

--- --- ---

El camino que llevó al fiscal suizo Thomas Hildebrand a encontrarse con la Sanud puede ser atribuido a la ley de las consecuencias imprevistas, que tiene un cierto parentesco con la ley de Murphy, aquella que dice que todo lo que pueda salir mal, saldrá mal.

El 29 de mayo de 2001, cuando Joseph Blatter ya había sustituido a João Havelange en la presidencia de la FIFA, esta formalizó su demanda ante un tribunal del cantón de Zug, en Suiza. Alegaba haber sido estafada por su socia tradicional, ISL, durante la promoción del Mundial.

Como ya narramos, fue el dueño de Adidas e ISL quien multiplicó el poder de João Havelange en el futbol mundial. A cambio se quedó con lo mejor de los contratos de la FIFA, los de las transmisiones de los Mundiales, revendidos por cantidades millonarias a las emisoras de todo el mundo.

Sin embargo, en la segunda mitad de los años ochenta este arreglo ya se caía por su propio peso. En 1987 Dassler murió de cáncer, a sus 51 años de edad. Al año siguiente, 1998, Havelange dejó la presidencia de la FIFA. En 2001, después de una serie de negocios desastrosos, ISL quebró. Fue la segunda mayor quiebra de la historia de Suiza.

La FIFA se dispuso a exigir justicia. Dijo que ISL, antes de entrar en quiebra, omitió pagar 49.5 millones de dólares por los derechos de transmisión de los Mundiales de 2002 y 2006, pagados por la TV Globo de Brasil. Aun después de aportar al negocio de Havelange, Teixeira y otros, Joseph Blatter jamás dejó a sus colegas caídos en el camino. Siempre se posicionó como un defensor de la "familia del futbol".

Más tarde, cuando los sobornos de la ISL fueron confirmados, adoptó el discurso de que en aquella época estos pagos no eran prohibidos por la legislación Suiza. El hecho, sin embargo, es que fue la demanda de la FIFA ante los tribunales la que hizo volar la primera piedra.

En principio generó la investigación que llevó a juicio a seis ejecutivos de la ISL, entre ellos Jean-Marie Weber, el "hombre de la maleta" de Dassler, que distribuía obsequios en nombre de la empresa. La FIFA arrojó la primera piedra, pero sus directivos también tenían enormes techos de vidrio.

En sus investigaciones, el fiscal Hildebrand descubrió que en un acuerdo hecho fuera de la ley, la FIFA había intentado suavizar las cosas y promovido un acuerdo entre los acreedores de ISL y Ricardo Teixeira, según el cual el directivo devolvería parte de lo que había recibido de sobornos por parte de la empresa, un total de 2.5 millones de francos suizos, equivalentes a 1.3 millones de dólares. Valor que, como dijimos anteriormente, se sospecha que fue pagado por su amigo catalán Sandro Rosell, entonces presidente del Barcelona.

El hecho es que el 8 de agosto de 2005 inició en los tribunales del cantón de Zug, en Suiza, el juicio que más adelante conduciría a la desgracia pública de João Havelange y Ricardo Teixeira.

El déficit dejado por la implosión de la ISL fue equivalente a más de quinientos millones de reales. Era necesario conseguir el dinero para no dejar a los acreedores en desgracia total. Los acreedores optaron por pedir la devolución del dinero de los sobornos que habían pagado a los directivos del futbol.

Con acceso a información antes guardada bajo siete llaves, los responsables de la quiebra documentaron algo que antes quedaba solo en el campo de las especulaciones: la empresa ISL y su controladora, ISMM, habían pagado cantidades enormes a las autoridades del futbol a título de "comisión", "remuneración", "contratación o pagos adicionales para adquisición" o incluso "donaciones para individuos y ejecutivos del mercado deportivo global". Entre 1989 y 1998 fueron exactamente 122,587,308.93 francos suizos, el equivalente a 45,905,972.48 dólares.

¡Impresionante! ¡Casi cuarenta y seis millones de dólares en un único canal de sobornos que desembocaba directamente en los bolsillos de los directivos! No sorprende que la empresa haya quebrado.

Le tocó presenciar los acuerdos oscuros, el gasto del dinero público y vio cómo los precios de los boletos se volvían inaccesibles para la gran mayoría.

Sin embargo, como contribuyentes también pagaron la cuenta del Mundial. Muchos se dieron cuenta de esto y asumieron un nuevo papel fuera de los estadios. El mito del brasileño cordial, usado como propaganda para tratar de apaciguar a un pueblo luchador, jamás estuvo tan fuera de moda.

Ricardo Teixeira sintió el peso de esa movilización. No solo él. La era de las manifestaciones, incluso aquellas contra el presidente de la CBF, hizo tambalear a las instituciones nacionales.

NO VOTÉ A LA FIFA

No se hace un Mundial con hospitales. Hay que hacer estadios.

Ronaldo

Vamos a olvidar toda esta confusión que se ha dado en Brasil, todas esas manifestaciones, y vamos a pensar que la selección brasileña es nuestro país, nuestra sangre. No vamos a abuchear a la selección.

Pelé

Dos décadas de cambios arbitrarios, maniobras, negociaciones sospechosas y bajezas vergonzosas de Ricardo Teixeira y João Havelange en la gestión del futbol ayudaron a provocar lo inimaginable: pusieron al brasileño en contra de su "primera pasión nacional". El tiempo y los hechos han corroído la inocencia del aficionado, devoto al club de su corazón, que solo presenciaba las disputas honestas dentro de la cancha.

La desilusión con el futbol es un fenómeno reciente. Hasta la popularización de internet y el surgimiento de las redes sociales, las críticas y denuncias se limitaban a algunos columnistas de periódicos y revistas especializados. Los noticieros estaban dominados por la relación espuria entre la TV Globo y la CBF, y por una crónica deportiva principalmente complaciente o limitada. Por tanto, a los ojos de la población, todo parecía marchar muy bien; a los de los directivos, las cosas iban todavía mejor. Detrás de los íconos y presentadores sonrientes había una poderosa máquina encargada de maquillar la cloaca que corre por los subterráneos del futbol.

Sin embargo, internet rompió la barrera que protegía a los directivos y provocó en los aficionados la catarsis de sentimientos de frustración acumulados. *Blogs*, portales y acceso a los noticieros internacionales debilitaron este blindaje. En poco tiempo el malestar se desbordó hasta las calles, para desesperación de los directivos.

Para aquellas alturas ya se consolidaba la idea de que el Mundial sería un evento para pocos y de mucho lucro. En Río de Janeiro repercutían las noticias sobre los desalojos. Tomaban cuerpo las denuncias de los sobornos provenientes del extranjero que recibían los directivos de la FIFA.

Sucedió casi al mismo tiempo, poco después de la aparición de los primeros reportajes de la TV Record que denunciaron las estafas de Ricardo Teixeira y la CBF, que un grupo de aficionados creó en internet el movimiento llamado "Fuera Ricardo Teixeira", con un portal, *blog*, página en *Facebook* y campaña en *Twitter*. Las noticias empezaron a transmitirse el día 30 de junio de 2011. En menos de un mes, el 21 de julio, el portal salió al aire.

El objetivo era unir a los aficionados y simpatizantes del movimiento #foraricardoteixeira (fuerarricardoteixeira). En pocas horas, casi treinta mil personas habían participado en la campaña para la expulsión del directivo. La manifestación virtual se convirtió en una pesadilla para el mandatario de la CBF y sus socios; a nueve días de la primera ceremonia oficial del calendario del Mundial de Brasil 2014 llegó el sorteo de las eliminatorias. El evento se celebraría el sábado 30 de julio, en Río de Janeiro, y sería orquestado por una empresa de las Organizaciones Globo y transmitido a todo el mundo.

Entonces la campaña estalló y ya en su primer día debió llegar a los *trend topics* —la lista de los temas más comentados en la red social— si no fuera porque, por un extraño acontecimiento, el *hashtag* desapareció de *Twitter*. Al mismo tiempo que la campaña #foraricardoteixeira ganaba impulso en el mundo virtual, grupos de aficionados diseminados por todo el país se unían al movimiento.

El 23 de julio, dos días después del lanzamiento de la campaña, el Frente Nacional de Aficionados anunció que haría una protesta el día del sorteo de las eliminatorias. Su lema era bien claro: "Marcha por un Mundial del pueblo. Fuera Ricardo Teixeira". La convocatoria virtual y la movilización en *Twitter* reunieron a miles de personas. Decenas de caricaturas nada elogiosas sobre Teixeira ganaron espacio en internet. La campaña tenía hasta logotipo, botones, playeras y letreros para ser exhibidos en las calles y los estadios. El malestar contra Teixeira y contra todo lo que él representaba ganaba fuerza.

Aun así, el presidente de la CBF, la FIFA y las autoridades subestimaron la fuerza de las protestas que se anunciaban. Creían que la Globo sería capaz de contener la indignación de los aficionados. Quizá sea por esto que los medios de la empresa, incluso los que se especializan en deportes, ignoraron al movimiento. A pesar de la repercusión del tema en las redes sociales, la orden era de silencio. Seguían la máxima de Teixeira: si no salió en el noticiero de la Globo, no existe. Sin embargo, el mundo ya no era el mismo. El directivo y su grupo descubrirían esto de la manera más severa.

Mientras los aficionados preparaban su manifestación para el día 30 de julio, las protestas virtuales se multiplicaban. Entre los días 27 y 28 se acordó aumentar el volumen de *tuits* con el *hashtag* #foraricardoteixeira. Era una forma de protestar contra la censura velada que *Twitter* estaba imponiendo al eliminar este tema de la lista de los temas más discutidos en Brasil y en el mundo. Durante las primeras horas, la censura de la red social siguió imponiéndose y logró que las manifestaciones virtuales no aparaciesen en los *trend topics*. Sin embargo, el bloqueo se rompió pocas horas después cuando el *hashtag* apareció en primer lugar en Cuiabá y Portugal.

El miércoles 27 el directivo sufrió una amarga derrota. Para burlar lo que les parecía una censura por parte de *Twitter*, los organizadores crearon variantes del *hashtag* como #adeusrt (adiosrt), #caiforaricardoteixeira (vetericardoteixeira) y #foraoficial (fueraoficial). Hicieron una demostración de fuerza espectacular, ya que fueron los temas más *tuiteados* en São Paulo, Brasil y el mundo.

Como la repercusión era enorme, la Globo se vio forzada a transmitir las protestas virtuales contra el directivo, además de la amenaza de manifestación para el día del sorteo. El portal Globo.com publicó un reportaje, que más parecía un producto del departamento de relaciones públicas de la FIFA, que intentó minimizar el malestar que las manifestaciones contra el directivo empezaban a generar entre sus compañeros. El secretario general de la entidad, Jerome Valcke, comentó que esperaba que las protestas no empañaran la fiesta. El directivo llegó a declarar que ningún país había organizado un Mundial sin gastar recursos públicos, excepto Estados Unidos.

En la víspera del evento, en Marina da Gloria, en Río de Janeiro, el clima era tenso. Nadie en el gobierno o en la CBF sabía si las protestas virtuales llegarían a las calles, ni si se corría el riesgo de que Brasil sufriera una vejación histórica. Ese mismo día, *Twitter* bloqueó el *hashtag* #foraricardoteixeira, en lo que parecía ser un intento de contener o abortar las manifestaciones del día siguiente. Como preveían los organizadores, el movimiento ya estaba en marcha y no era posible detenerlo. Ricardo Teixeira por fin percibió el clima reinante. Discutió con algunos periodistas ingleses y canceló la entrevista colectiva que estaba prevista para la prensa internacional.

El viernes 29 de julio las protestas virtuales ganaron rostro, voz y nombre. El Frente Nacional de Aficionados y el Comité Popular del Mundial anunciaron que la protesta del día siguiente sería contra los desalojos de los vecinos y a favor de la salida de Ricardo Teixeira de la presidencia de la CBF y del Comité Organizador Local del Mundial de 2014.

El sorteo de las llaves de las eliminatorias del Mundial indicaba con claridad cómo serían las cosas durante el campeonato de Brasil. Organizada por la Geo Eventos, una empresa de las Organizaciones Globo, la fiesta costó 30 millones de reales, mismos que aportaron los gobiernos de la ciudad y del estado de Río de Janeiro. Ni la Globo ni la CBF ni la FIFA desembolsaron un solo real. O sea, más leña al fuego del malestar popular. El espacio aéreo del aeropuerto Santos Dumont, uno de los más saturados del país, se cerró a los vuelos durante el horario de la fiesta porque el ruido de los aviones podría interferir con la transmisión del evento, una medida que sería impensable en cualquier otro país del mundo.

Autoridades, artistas, jugadores, directivos de la FIFA y Ricardo Teixeira fueron hasta la Marina da Gloria. La presidenta Dilma Rousseff también se presentó pero se mantuvo a distancia del directivo, a quien evitó durante la ceremonia. Cerca de mil personas, entre aficionados y vecinos de las comunidades pobres de Río de Janeiro perjudicadas por las obras del Mundial, representantes de organizaciones no gubernamentales, maestros y personas indignadas con el gasto público en el torneo se reunieron unas horas antes en la plaza Largo do Machado y siguieron en manifestación hasta Marina da Gloria. Un bloqueo hecho por la Policía Militar les impidió acercarse a la sede de la celebración. Fue una protesta pacífica, con mucha música y pancartas contra Ricardo Teixeira, algunas en inglés, que denunciaban los gastos del gobierno para el Mundial y la corrupción en el futbol. No se registraron incidentes.

Un fuerte temporal dispersó a los manifestantes y perturbó el sorteo. La manifestación dividió la atención de la prensa nacional e internacional. Ricardo Teixeira, siempre consentido, empezaba a sentir que las cosas ya no iban tan bien así que fue discreto y silencioso. Como objetivo principal de las protestas, se marchó calladito. Esa primera manifestación, sin embargo, fue la mecha de algo mucho mayor. En los días siguientes las protestas se multiplicaron en varias ciudades del país. El día 13 de agosto cerca de 400 personas se reunieron en el espacio central del Museo de Arte de São Paulo y siguieron hasta la plaza Charles Muller, frente al estadio Pacaembu. La protesta fue organizada por el Frente Nacional de Aficionados, la Asociación de Aficionados Paulistas y el Frente por el Día del Basta.

La revuelta que había comenzado en internet y tomado las calles alcanzó entonces repercusión internacional. El día 19 de agosto el diario francés *Le Monde* publicó un reportaje especial sobre las protestas contra el directivo.

Pero esto solo fue el comienzo. Aficionados de todo Brasil, motivados por la Confederación Nacional de Porras Organizadas, convocaron a protestar dentro de los estadios en los partidos del Brasileirão de la última semana de agosto. El anuncio de las manifestaciones en los estadios arrinconó a la CBF y a Teixeira, pero no bajaron la guardia. En una actitud cuando menos extraña, la Federación Catarinense de Futbol publicó en su portal una nota que prohibía a los aficionados protestar contra el directivo dentro del estadio Orlando Scarpelli, en Florianópolis. El partido programado era entre el Avaí y el Figueirense, clásico de la capital del estado. El plan no prosperó porque los aficionados consiguieron un amparo que les garantizó el derecho a la libre manifestación, establecido en la Constitución.

Aquel fin de semana todos los estadios del país fueron escenario de las protestas. Las pancartas que exigían la salida de Ricardo Teixeira se desplegaron en las tribunas junto a las banderas de los equipos. Fue una de las pocas veces en las que hubo unanimidad en los estadios, sin contar los partidos de la selección. Aficionados de equipos con gran rivalidad histórica, que solían frecuentar los encabezados de las columnas deportivas por su violencia, esta vez adoptaron el mismo grito para clamar por la salida de Teixeira. En Minas Gerais, tierra natal del directivo, los aficionados no pudieron manifestarse. La Policía Militar impidió la entrada de una pancarta de protesta contra el directivo en la Arena do Jacaré, en Sete Lagoas, donde se disputó el clásico entre el Atlético-MG y el Cruzeiro.

Ninguna protesta en los estadios apareció en el noticiero de la Globo. Si el tradicional blindaje no funcionaba, al menos la emisora no podría ser acusada de deslealtad contra Teixeira.

Esta situación duró hasta el 13 de agosto, un sábado. Ese día, doce policías civiles de Brasilia cumplieron una orden de aprehensión en el departamento de Vanessa Almeida Precht, en Leblon, Río de Janeiro. La dirección era la sede de Ailanto, la empresa de Vanessa y Sandro Rosell acusada de malversar fondos provenientes del amistoso entre Brasil y Portugal. A la luz de nuevas denuncias, la policía consiguió que un juez otorgara la autorización para allanar la empresa en busca de documentos y computadoras. La noticia de la búsqueda fue transmitida en el noticiero estelar de la Globo. Teixeira enfureció. El jueves siguiente llegó la venganza. El columnista Ricardo Feltrin publicó una supuesta amenaza de Teixeira al director de la Globo Deportes, Marcelo Campos Pinto. Según Feltrin, el directivo estaba dispuesto a revelar ciertas grabaciones que estaban en su poder y que mostrarían la forma como la Globo había manejado los horarios de los partidos de los clubes y de la selección; más aún, otras grabaciones mostrarían la prepotencia de la cúpula de la Globo Deportes y el desaire hacia la competencia. A sus allegados, Teixeira les dijo que estaba perplejo ante "el golpe de la Globo" y que se sentía traicionado. Su mayor indignación se debía al hecho de que pocos meses antes había ayudado a la Globo a mantener los derechos de transmisión del futbol.

El recado de Teixeira, enviado a través de la prensa, detuvo momentáneamente a la Globo en su cobertura noticiosa, pero el directivo percibió que algo no estaba del todo bien. Aun a su pesar, la Globo había transmitido una noticia en su contra. Era una señal muy clara de que en Brasil la información ya no tenía dueño.

Un fenómeno causado tanto por la diseminación del acceso a internet como por la reducción relativa del alcance de los medios tradicionales. En 1989, por ejemplo, cuando el directivo tomó posesión como presidente de la CBF, el *rating* de audiencia del noticiero de la Globo era de 59 puntos; ya en 2013 cayó a 26. O sea, casi seis de cada diez telespectadores cambiaron de canal durante la transmisión del noticiero y una buena parte estaba recibiendo información sobre las denuncias contra Teixeira.

- - -

Antes de fin de año la salida de Teixeira ya se veía como una realidad, pero el directivo todavía tenía un as bajo la manga: Ronaldo Luís Nazário de Lima. Teixeira nominó al ex jugador para el Comité Organizador Local en un intento por desviar el foco del noticiero con la popularidad del artillero de los Mundiales, con quince goles en cuatro participaciones.

Para Ronaldo era una oportunidad de sumar el prestigio de administrador deportivo a su exitosa carrera en las canchas: es dueño de la 9ine Sports & Entertainment, una agencia de mercadotecnia que, entre otros servicios, administra la imagen de jugadores, algunos de la selección. La elección fue celebrada por Marcelo Campos Pinto, de la Globo, quien pensó que el ex jugador aportaría credibilidad a la organización del Mundial.

Andrés Sánchez, responsable de la jugada de mercadotecnia de fichar a Ronaldo en el Corinthians en 2008, se ganó el cargo de director de selecciones de la Confederación como uno de los premios por su lealtad a Teixeira. Asumió el cargo en enero, apenas terminado su mandato en el Corinthians, con un salario de 75 mil reales. Llegó con carta blanca. En medio del alud de denuncias, Teixeira tenía que ser cuidadoso.

Tan pronto fue anunciado en el nuevo cargo, en diciembre de 2011, Sánchez declaró con precisión su estrategia a la revista *Brasileiros*: "Voy a encargarme de todo en la CBF". El plan, según él, era dirigir la Confederación, Ronaldo el COL, y Teixeira "quedaría en la cima, viajando, haciendo todas las cosas que él tiene que hacer. Cualquier problema que surja yo lo llamo: 'Dígame, presidente, ¿cómo hacemos esto?' Punto". Andrés fue el que tejió el nombramiento de Ronaldo "Fenómeno" y limó las asperezas entre el jugador y el directivo. En 2010, en una fiesta de la empresa Traffic, de J. Hawilla, el directivo convenció a Ronaldo de que se acercara hasta la mesa de Teixeira para saludarlo.

Un año antes, en una nota publicada por el periódico *Folha de São Paulo*, el delantero inició su ataque cuando calificó al directivo como "persona con doble carácter". La relación entre ambos había empeorado durante el Mundial de Alemania. Hasta entonces, Ronaldo había sido la gran pieza de mercadotecnia, el consentido de los medios de comunicación y de los aficionados que apalancó los contratos millonarios de la selección brasileña en los años noventa. La historia de superación de Ronaldo, que salió de la inactividad para ser la clave del triunfo de Brasil en el Mundial de Japón y Corea del Sur 2002, quedó grabada en la imaginación de los aficionados. Sin embargo, después de la vergüenza del Mundial del 2006, Teixeira arremetió en los bastidores contra Ronaldo y responsabilizó al delantero por la derrota. "Es muy fácil, a la hora del triunfo, estar lado a lado, levantar el trofeo y ser el campeón junto con los jugadores. A la hora de la derrota también es fácil señalar a alguien, como a Cristo, y crucificarlo", dijo Ronaldo en la nota de 2009.

Cuando pronunció el discurso de presentación de Ronaldo en su nuevo cargo en el COL, Teixeira ya había olvidado todo esto y también los zarpazos intercambiados con "Fenómeno". El directivo pata de palo parecía determinado a abandonar la larga historia de confrontaciones con nuestros mayores ídolos. "Llegó el momento de la conciliación, de un gran esfuerzo nacional para poder conseguir la mejor y más bonita Copa del Mundo de todos los tiempos. Y nada mejor para ese propósito de identidad nacional que convocar a la cancha a un nombre que encarna a la perfección esa identidad. Un gran ídolo, Ronaldo, un ícono que encantó a varias generaciones y que, hasta hoy, ya concluida su carrera, es símbolo de lo mejor que puede producir nuestro país", afirmó Teixeira con diplomacia. También citó a Pelé, "embajador en todas las canchas del mundo". Recordó incluso a su principal adversario en el medio deportivo, el cuatro veces campeón mundial Romário, electo diputado federal con la "tarea necesaria y propia de los ambientes democráticos de cuestionar e indagar sobre el rumbo del proyecto del Mundial".

Teixeira, que no aceptó responder las preguntas de los periodistas, exaltó el "momento de conciliación" para el "espectáculo inolvidable" que sería el Mundial. También dijo, quizás en un acto fallido, que el Mundial tenía "varios dueños" pero que pasaría a la historia como un evento de Brasil y de los brasileños. Si tenía varios dueños, indiscutiblemente Teixeira se consideraba uno de ellos, ahora con la anuencia de Ronaldo.

- - -

Entonces vino la tragedia. Cuestionado sobre el alto costo de los estadios financiados con recursos públicos, Ronaldo soltó la perla que se convertiría en la marca registrada de las manifestaciones populares: "No se hace un Mundial con hospitales. Hay que hacer estadios".

Es probable que Teixeira nombrara a Ronaldo cuando ya había decidido retirar a su equipo de la cancha. Sabía que era posible que la Suprema Corte de Suiza, a la que había apelado en última instancia, votara por hacer públicos los detalles de la investigación que exponía los sobornos millonarios que él y Havelange se habían embolsado, como de hecho sucedió después.

El directivo puso a Ronaldo en el juego y trató de preservar su fortuna personal, estimada en 50 millones de reales. Según la revista *Veja*, a principios de 2012 comenzó a deshacerse del patrimonio que había acumulado en Brasil. Subastó el ganado de la hacienda de Piraí, cerró las actividades de la lechería, clausuró negocios en Río de Janeiro y vendió un departamento de lujo en Leblon.

Compró una casa en Florida y un departamento en París. También se encargó de sus amigos. Despidió a su tío, Marco Antônio. Otro hombre clave de su administración, el director financiero Antonio Osório Ribeiro da Costa, saldría meses después de la llegada de José Maria Marin al poder. Como archivos vivientes de los años Teixeira, ambos recibieron indemnizaciones millonarias. El directivo, por su parte, a puertas cerradas, ya obtenía de su vicepresidente, José Maria Marin, la promesa de que **todas sus maniobras continuarían enterradas**.

Marin tiene un pasado que invita a los acuerdos espurios. En 1975, como diputado estatal por el partido que sustentaba a la dictadura militar, Arena, Marin ascendió a la tribuna de la Asamblea Legislativa de São Paulo para hacer un comentario a un discurso de su colega Wadih Helu, que denunciaba a "comunización" de TV Cultura de São Paulo. En aquella época, el periodismo de TV Cultura incluía a militantes del Partido Comunista y era acusado de solo entregar noticias "negativas", incluso sobre la guerra de Vietnam, con un tono antiestadounidense. "Ya no se trata de divulgar lo que es bueno y dejar de divulgar lo que está mal. Se trata de un gran malestar que ya está apoderándose de todos en São Paulo. Este es un tema que no solo se comenta en esa tribuna", dijo Marin en su discurso.

El diputado solicitó que el gobernador de São Paulo, Paulo Egydio Martins, tomara medidas contra TV Cultura, ya que el estado tenía poder sobre la fundación que controla la emisora. Los discursos en la Asamblea y las columnas publicadas por el periodista Claudio Marques en el diario *Shopping News* son considerados parte de la campaña que llevó a prisión al periodista Vladimir Herzog, de TV Cultura, fallecido en las dependencias del DOI-CODI, el centro de torturas de São Paulo.

Convencido de que un hombre que tiene sus propias **maniobras enterradas** va a cuidar también las ajenas, Teixeira se trasladó hacia Miami el día 17 de febrero. Se fue en un *jet* acompañado por su amigo Wagner Abrahão. Hubo fuertes rumores de que abandonaría la CBF ese fin de semana, pero todos fueron desmentidos. Una nota de la Confederación aseguró que todo estaba en orden y que el directivo había viajado a Estados Unidos solo a pasar el carnaval en ese país. Reasumiría sus funciones normales en cuanto regresara del descanso. Cuestionado sobre la fecha de la renuncia de su aliado y jefe, Andrés Sánchez ironizó: "¿Cuándo? Cuando el sargento García atrape al Zorro", y se cayó del caballo porque Teixeira ya no aguantaba la presión.

El 8 de marzo el presidente de la CBF regresó a Miami. Cuatro días después la organización anunció la renuncia oficial de Ricardo Teixeira. El vicepresidente, José Maria Marin, dijo que Teixeira abandonaba la presidencia para cuidar su salud y a su familia. Tenía cierta razón, puesto que la renuncia se decidió después de un ultimátum de su esposa, quien no resistió la presión de las denuncias. La gota que derramó el vaso fue una crisis nerviosa de su hija Antônia luego de que la llamaran "hija de ladrón" en la escuela, según un amigo de la familia. Ese mismo día, Ana le comunicó a Ricardo Teixeira que se mudaba a Miami. El directivo se desarmó e hizo las maletas.

Según lo planeado, y de acuerdo con los estatutos de la organización, Marin asumiría el comando del futbol por ser el vicepresidente de mayor edad. Leyó la carta de Teixeira para justificar la decisión. El directivo puso su cara de mártir y no escatimó los elogios a su propia persona: "Hoy dejo definitivamente la presidencia de la CBF con la sensación del deber cumplido. Los ataques injustificados no pueden competir con la dicha de ver en el rostro de los brasileños la alegría de la conquista de más de cien títulos, entre los cuales se incluyen dos campeonatos mundiales, cinco Copas América y tres Copas Confederaciones. Nada manchará lo que fue construido con sacrificio, renuncia y dolor".

La carta contiene algunas verdades en los números. Después de 23 años y 56 días en el trono, Ricardo Terra Teixeira dejó algo más que una larga lista de denuncias. Durante su mandato, Brasil ganó los Mundiales de 1994, tras 24 años de espera, y 2002. La selección también obtuvo la Copa América de1989, en el Maracaná, después de otro ayuno de cuarenta años. El equipo volvió a levantar la copa en 1997, 1999, 2004 y 2007. La escuadra nacional conquistó aun tres Copas Confederaciones (2005, 2009 y 2013), tres Mundiales sub-20 (1993, 2003 y 2011) y otros tres sub-17 (1997, 1999 y 2003).

Se llenó la sala de trofeos, y la caja registradora también. En medio de las denuncias de 2011, la CBF divulgó el balance de la organización con un superávit de 83 millones de reales en 2010. Fueron 263 millones recaudados, 193 millones por concepto de patrocinios. En 1989, cuando Teixeira asumió el cargo, las finanzas estaban en muy mal estado. En manos del directivo la selección más admirada del mundo adquirió el valor que merecía y Teixeira también se enriqueció en el camino. En su visión, probablemente, la nación debería estar agradecida. Al final, como él le dijo a la revista *Piauí*, "¿qué carajos tienen que ver las personas con las cuentas de la CBF?".

- - -

Boca Ratón es una ciudad en el condado de Palm Beach, en Florida. Es una región de residencias lujosas. También es un refugio de artistas y millonarios, como Donald Trump, el roquero Rod Stewart, Ricky Martin y la cantante Shakira. Este fue el paraíso escogido por Ricardo Teixeira para su exilio autoimpuesto de Brasil. En febrero de 2013 un reportaje del periódico *Folha de São Paulo* mostró la vida de ex directivo en tierras estadounidenses. Compró una casa en el exclusivo condominio Sunset Island, uno de los más elegantes de la región, con mansiones a la orilla del mar y muelles particulares. Teixeira pagó 15 millones de reales por la residencia.

La casa había pertenecido a la tenista Anna Kournikova, más conocida por sus atributos estéticos que por los resultados en el tenis durante sus siete años de carrera, de los 15 a los 22. Para las revistas del corazón, la trayectoria de Kournikova fue un plato lleno. Hubo rumores hasta de intentos fallidos del joven Ronaldo "Fenómeno" de conquistar a la tenista. Como si esto no fuera suficiente, fue portada constante de las revistas de celebridades gracias a su larga relación con el cantante Enrique Iglesias.

Estrellas del mundo pop, estrellas del millonario circuito del tenis. En 2013 este era el nuevo nivel del ex presidente de la CBF. El reportaje de *Folha* mostró que la mansión posee siete dormitorios y ocho baños dispuestos en más de 600 metros cuadrados. En el garaje fotografiaron un *Porsche* y dos *Mercedes*.

Como de costumbre, la compra de la mansión no fue registrada directamente a nombre del directivo, sino que fue adquirida por la Ochab Properties, una empresa creada ocho días antes de la transacción. La firma posee la misma dirección que la empresa Kronos Capital Investments, constituida al día siguiente de la creación de la Ochab. Ochab está a nombre de una empresa que es intermediaria de negocios entre brasileños que quieren permanecer anónimos y sus contrapartes estadounidenses. Ya la compañía Kronos fue registrada a nombre de Teixeira y su esposa.

En agosto de 2013 el directivo viajó a Brasil. La información del viaje, que debía desarrollarse en la más absoluta discreción, se filtró a la prensa. Teixeira sufría una grave crisis renal y viajó a atenderse en el Hospital Albert Einstein, en São Paulo. Había perdido diez kilos, lucía abatido y tuvo que hacerse hemodiálisis. Aprovechó la temporada para encontrarse con Ricardo Trade, "El Baka" (de bacalao), hombre fuerte del Comité Organizador Local del Mundial, indicado por él, para enterarse sobre el curso de los negocios. Después regresó a Florida. El día 3 de octubre, de nuevo en Brasil, fue sometido a un trasplante de riñón en el mismo hospital. El donador fue su hermano Guilherme.

Antes de estas idas y venidas al país para cuidar su salud, Teixeira fue objeto de una protesta solitaria. A principios de junio de 2013 el periodista Mário Magalhães mostró en su *blog* que un veterano de la campaña para expulsar a Teixeira aprovechó un viaje a Estados Unidos para darse una vuelta por Boca Ratón, donde colocó pancartas de la campaña y se tomó fotos con una playera usada en las protestas del 2011. Una demostración de que la memoria del aficionado brasileño no perdona.

- - -

Las jornadas de junio de 2013, las mayores manifestaciones callejeras en Brasil desde la campaña por la destitución del presidente Fernando Collor en 1992, tuvieron como detonante las manifestaciones contra el aumento de tarifas de autobuses en São Paulo. La represión brutal de la Policía Militar de dicho estado generó la indignación nacional.

Sin embargo, la realización en el país de la Copa Confederaciones, ese mismo mes, ya había servido para activar los movimientos sociales. El día de la inauguración del torneo, 14 de junio, dos mil personas marcharon hasta la entrada del estadio Mané Garrincha, en Brasilia. La policía montó las barreras. Los manifestantes intentaron penetrar el bloqueo. Veintitrés personas fueron arrestadas y decenas quedaron heridas en la confrontación con la fuerza de choque y la caballería.

Dentro del estadio, Brasil derrotó a Japón por 3 a 0. En el palco de honor, la presidenta Dilma, el presidente de la FIFA, Joseph Blatter, y el nuevo jefe de la CBF, José Maria Marin, sintieron el clima de indignación. Fueron abucheados durante el acto inaugural del evento. La Globo no mostró las silbatinas en sus noticieros, pero fue en vano.

Las protestas se repitieron durante los días siguientes. En Belo Horizonte, 400 manifestantes intentaron llegar al Mineirão, donde jugaban Tahití y Nigeria. En el segundo partido de Brasil, que fue contra México en el Castelão, en Fortaleza, la represión policial a una manifestación dejó decenas de heridos.

El presidente de la FIFA, Joseph Blatter, en una nota lacónica, intentó defender a la organización: "Brasil pidió este Mundial. Nosotros no le impusimos este Mundial a Brasil. Está claro que sabían que para tener un buen Mundial tendrían que construir estadios". Pelé trató de ayudar: "Vamos a olvidar toda esta confusión que se ha dado en Brasil, todas esas manifestaciones, y vamos a pensar que la selección brasileña es nuestro país, nuestra sangre. No vamos a abuchear a la selección".

Aun así, pancartas con lemas como "Educación y salud con calidad FIFA", "Fuera la FIFA" o "No voté a la FIFA" comenzaron a aparecer en las protestas, tanto en los alrededores de los estadios como en las que surgieron por el ajuste a las tarifas del transporte y ahora tenían como blanco a las instituciones públicas, los bancos y las concesionarias de automóviles.

En Salvador, donde jugarían Uruguay y Nigeria, los manifestantes usaron sanitarios portátiles como barricadas, encendieron fuego en los contenedores de basura y destruyeron automóviles y tiendas. Decenas de personas quedaron heridas. Quince autobuses fueron incendiados en el camino al estadio Fonte Nova, que fue reconstruido. Sin posibilidad de llegar hasta el estadio, los manifestantes siguieron hacia el Hotel Sheraton, donde estaba alojada la comitiva de la FIFA. El hotel no fue invadido gracias a la acción de la fuerza de choque. Aun así hubo un enfrentamiento: dos microbuses usados por la organización fueron apedreados cuando pasaban frente al hotel. Nadie salió herido, pero el pánico se apoderó de la comitiva.

El día 21 la FIFA amenazó con cancelar la Copa Confederaciones por los tumultos. El ataque al hotel en Salvador fue la gota que derramó el vaso. La comitiva italiana ya había manifestado su intención de abandonar el país, presionada por los jugadores que temían por su seguridad y la de sus familiares.

Los patrocinadores comenzaron a presionar a la FIFA. Los manifestantes destruyeron una pantalla instalada en la avenida Presidente Vargas, en el centro de Río de Janeiro, colocada para transmitir los partidos de Brasil. Era financiada por la Globo, Coca-Cola, Brahma y Hyundai.

La presidenta Dilma Rousseff trató este tema en un discurso a la nación:

En relación con el Mundial quiero aclarar que el dinero del gobierno federal que se ha gastado en las arenas es el fruto de un financiamiento que será debidamente pagado por las empresas y los gobiernos que administran estos estadios. Jamás permitiría que estos recursos salieran del presupuesto público federal, perjudicando a sectores prioritarios, como la salud y la educación.

Más adelante añadió:

No puedo dejar de mencionar un tema muy importante que tiene que ver con nuestra alma y nuestra forma de ser. Brasil, el único país que participó en todos los Mundiales y es cinco veces campeón mundial, siempre fue muy bien recibido en todas partes. Tenemos que ofrecer a nuestros pueblos hermanos la misma hospitalidad generosa que recibimos de ellos. Respeto, cariño y alegría. Es así como debemos tratar a nuestros huéspedes. El futbol y el deporte son símbolos de paz y convivencia pacífica entre los pueblos. Brasil merece y va a hacer un gran Mundial.

No obstante, el ambiente no se enfrió. En Río de Janeiro colocaron 500 balones de futbol en la playa de Copacabana en una manifestación contra el alto índice de homicidios en el país. Hubo protestas, mayores o menores, en todas las sedes del torneo. La policía mantuvo a los manifestantes lejos del llamado perímetro de la FIFA, en los alrededores de los estadios. Algunas de las manifestaciones más violentas se dieron en Belo Horizonte. En una de ellas murió un joven después de caerse de un viaducto.

La final del torneo en Río de Janeiro quedó marcada por un fuerte dispositivo de seguridad. Más de seis mil policías de la fuerza de choque cercaron el Maracaná, un operativo que incluía vehículos blindados. Blatter viajó a Brasil a ver el partido, pero la presidenta Dilma no asistió.

El 30 de junio, mientras Brasil derrotaba a España por 3 a 0, jugando buen futbol, afuera del estadio se disparaban bombas de gas y balas de goma contra los manifestantes.

Según un balance de la Secretaría Extraordinaria para la Seguridad en los Grandes Eventos, 864 mil personas protestaron durante la Copa Confederaciones. Sin embargo, seguramente lo que más impresionó a las autoridades fue ver los resultados de las encuestas que mostraban las dudas de los brasileños sobre el Mundial.

Las protestas que precedieron a la inauguración del Mundial de Sudáfrica y las de Brasil durante la Copa Confederaciones muestran que algo ha cambiado en la opinión pública en relación con los grandes eventos. El pueblo ya no cree en la promesa de que dichos eventos serán capaces de resolver la vida de un país. Sabe que son pasajeros y que habrá que pagar la cuenta, antes o después.

En 2012 el directivo francés Jérome Valcke, secretario general de la FIFA, dijo que Brasil necesitaba un "puntapié en el trasero" para concluir a tiempo las obras de los estadios. Mientras pronunciaba estas palabras, los brasileños ya intercambiaban información entre sí sobre las exigencias de la FIFA que violan la soberanía nacional, las ventajas económicas que la Federación obtiene sobre los países sede, las negociaciones tras bambalinas, la idea de que haya personas que lucran a expensas del erario público y los precios exorbitantes de los boletos de entrada, sin hablar de los escándalos que involucraron a la gerontocracia de la FIFA.

En el mundo contemporáneo de las redes sociales en tiempo real, ya ni las poderosas empresas que gastan millones de dólares por los derechos exclusivos del Mundial controlan todo el flujo de la información. Es por eso que quien estuvo mucho más cerca de recibir el puntapié retórico de Valcke, por lo menos en Brasil, fue la propia FIFA.

EPÍLOGO

El futbol es un patrimonio del pueblo brasileño. Pero históricamente ha sido usado por algunos para enriquecerse. Cuando el aficionado perciba la fuerza que tiene y los jugadores entiendan que son los principales actores del espectáculo, esa explotación se acabará.

Paulo André

A l dar inicio a nuestras investigaciones, partimos de la declaración del presidente de una federación a uno de los autores de este libro: "El futbol es un prostíbulo y no hay espacio para monjas". Sabíamos, por tanto, que el resultado final de nuestro trabajo sería un paliativo.

Este libro muestra por qué la aspiración de "arreglar" el futbol es utópica. Hoy se trata de un gran negocio alrededor del cual gravitan intereses inconfesables. Para tener una dimensión de las cifras involucradas, digamos que solo el año pasado la FIFA facturó 1.4 miles de millones de dólares; y como en año de Mundial la facturación aumenta, la tendencia es que la cifra de 2014 sea incluso mayor durante el campeonato de Brasil.

Nada mal para una entidad que hace cuarenta años tenía menos de veinte dólares en caja, según João Havelange, quien estuvo al frente de 1974 a 1998 y dejó el organismo con 4 mil millones de dólares en sus arcas. Hasta el día de hoy recibe una pensión de la FIFA. Un premio por los servicios prestados.

Havelange fue sustituido por Joseph Blatter. El economista suizo se las da de burócrata, con un discurso banal. En realidad es un viejo lobo que aprendió a actuar tras bambalinas con personas que sabían mejor que nadie cómo poner caras de inocentes mientras acuchillaban a sus adversarios por la espalda: Horst Dassler, dueño de Adidas, y el brasileño João Havelange. Antes del Mundial de Estados Unidos 1994, se especuló que Blatter competiría contra Havelange. Él nunca lo confirmó. Ya reelecto por sexta vez, el brasileño sacó el puñal y eliminó a aquellos que supuestamente habían tramado en su contra. Blatter sobrevivió.

O bien el brasileño creyó que el suizo en realidad jamás lo traicionaría o tenía motivos para temer al secretario general. El hecho es que Havelange también anunció que dejaría el poder en 1998. Le abrió camino a Blatter y lo apoyó en su campaña. Aunque haya adoptado el discurso de la transparencia, no se trató más que de una bravata. Blatter nunca reveló su salario ni las prebendas que recibe de la FIFA. Siempre habló de defender a la "familia" del futbol. Podría haber dicho *"famiglia"*.

Cuando menos en público, él siempre fue leal a los directivos que cayeron en desgracia ante las revelaciones escandalosas de actos de corrupción. Cuando en Brasil dos Comisiones Parlamentarias de Investigación decidieron escrutar a la CBF, Blatter dijo que podría suspender las participaciones del país en competencias internacionales. Cuando se especuló que Blatter conocía los hechos de João Havelange, él lo negó. No, no se había enterado de que su jefe había recibido, por error en la contabilidad de la FIFA, un pago millonario de soborno. Cuando la ISL, la empresa de mercadotecnia, se declaró en quiebra, el suizo corrió un serio riesgo de no reelegirse. Para mantener a los directivos a salvo, la FIFA tuvo que solicitar préstamos y dio en garantía futuros contratos de televisión. A la defensiva, Blatter montó un comité de auditoría para la organización. Uno de los miembros designados por él, aunque usted no lo crea, fue Ricardo Teixeira, el campeón de los sobornos de la ISL.

En fechas recientes, los abogados de la FIFA han hecho todo lo que está al alcance de la organización para enterrar las averiguaciones de la fiscalía suiza. Derrotados, montaron una barricada para evitar el acceso de la prensa a los detalles de la podredumbre. Argumentaron que en Suiza no estaba prohibido recibir sobornos y que el dinero embolsado era parte de la remuneración de los directivos. Blatter no acabó con el compadrazgo en el organismo que rige los destinos del futbol. Por el contrario, saca ventaja del mismo siempre que es necesario. Pregona la transparencia... para los otros. La caída de varios aliados finalmente le abrió el camino para reforzar su poder en la organización. Con la selección de Qatar como sede del Mundial que se disputará en 2022 cimentó relaciones multimillonarias para sus futuras campañas. Ya se mantuvo doce años en el poder. Es probable que sea reelecto en junio de 2015, a sus 78 años de edad. Si es posible hablar de un modelo de sinvergüenza suizo, él es el indicado.

Acostumbrada a las unanimidades electorales desde la era de João Havelange, la FIFA vivió un comienzo de año de negación en 2014. En enero, Jérôme Champagne, un ex aliado de Joseph Blatter, lanzó su campaña electoral para la presidencia de la organización; para esto decidió atacar justo lo que exploramos a lo largo de este libro: la "privatización del futbol". En su carta de intenciones explicó:

> El futbol es cada vez más controlado y/o influenciado por intereses particulares, propietarios de clubes multimillonarios (la Premier League inglesa es el ejemplo más claro), sociedades privadas, regímenes políticos que invierten directa o indirectamente en el deporte y fondos de inversión que compran "partes" de jugadores, así como por el crimen organizado internacional (por medio de las apuestas deportivas).

Para granjearse el apoyo de las federaciones del mundo, el francés presentó a un aliado de peso: Pelé. El rey del futbol ya había sido una de las cartas fuertes en la victoriosa campaña de Havelange contra *Sir* Stanley Rous en los años setenta. Diplomático francés entre 1983 y 1998, Champagne actuó en la FIFA durante once años, hasta 2010, ejerciendo diversos cargos y siempre bajo la tutela de Blatter. Cuando fue cuestionado sobre si estaría en condiciones para superar a su antiguo mentor, el ex embajador admitió: "Probablemente no. Pero muchas cosas pueden pasar". Entre estos acontecimientos hipotéticos está la jubilación de Blatter, con 78 años cumplidos en el año del Mundial de Brasil, quien, sin embargo, ya declaró que no está lo "suficientemente cansado" como para jubilarse; o la fuerte candidatura de otro francés, Michel Platini, ex jugador y presidente de la UEFA, la poderosa Unión Europea de Futbol.

Extrañamente, la plataforma electoral de Champagne es muy semejante a la de Platini cuando se elevó al principal cargo directivo del futbol europeo: dar mayor fuerza a los clubes pequeños y a los países periféricos. El aliado de Pelé pregona el fin de la apropiación del futbol por los grandes conglomerados económicos, en detrimento de las estructuras nacionales y de la formación de base. Platini poco pudo hacer para controlar la continua predominancia del dinero en las principales competencias que abarca su organización. Los países con mejor historial de participaciones en la Liga de Campeones tienen derecho a más lugares en el torneo. Esta regla, establecida en los años noventa, abrió la posibilidad para que los gigantes, como los españoles Real Madrid y Barcelona, o los italianos, como Milán y Juventus, pudieran participar en la competencia en el mismo año. Los países más ricos colocan hasta cuatro clubes en la competencia continental. En esa cuenta, las naciones con poca tradición pasaron a enfrentar los juegos eliminatorios, que normalmente las excluyen de la disputa.

El futbol europeo pasó por otro cambio fundamental en los años noventa y que es el blanco de las preocupaciones de Champagne. A finales de 1995 el belga Jean-Marc Bosman ganó una demanda contra la UEFA; dicha demanda le garantizaba que podría jugar en el equipo que él quisiera apenas hubiese concluido su contrato. También abrió la posibilidad de la libre circulación de los atletas comunitarios de los países de la Unión Europea. La contradicción es que la victoria de los jugadores en el terreno de sus relaciones laborales benefició aún más al poder económico.

El fin de la limitación a los jugadores extranjeros llegó acompañado por la formación de verdaderas legiones extranjeras en los principales clubes europeos. El 26 de diciembre de 1999, por ejemplo, el Chelsea entró a la cancha para enfrentar al Southampton, en la liga inglesa, sin ningún jugador nacido en ese país entre sus titulares. Desde la banca, la victoria por 2 a 1 fue celebrada por el técnico del club, el italiano Gianluca Vialli. Hasta mediados de los años noventa, los clubes pequeños que contaban con verdaderos seleccionados nacionales llegaron a sorprender y ganaron el título de la actual Liga de Campeones. Fue el caso del Steaua Bucareste, de Rumania, en 1985, y del Estrella Roja de Yugoslavia en 1991. En 1995, el año de la decisión favorable a Bosman, el Ajax conquistó este título. Su menor poderío económico hizo que el club holandés perdiera a sus mayores estrellas en los años siguientes.

La concentración económica significó conquistas en el Mundial de Clubes. Hasta el precedente jurídico creado con Bosman, Sudamérica había conquistado la mayor parte de los títulos del Mundial Intercontinental, que colocaba frente a frente al campeón de la Copa Libertadores con el vencedor de la actual Liga de Campeones de Europa, veinte victorias contra catorce. Desde 1996, año en el que la libre circulación de atletas fue adoptada en el Viejo Continente, los equipos europeos pasaron a dominar el torneo. Entre el Mundial Intercontinental y el actual Mundial de Clubes de la FIFA suman trece conquistas, contra seis sudamericanas. El título del Bayern Munich en 2013 tuvo como hito el hecho de que Europa rebasara a Sudamérica por primera vez en el número de conquistas, 27 contra 26.

Ese problema se repite en Brasil con características nacionales. Los clubes pequeños de provincia, sin visibilidad en la televisión, corren el riesgo constante de quebrar. Como ya contamos antes, aun los equipos grandes de un estado como Mato Grosso pierden aficionados frente a los equipos foráneos, cuyas victorias son transmitidas con preponderancia. Esto ejerce una influencia importante sobre las fuentes de ingresos, como la taquilla de los estadios y la venta de playeras. La tendencia que se ve en Europa, de concentración del poder en pocos clubes, también se observa en Brasil.

Para Champagne, la libre circulación en Europa también acarreó dificultades para formar nuevos jugadores, ya que hoy los grandes equipos prefieren contratar a las estrellas ya consagradas en vez de arriesgarse a lanzar a jugadores de las categorías de base. Eso se refleja en la dificultad de renovación de talentos de algunas selecciones nacionales, como Inglaterra y Portugal. Otra fuente de preocupación del candidato es el uso del futbol como estrategia para lavar dinero por los grandes carteles transnacionales, ya sea por sus transacciones cada vez más millonarias y difíciles de rastrear —el embrollo causado por la transferencia de Neymar es un síntoma de eso— o por la manipulación de los resultados para beneficiar apuestas sospechosas.

Si el futbol del siglo XXI está listo para escaparse un poco del *business* forjado en los años noventa, es algo que está por verse. Pero la candidatura de un antiguo aliado muestra que las victorias por aclamación en el pleito por la FIFA están en jaque. En el mundo hay personas que quieren echarle *Perrier* al *Champagne* de Blatter.

– – –

La máquina para hacer dinero creada por Havelange y afianzada por Blatter en la FIFA quizá sea la ruina del deporte como lo conocemos. El modelo fue imitado en todos los rincones del planeta. El talento cedió lugar a la mercadotecnia. El poderío de Nike y Adidas, principales patrocinadoras del futbol en el mundo, puede medirse por el patrocinio de los principales jugadores del Mundial de Brasil 2014.

En la selección de Nike tenemos a Cristiano Ronaldo (Portugal), Neymar (Brasil) y Ribéry (Francia). En la alemana juegan Messi (Argentina), Iniesta (España) y Özil (Alemania). De las 32 selecciones que disputan el Mundial de Brasil, diez son Nike y 16 son de las empresas fundadas por los hermanos Dassler: ocho de Adidas y ocho de Puma.

El futbol y la mercadotecnia asociados sirven para multiplicar los ingresos de las televisoras. Compran los derechos de transmisión de los partidos y venden los espacios publicitarios a los anunciantes. Quizá los mil millones involucrados expliquen la fábrica de celebridades deportivas que tiene tanto éxito en los medios de comunicación mundial. Para tener una idea de lo que estamos hablando, la TV Globo debe facturar 2.55 miles de millones de dólares en el 2014 por la venta de espacios publicitarios durante el Mundial y los campeonatos de Brasil.

Cuando comenzamos a revisar el submundo del futbol, sabíamos que el resultado sería incierto. Quizás arrojaríamos un poco de luz sobre las tinieblas de lo que es hoy el futbol brasileño. La caída de Ricardo Teixeira generó una breve esperanza de que las cosas pudieran cambiar. Pero duró poco. Muy poco.

La estructura de este gran negocio permite acomodar a gente como el "medallista" José Maria Marin al frente de la CBF. Un gesto embarazoso suyo, casi una anécdota, demuestra cómo son tratadas las cosas en el futbol brasileño. Un mes antes de la caída de Teixeira, Marin fue pescado en flagrancia cuando literalmente se metía al bolsillo una de las medallas que serían distribuidas entre los jugadores y las comisiones técnicas del Corinthians, que obtuvo la Copa Júnior São Paulo de menores, la Copita. Marin, la CBF y la FPF se apresuraron a divulgar la versión de que él no había hecho nada malo, que se trataba de una calumnia de la prensa. La realidad es que Marin también iba a ganarse una medalla. Pero, ¿por qué se ganaría esa medalla el vicepresidente de la CBF? Menos de cincuenta días después Marin fue alzado al trono del futbol brasileño.

Buena parte de los directivos y de la prensa deportiva creía que el mandato de Marin era provisional, por su edad avanzada y por sus tropiezos, como el de la medalla. Poco a poco, el antiguo gobernador biónico de São Paulo, instaurado por la dictadura militar, mostró que no estaba allí por casualidad. Logró conquistar espacios y apoyos de las federaciones. No consiguió acercarse a la presidenta Dilma, pero se ganó la confianza de la Globo y de sus patrocinadores. Enfrentó las protestas de las calles e incluso mostró cierta habilidad cuando presenció las protestas dentro de los estadios.

El lunes 30 de septiembre de 2013 un grupo de veinte jugadores fundó el Bom Senso FC (Sentido Común FC), un movimiento de los futbolistas para exigir mejores condiciones de trabajo, como la reducción del número de partidos por temporada y más días de vacaciones, entre otras medidas. En el liderazgo del movimiento estaban jugadores como Alex (Coritiba), Seedorf (Botafogo), Dida (Grêmio), Rogério Ceni (São Paulo), Juninho Pernambucano (Vasco) y Paulo André (Corinthians), que actuaba como vocero del organismo. Adoptaron el eslogan "por un futbol mejor para quien juega, para quien asiste, para quien transmite, para quien patrocina, para quien da el silbatazo".

Con el apoyo de "más de 300 atletas de las series A y B del Campeonato Brasileño", el grupo consiguió una rápida articulación, facilitada por el uso de *WhatsApp*, por medio del cual sus integrantes se comunicaban minuto a minuto. A principios de octubre, Marin llamó a sus representantes para una reunión y les hizo promesas, mismas que no se cumplieron en el plazo acordado. A finales de octubre, durante la trigésima edición del Campeonato Brasileño, los jugadores se dieron un abrazo colectivo como forma de protesta. Cuatro ediciones después se quedaron treinta segundos sin moverse después del silbatazo inicial del árbitro. Hubo una nueva reunión con los directivos y nada se resolvía. La presión crecía y la posibilidad de una huelga ya era importante. A finales de noviembre, la CBF divulgó una nota para calmar los ánimos y ganar un poco de tiempo. Era el final de la temporada y la organización esperaba un 2014 más tranquilo. El nuevo año llegó y los jugadores amenazaron con no entrar a la cancha para jugar los campeonatos estatales.

Marin maniobró y desintegró el movimiento. Presionó a los directivos y también corrió con algo de suerte. Seedorf se fue al Milán, Dida cambió el Grêmio por el Inter y Juninho Pernambucano concluyó su carrera, pero todavía faltaba hacer algo con la cabeza principal del movimiento. Paulo André es un jugador con características peculiares en la historia del futbol brasileño: el defensa es escritor, pintor, está politizado y es bastante elocuente. Desde mucho tiempo atrás incitaba a los atletas a rebelarse. Cuando la caída de Ricardo Teixeira, él escribió en su *microblog*: "Ricardo Teixeira renuncia a la CBF y al comité del Mundial. Asume Marin... ¡Comenzamos bien la semana! Pero de nada sirve cambiar la presidencia sin cambiar la mentalidad y el modelo de gestión aplicado por la CBF. Nuevas ideas son bienvenidas, espero. Que sean buenas, me pongo (sic) a disposición para ayudar". El valor de Paulo André hizo que los directivos se unieran. Hasta Andrés Sánchez criticó al jugador, que molestaba no solo a la CBF sino también a la Globo. Era necesario que desapareciera.

En febrero de 2014, Paulo André se marchó al otro lado del planeta: el Corinthians anunció su venta al Shandong Luneng de China. En el aeropuerto dijo, irónicamente, que el empresario encargado de esa negociación había sido José Maria Marin. "Esta respuesta fue hecha con ironía; el objetivo era mostrar mi tristeza por dejar el país en un momento tan importante en nuestra lucha por un futbol mejor. No tengo dudas de que los directivos se pusieron contentos cuando supieron que yo iba a parar de presionarlos públicamente en cada entrevista", explicó Paulo André en una conversación por correo electrónico, en directo desde la ciudad de Jinan. "El futbol es un patrimonio del pueblo brasileño. Pero históricamente ha sido usado por algunos para enriquecerse. Cuando el aficionado perciba la fuerza que tiene y los jugadores entiendan que son los principales actores del espectáculo, esa explotación se acabará." Para él, la salida de Ricardo Teixeira "no representó ni evolución ni retroceso" en el futbol brasileño.

No hay ningún atisbo de mejoría en el horizonte. El día 17 de abril de 2014 el candidato de Marin, Marco Polo del Nero, fue electo presidente de la CBF; como vicepresidentes iban el propio Marin y el empresario Fernando José Macieira Sarney, hijo del senador y ex presidente de la República José Sarney. Fernando Sarney está en la cúpula del organismo desde 2004. En ese periodo fue denunciado por la Policía Federal por el delito de asociación delictiva, lavado de dinero, gestión irregular de instituciones financieras y falsedad ideológica, después de la Operación Faktor, que investigó la supuesta malversación de fondos en la campaña de su hermana, Roseana, para el gobierno del estado de Maranhão en 2006. Él siempre negó las acusaciones.

La postulación de Del Nero venció prácticamente por unanimidad. Obtuvo 44 de los 47 votos posibles. Como candidato único recibió el apoyo de 25 de las 27 federaciones estatales de futbol, aunque las de Río Grande del Sur y Paraná votaron en blanco. De los veinte clubes de la Serie A, 19 se quedaron del lado de Del Nero y este apoyo no fue unánime por un motivo estratégico: el Figueirense no participó en el escrutinio porque todavía peleaba en los tribunales la vacante para la primera división del Campeonato Brasileño y su voto podría ser impugnado posteriormente.

Como ex vicepresidente de la CBF y presidente de la Federación Paulista de Futbol, Del Nero llegó a estar involucrado en una operación de la Policía Federal, a finales de 2012, que investigó a un grupo que vendía datos secretos de por lo menos diez mil personas. Quedó en libertad después de declarar que había contratado a una empresa de investigación para resolver un problema personal y que las cosas le salieron mal.

Andrés Sánchez amenazó con hacerle oposición a Del Nero. El ex presidente del Corinthians tiene sed de venganza contra el grupo de Marin. Él era el director de selecciones de la CBF cuando llegó el nuevo presidente, en lugar de Ricardo Teixeira, de quien era fiel escudero. Sánchez comenzó a ser cocinado a fuego lento. El proyecto de Del Nero era aniquilar políticamente al rival, mantenerlo en el cargo de director de selecciones con el fin de amarrarlo a la organización y, al mismo tiempo, aislarlo dentro de ella. Una prueba de esto llegó en noviembre de 2012, cuando la cúpula de la CBF decidió cambiar al director técnico de la selección principal sin comunicárselo a su director.

Sánchez se enteró de la decisión de una manera insólita, cuando recibió una llamada de un mesero aficionado al Corinthians que trabaja en uno de los restaurantes más lujosos de São Paulo: "Presidente, no estoy llamando para pedirle una playera. Quiero decirle una cosa que usted debe saber". El día anterior, Marin y Del Nero contaron a sus invitados en la mesa que iba a "despedir a todos". "Excepto a usted, presidente", le dijo el mesero. Sánchez comprendió el juego.

Mano Menezes, amigo del ex presidente del Corinthians, fue retirado del cargo el día 23, después del fracaso en las Olimpiadas de Londres. El día 27, el entonces director de selecciones participó en el programa *Mesa Redonda*, de la TV Gaceta, y recibió de un periodista la información de que Luiz Felipe Scolari iba a ser el nuevo entrenador. Sánchez se llenó de ira. Al día siguiente Felipão fue confirmado en el cargo y Sánchez entregó su carta de dimisión ante la CBF.

A partir de entonces comenzó una fuerte campaña contra los nuevos directivos del organismo. Decía a los cuatro vientos que sería el nuevo presidente de la CBF después de las elecciones previstas para el 2015. Pero Marin, zorro viejo, se arregló con todos los aliados del directivo del Corinthians, mantuvo todos los acuerdos con la Globo, no investigó la administración de Ricardo Teixeira y dio todo el apoyo necesario a Ronaldo en el comité del Mundial.

Aislado, Sánchez desistió de su candidatura. Y para su ira más absoluta, Del Nero fue electo de una manera aplastante, incluso con el voto del Corinthians. Desde 2015 (sin una fecha definida para comenzar su mandato, hasta el cierre de este libro), gobernará con el apoyo de todos. Incluso de Ricardo Teixeira.

- - -

Usted, que aceptó la invitación para hacer el viaje por estos corredores pantanosos, ¿realmente cree que ahora, después de haber abdicado, Teixeira perdió el poder? Piénselo de nuevo. El directivo, como ya mostramos, asumió la dirección de la CBF en 1989. La organización estaba prácticamente quebrada. Trajo el modelo implantado por el suegro en la FIFA de unir la mercadotecnia y la televisión y transformó al futbol brasileño en un negocio muy lucrativo y rentable, principalmente para él. El punto más alto de Teixeira fue llevar el multimillonario y lucrativo Mundial a Brasil. Abatido en pleno vuelo, el directivo se fue, pero dejó a su hija Joana en un puesto clave del Comité Organizador del Mundial de Brasil. Otros socios suyos también quedaron bien colocados en puestos estratégicos.

Él continúa actuando detrás del escenario. Es el dueño de todos los secretos del futbol brasileño. Marin solo actuó contra Teixeira mientras éste ocupaba el cargo que él anhelaba; aun así, guardando las apariencias. Después de asumir su lugar, jamás inició procedimiento alguno para investigar las denuncias contra su antecesor. Respecto de la justicia brasileña, Teixeira tampoco debe perder sus noches de sueño. A pesar de las averiguaciones iniciadas por el Ministerio Público, la Policía Civil y la Policía Federal, hasta la fecha el directivo les ha ganado por goleada. Nunca fue condenado por ninguno de los diversos procesos que ha enfrentado por lavado de dinero, evasión fiscal, apropiación indebida y fuga de divisas. En algunos casos el proceso simplemente fue suspendido *ad eternum*. Es un sobreviviente.

Investigado por dos comisiones parlamentarias de investigación en el Congreso a comienzos de la década del 2000, llegó a declarar públicamente que ya no sería candidato. ¡Y después se quedó diez años más en el cargo! Hoy, aun fuera del cargo, mantiene una óptima relación con los miembros del Poder Judicial. Hasta el momento no solo ha conseguido batir al otro peso pesado del futbol brasileño en los campos de la justicia: el apellido Havelange.

La separación de Lúcia fue por litigio y tuvo el efecto práctico de congelar los negocios de Teixeira. Aunque quisiera, el directivo ya no podría borrar el rastro de los papeles, sobre los que trabajarían más tarde dos comisiones parlamentarias de investigación. La Comisión Parlamentaria de Investigación de la CBF, instalada en 2000, dedujo que la separación le costó a Teixeira 924 mil reales en bienes, que él transfirió a su ex esposa cuando concluyó el proceso judicial en 1999 (el litigio había comenzado el 27 de agosto de 1998).

En 2011, después de nuestras primeras denuncias, Ricardo Teixeira promovió el proceso número 0138524-43.1998.8.19.0001. Según el Tribunal de Justicia de Río de Janeiro, el caso fue desarchivado el 20 de septiembre. Quien retiró los volúmenes fue el abogado Carlos Eugênio Lopes, hombre de confianza de Teixeira. La Comisión Parlamentaria de Investigación de Nike mostró que Lopes era uno de los abogados personales del directivo que percibían sus honorarios con recursos de la CBF. El motivo de la remoción de los archivos del proceso de separación es desconocido, porque se guarda en secreto en la Décima Jurisdicción de los Juzgados de Río de Janeiro. Sorprendentemente, a la hora del cierre de este libro el abogado aún no había regresado los archivos al Poder Judicial.

Esta es una de las pruebas de que los lazos entre Ricardo Teixeira, Lúcia y João Havelange todavía deben durar muchos Mundiales. Iniciada en el carnaval y construida en las gradas del futbol, en dos expresiones populares brasileñas por excelencia, la relación amorosa que sacudió al futbol mundial ahora continúa en los tribunales.

Una eventual reapertura del proceso puede abrir algunas heridas. João Havelange demoró años para tragarse lo que Ricardo Teixeira le hizo. Se lo tragó, pero nunca lo digirió, como deja claro en el libro *Jogo Duro:* "Hay una cosa que usted nunca debe olvidar y es que Ricardo es el padre de mis nietos. Y yo no quiero perder a mis nietos. Entonces, tengo que tratarlo bien. Creo que me hice comprender, ¡ya qué!".

El alejamiento duró años. En el episodio más álgido de su ira contra el antiguo yerno, João Havelange humilló al entonces presidente de la CBF frente a cientos de personas. El 11 de enero de 1999 Ricardo Teixeira dispuso una cena de gala en el Golden Room del suntuoso Copacabana Palace para agasajar a Havelange, quien simplemente no apareció. El evento fue anunciado como la entrega del título de presidente de honor de la CBF al ex presidente de la CBD. Sin embargo, todos sabían bien que de hecho habían sido invitados para presenciar el restablecimiento de los lazos entre Teixeira y Havelange.

Entre los invitados estaban el ministro de Deportes (Rafael Greca), el gobernador (Anthony Garotinho) y el alcalde de Río (Luiz Paulo Conde). Teixeira, quien se recuperaba de una cirugía en la pierna derecha, se quedó más de una hora en la puerta del ascensor a la espera de su ex suegro. El presidente de la CBF había sido sometido a cirugías en el fémur y la clavícula, fracturados por una caída de caballo, justo el día cuando salió con su primera novia oficial después de Lúcia, Narcisa Tamborindeguy. No obstante, en el Copacabana Palace, el mayor dolor era en su ego. Cohibido, Ricardo Teixeira le entregó la medalla a su hijo Ricardinho, el nieto consentido del ex presidente de la FIFA. El rompimiento con su ex yerno hizo que Havelange incluso reanudara su relación con Pelé, de quien se había distanciado solo por culpa de Ricardo Teixeira; una vez lejos del ex yerno, ya no había más motivos para estar en malos términos con el "atleta del siglo".

En una declaración concedida a la revista *Piauí,* João Havelange cuenta que fue su esposa, Anna María, quien lo convenció de aceptar al ex esposo de su hija. "Ella me dijo: 'No olvides que él es el padre de tu nietos'. Entonces lo olvidé todo. Volví a relacionarme como si él aún estuviera casado con mi hija. Porque los nietos son los nietos y los biznietos son los biznietos", contó Havelange, quien todavía hizo un comentario que debe ser elogioso en la familia: "si usted algún día tuviera que definir al malandrín, en el buen sentido, por supuesto, se llamaría Ricardo Teixeira".

Como autores de este libro, percibimos eso *in loco*. Fuimos testigos de la disparidad entre las fuentes de ingresos conocidas de Teixeira y el lujo que disfruta en su vida personal. Hoy continúa recibiendo cerca de 120 mil reales mensuales de la CBF, casi el mismo valor que ganaba oficialmente cuando presidía la organización, y 60 mil reales por año de la FIFA.

El ex presidente de la CBF siempre sostuvo que amasó su fortuna en el mercado financiero, antes de asumir el futbol, en 1989. Sus enemigos, como el ex presidente del Flamengo, Márcio Braga, rebatieron esto de una forma ácida: "Es obvio que el dinero de él viene del futbol. Cuando asumió la dirección de la CBF venía de una firma de inversiones muy mala, la Minas Investimentos. Fue vendida por un dólar después de declarar la quiebra".

En una rara ocasión en la que habló en público sobre su patrimonio, al declarar ante una Comisión Parlamentaria de Investigación del Congreso en diciembre de 2000, Teixeira dijo que tenía 4 millones de reales en bienes. Como es obvio, en aquel entonces los senadores no sabían que desde 1992 el directivo recibía sobornos en dólares en una cuenta secreta en el exterior.

Al retratar la historia del suegro y el yerno que sobrevivieron al frente del futbol por casi seis décadas —¡eso mismo, casi sesenta años!—, nuestro objetivo fue demostrar que, si la pasión turba la mente de los aficionados, siempre hay alguien que se aproveche de eso. Gente a la que no necesariamente le gusta el futbol. En la entrevista que nos concedió, Paulo André definió bien este hecho: "El futbol es un patrimonio del pueblo brasileño. Pero históricamente ha sido usado por algunos para enriquecerse. Cuando el aficionado perciba la fuerza que tiene y los jugadores entiendan que son los principales actores del espectáculo, esa explotación se acabará". Esos "algunos" todavía duermen en cunas de oro.

A nosotros, el veinte nos cayó realmente cuando fuimos a ver de cerca las cunas de oro en las que ellos duermen.

- - -

Palmeras, muchas palmeras. En la hacienda de Piraí, en la mansión de Itanhangá, en el condominio de Florida, en el caserón de Angra dos Reis... Allí estaban las palmeras. Quizá sea una pasión por la botánica; quién sabe si quedaron grabadas como símbolo de opulencia en la mente de un niño del interior de Minas Gerais que nació lejos del mar. A Ricardo Teixeira le gustan las palmeras, y de lujo.

Fuimos al condominio donde estaba la residencia de playa de Teixeira, en Angra dos Reis. Entrar por tierra fue imposible, solo se permite entrar con la invitación de algún vecino millonario. La forma que encontramos fue entrar por el muelle. Cuando decíamos a los lancheros cuál era nuestro objetivo, todos se desentendían. Tuvimos que rentar una lancha de paseo turístico para poder aproximarnos. Después de treinta minutos de cruzar la bahía de Angra avistamos la impresionante mansión. Descubrimos que Teixeira había sido vecino de Ayrton Senna, quien sí fue un héroe nacional y millonario con ingresos comprobados gracias a su carrera espectacular en la Fórmula 1.

Había un yate anclado en el lugar. Un hombre parecía darle mantenimiento. Como nuestro objetivo era grabar imágenes en video, no había forma de esconder el equipo. La reacción fue inmediata. El hombre empezó a gritar en un tono amenazador.

—¡Ustedes no pueden grabar aquí!

—¿Por qué no?

— Porque no puede. Es una zona particular.

—¡Pero el mar es público!

—Qué público ni qué nada. Aquí todo tiene dueño. Hasta el mar. Dueños del mar, ¡vean nada más!

En Florida, solo un brazo del Atlántico separa a Teixeira del centro de Miami. Las casas que el directivo ocupó en el condominio Polo Club, en Delray Beach, son chozas comparadas con su mansión actual, adquirida en 2012. Es necesario dejar el centro de la ciudad y atravesar un puente para llegar a las Sunset Islands. Por su posición geográfica, quien vive allí tiene la mejor vista del *downtown*. En una garita, un agente de seguridad está encargado de controlar el acceso. Aparentemente nos confunde con algún vecino y nos abre el paso con un saludo: "¡Buenas tardes!".

Quien conozca bien Florida puede diferenciar con claridad a los ricos que frecuentan la ciudad. Serían cuatro categorías, con el tope reservado a los megamillonarios que viven en West Palm Beach. Teixeira, en una de las Sunset Islands, pertenece al nivel tres. Los vecinos se enorgullecen de decir que es una comunidad relajada, de calles angostas, donde los dueños pasean por las calles con sus hijos y sus perros, sin mayores preocupaciones. No es el caso de Teixeira, que cuando estuvimos allá vivía en una casa con Ana Carolina Wigand, la bella morena treinta años más joven que él con la que se casó en 2003. Teixeira tuvo una hija con Ana Carolina, Antônia (con Lúcia fueron tres: Ricardinho, Joana y Roberto). En teoría se trata de tres personas ocupando 600 metros cuadrados. La casa es una de las pocas del barrio protegidas por altos portones de metal y bajo el cuidado de una empresa de vigilancia las 24 horas del día.

Para no ser injusto con Teixeira, es probable que él haya heredado los portones de la dueña anterior, la tenista y celebridad Anna Kournikova. Cuando cerró el negocio, en enero de 2012, la rusa otorgó al directivo un descuento de 2 millones de dólares sobre el precio original; cosas de un mercado inmobiliario más frío y de un país en crisis. Crisis que, todo indica, nunca llegó a cierto grupo del futbol.

Detrás del portón grandioso, un patio de piedras compone un bello escenario con los muros cubiertos de vegetación. Las construcciones son de estilo mediterráneo. En el centro de ellas, las puertas en arco se abren hacia una fuente cercada por palmeras. Los ventanales de los cuartos del segundo piso desembocan en balcones, desde los que se ve la alberca. Más palmeras. Es posible bañarse en un *jacuzzi*, en el *spa*, mirando los barcos que entran y salen del canal. De la alberca se tiene acceso al muelle. Desde el fondo de su casa, Teixeira puede embarcarse directamente en un yate para ir a la ciudad. O salir a pasear en un *jet sky* en la bahía de Miami.

Los placeres de la mansión perdieron sentido con el fin de su segundo matrimonio a comienzos de 2014. Teixeira regresó a Brasil. Hoy, según sus amigos, disfruta de la vida de soltero en la noche de Río de Janeiro, regada con vinos caros en restaurantes finos.

Desde aquí puede vigilar de cerca los negocios que amarró antes de dejar la presidencia de la CBF. Los contratos millonarios firmados y tutelados por Ricardo Teixeira continúan en vigor. El de la Ambev se extiende hasta 2018. El de Nike termina en 2027. La Globo ya posee los derechos para los Mundiales de 2018 y 2022 y, lo más importante, el contrato para promover los partidos amistosos de la selección brasileña, en los que participa su socio Sandro Rosell, expira hasta 2022.

De todo esto solo hay una conclusión segura: no importa quién levante la copa en 2014, en 2018 o incluso en 2022, estimado lector. Los dueños del balón ya ganaron, desde antes.

João Havelange asegura que su primera victoria está vinculada con el Titanic (**1**). Su padre, Faustin, no pudo abordar el barco. Dos años después del hundimiento, nació su hijo mayor. Y su primera gran conquista fue la Copa del Mundo en 1958. El entonces presidente de la CDB al teléfono en su oficina (**2**).

A COPA É NOSSA!
5 x 2!

1. *Archivo Universal History / Getty Images*

2. *Acervo UH / Folhapress*

Desde que Havelange asu
mió la CDB, halagó a todo
los presidentes. El primero
fue Juscelino Kubitschek
quién recibió a los jugadores, campeones del mundo
en 1958 (**3**). Quadros también recibió la visita de los
jugadores (**4**). João Goular
estuvo con los ganadores
en 1962 (**5**).

3. *Bob Thomas / Getty Images*

4. *Archivo público del estado de
São Paulo*

5. *Acervo UH / Folhapress*

6. *Gazeta Press*

7. *Acervo UH / Folhapress*

8. *Agencia Brasil*

9. *Archivo / Estadão Conteúdo*

Después del golpe de 1964, Havelange se acercó inmediatamente a los militares. Pelé y Castello Branco (**6**, en el fondo, Ernesto Geisel, cuarto presidente). Costa y Silva (**7**). Entrega del trofeo a Médici (**8**). Ya en los ochenta, el último presidente militar Figueiredo, recibe al empresario Giulite Coutinho (**9**).

El empresario y político José María Marin, partidario de los militares, co Havelange (**10**). Abajo (**11**), Marin ha bla en la Asamblea de São Paulo, al lado de los militares y el gobernador Paulo Maluf. Se ha denunciado que uno de esos discursos está relacionado con la detención del periodista Vladimir Herzog, quien después sería asesinado en la cárcel.

12

13

A finales de los ochenta, Havelange retoma el control del futbol brasileño a través de Ricardo Teixeira (**12**). Esta dupla afecta a los presidentes de las asociaciones como ocurrió con Eduardo José Farah (**13**). A pesar del desastre en la CBF (**14**) Teixeira recibe el apoyo de dirigentes y deportistas, incluso, el de Pelé (**15**).

14

15

16

Havelange presentó a Teixei▮ con toda su red de aliados. José Bonifacio Sobrinho, mejor conocido como Boni (**16**, el prestigiado hombre de negocios en el lanzamiento c▮ su libro) fue el contacto para entrar a TV Globo, empresa que se convertiría en su gran▮ socio. Castor de Andrade (**17**▮ con Teixeira) fue un amigo fie▮ de Havelange y Boni.

16. *Agencia News*
17. *José Paulo Lacerda/ Estadão Conteúdo*
18. *Jane de Araújo / Agencia Senado*
19A. *Renato Alves/Folhapress*
19B. *Sérgio Lima / Folhapress*

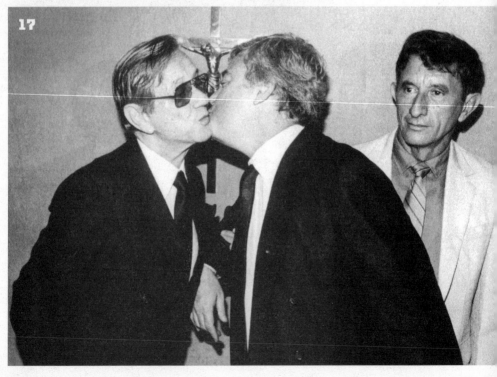

17

18

19 A

19 B

Ricardo Teixeira sigue los pasos de Havelange y escala los peldaños más altos. José Sarney (**18**), el primer presidente después de la dictadura, entrega la vice-presidencia de la CBF. Su hijo Fernando Sarney en la silla. Collor es abordado pero no tiene tiempo para concederla. En 1994, Itamar Franco presentó la camiseta del tetra campeón y en 2002, Fernando Henrique Cardoso presentó el trofeo del pentacampeón (**19A** y **19B**).

El 13 de octubre de 1995, un terrible accidente en la carretera Florida Turnpike (**20**). A la orilla del camino, se encontraron los restos del coche (**21**). La muerte de Adriane marcó la ruptura entre padre y yerno (**22**). En la sucesión de la FIFA, Havelange deja a un lado a Teixeira y se decide por Joseph Blatter, quien hace su debut durante la Copa Mundial de 1998 (**23**).

24

RICARDO TERRA TEIXEIRA
Presidente da Confederação Brasileira de
Futebol

O MELHOR CONTRATO DO MUNDO		
PAÍS		VALOR / ANO
BRASIL	US 16 MILHÕES NIKE
UMBRO INGLATERRA	US 11 MILHÕES
REEBOK ARGENTINA	US 8 MILHÕES
ADIDAS FRANÇA	US 8 MILHÕES
CAPA ITALIA	US 7 MILHÕES
ADIDAS ALEMANHA	US 7 MILHÕES
NIKE EUA	US 7 MILHÕES
N E HOLANDA	US 5 MILHÕES

25

26

La derrota de Blatter en la FIFA, en 1998, llegó con un nuevo revés: la masacre de Francia sobre Brasil en la final. Un incidente con Ronaldo, antes del partido, provocó que los legisladores brasileños iniciaran una investigación contra la CBF (**24**) y su proveedor de artículos deportivos, Nike (**25**), acusado de manipular el desempeño del delantero en la escuadra (**26**).

Para ayudar a Ricardo Teixeira y limpiar la imagen de Nike, la multinacional envió al ejecutivo Sandro Rosell a Brasil (**27**). Rosell se convirtió en amigo y socio presidente de la CBF. Al mismo tiempo, Teixeira se acerca nuevamente a TV Globo, empresa con la que se había distanciado durante la investigación solicitada por el Congreso Nacional.

27

27. *Gilberto Almeida / Estadão Conteúdo*

28. *Agencia Brasil / Fabio Rodrigues Pozzebom*

29. *Flávio Florido / Folhapress*

28

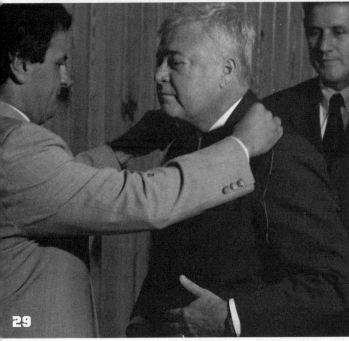

29

De vuelta a la buena vida. A principios de 2002, Teixeira busca al recién presidente electo Lula, quien despide a la selección antes de su partida a la Copa del Mundo Sudáfrica 2010 (**28**). También se convirtió en amigo cercano de Aecio Neves, uno de los líderes de la oposición a Lula, durante su periodo como gobernador de Minas Gerais (**29**).

El 30 de octubre de 2007 llegó la gran meta de Teixeira: ganar la Copa del Mundo de 2014 (**30**). Para la organización de la Copa del Mundo en Brasil, tuvo como aliado a Jerome Valcke, secretario general de la FIFA (**31**). El escenario estaba listo para favorecer a sus socios, como a la empresa Globo de Marcelo Campos Pinto y Tráfico de J.Hawilla (**32**, el trío en la Copa América 2011).

33

34

En la Copa de la contienda política, Lula da su apoyo a Morumbi como estadio para la inauguración (**33**). Teixeira, el único que no asistió, se alía con Kassab y Sierra para eliminar a São Paulo como escenario (**34**). Derrotado por la FIFA, Lula es alentado por Emilio Odebrecht para ayudar al equipo Corinthians, y al aliado de Teixeira, Andrés Sánchez, para construir el Itaquerão (**35**).

35

En 2011 comenzamos a investigar los negocios de Teixeira. Un patrimonio millonario: casa en la Florida (**36**), duplex en Río (**37**) mansión de lujo en Pirai (**38**). Mostramos transacciones con Rosell y Honigman (**39**). En la Copa América de ese año, Teixeira presentó a su socio Rosell, presidente del Barcelona, para negociar con Neymar (**40**).

41

42

El orquestador comenzó a perder poder. A diferencia de sus antecesores, la presidente Dilma ignoró a Teixeira. En el sorteo de la Copa del Mundo, Pelé y Blatter intervinieron para evitar cualquier contacto con la dirigencia de la CBF (**41**). Desgastado, Teixeira intentó blindar Ronaldo y Sánchez (**42** y **43**).

43

Lejos de la CBF, Teixeira disfruta de una vida de lujos con el dinero obtenido del futbol. De su condominio en Delray Beach (**44**), se mudó a una mansión más grande (**45**) con una de las vistas más espectaculares de Miami (**46**). También compró una propiedad en Andorra (**47**). Dejó el mando del futbol en manos de Marin, quien a su vez dejó a Marco Polo del Nero como su sucesor (**48**, el día de las elecciones), con el apoyo de Teixeira.

44. *Archivo personal de los autores*

45. *Archivo personal de los autores*

46. *Archivo personal de los autores*

47. *Diario de Andorra*

48. *Prensa / CBF*

BIBLIOGRAFÍA

ABREU, Alzira Alves de, BELOCH, Israel, LATTMAN-WELT-MAN, Fernando y LAMARÃO, Sérgio Tadeu de Niemeyer (coord.), *Dicionário histórico-biográfico brasileiro*, 5 vols., 2a ed., Río de Janeiro, Editora da Fundação Getulio Vargas/CP-DOC, 2001.

ASSUMPÇÃO, João Carlos y GOUSSINSKY, Eugênio, *Deuses da bola: histórias da seleção brasileira de jutebol*, São Paulo, DBA, 1998.

BAGGIO, Luiz Fernando, *Copas do Mundo: histórias e estatísticas*, Río de Janeiro, Axcel Books do Brasil, 2005.

CALDAS, Waldenyr, *O pontapé inicial: memória do futebol brasileiro*, São Paulo, Ibrasa, 1990.

CALDEIRA, Jorge, *Ronaldo, glória e drama no futebol globalizado*, São Paulo, Editora 34, 2002.

CARDOSO, Maurício, *Os arquivos das Olimpíadas*, São Paulo, Panda, 2000.

CARMONA, Lédio, RODRIGUES, Jorge Luiz y PETRIK, Tiago, *Brasileiros olímpicos*, São Paulo, Panda, 2000.

COLLI, Eduardo, *Universo olímpico. Uma enciclopédia das Olimpíadas*, São Paulo, Códex, 2004.

_____, *O Brasil nos Jogos Pan-Americanos: de Buenos Aires 1951 a Rio 2007*, São Paulo, Editora Caras, 2007.

CONNOLY, Kevin y MACWILLIAM, Rab, *Fields of Glory, Paths of Gold: the History of European Football*, Edimburgo, Mainstream Publishing, 2006.

COUTO, José Geraldo, *Futebol brasileiro hoje*, São Paulo, Publifolha, 2009.

CUNHA, Loris Baena, *A verdadeira história do futebol brasileiro*, Río de Janeiro, Associação Brasileira de Desenvolvimento Esportivo, s. f.

DRUMOND, Maurício, *Nações em jogo: esporte e propaganda política em Vargas e Perón*, Río de Janeiro, Apicuri, 2008.

FITZPATRICK, Richard, *El clásico: Barcelona vs Real Madrid: Football's greatest Rivalry*, Londres, Bloomsbury, 2012.

FOER, Franklin, *Como o futebol explica o mundo: um olhar inesperado sobre a globalização*, Río de Janeiro, Jorge Zahar, 2005.

FOOT, John, *Calcio: a History of Italian Football*, Londres, Harper Collins Publishers, 2007.

FRANCO JÚNIOR, Hilário, *A dança dos deuses: futebol, sociedade, cultura*, São Paulo, Companhia das Letras, 2007.

FRANZINI, Fábio, *Corações na ponta da chuteira: capítulos iniciais *da história do futebol brasileiro (1919-1938)*, Río de Janeiro, DP&A, 2003.

GOLDBLATT, David, *The Ball is Round: a Global History of Football*, Londres, Penguin Books, 2007.

GUTERMAN, Marcos, *O futebol explica o Brasil: uma história da maior expressão popular do país*, São Paulo, Contexto, 2009.

HAMILTON, Aidan, *Um jogo inteiramente diferente! Futebol: a maestria brasileira de um legado britânico*, Río de Janeiro, Gryphus, 2001.

HELAL, Ronaldo, SOARES, Antonio Jorge y LOVISOLO, Hugo, *A invenção do país do futebol: mídia, raça e idolatria*, Río de Janeiro, Mauad, 2001.

HESSE-LICHTENBERGER, Ulrich, *Tor! The Story of German Football*, Londres, WSC Books Ltd, 2007.

JENNINGS, Andrew, *The Great Olympic Swindle*, Londres, Simon & Schuster, 2000.

_____. *Jogo sujo: o mundo secreto da FIFA: compra de votos e escândalo de ingressos*, São Paulo, Panda, 2011.

KLEIN, Marco Aurélio y AUDININO, Sergio Alfredo, *O almanaque do futebol brasileiro*, São Paulo, Escala, 1998.

KELLY, Sylvio, *História dos Jogos Olímpicos*, Río de Janeiro, Editora Gol/Instituto Nacional do Livro, 1972.

KUPER, Simon, *Football Against the Enemy*, Londres, Orion Books Ltd., 1996.

KUPER, Simon y SZYMANSKI, Stefan, *Soccernomics*, Río de Janeiro, Tinta Negra Bazar Editorial, 2010.

MÁXIMO, João y CASTRO, Marcos de, *Gigantes do futebol brasileiro*, Río de Janeiro, Civilização Brasileira, 2011.

MAZZONI, Tomás, *História do futebol no Brasil: 1894-1950*, São Paulo, Editora Leia, 1950.

_____. *O Brasil na Taça do Mundo: 1930-1934-1938-1950*, 4ª ed., São Paulo, Olimpicus, 1950.

MONTESINOS, Enrique, *Juegos Panamericanos: desde Buenos Aires-1951 hasta Río de Janeiro-2007*, La Habana, Editorial Deportes, 2010.

MURRAY, Bill, *Uma história do futebol*, São Paulo, Hedra, 2000.

NICOLINI, Henrique, *Tietê: o rio do esporte*, São Paulo, Phorte, 2001.

NOGUEIRA, Cláudio, *Futebol Brasil Memória: de Oscar Cox a Leônidas da Silva (1897-1937)*, Río de Janeiro, Editora Senac, 2006.

OLDERR, Steven, *The Pan American Games: a statistical history. 1951-1999*, Jefferson (North Carolina), McFarland & Company, 2003.

PAIOLI, Caetano Carlos, *Brasil olímpico*, São Paulo, Imprensa Oficial do Estado, 1985.

PEREIRA, Luís Miguel, *Bíblia da seleção brasileira de futebol*, Lisboa, Prime Books/Almedina Brasil, 2010.

PORTO, Roberto, *Botafogo: o glorioso*, Belo Horizonte, Editora Leitura, 2009.

PRIORE, Mary Del y MELO, Victor Andrade de (org.), *História do esporte no Brasil: do Império aos dias atuais*, São Paulo, Editora Unesp, 2009.

REBELO, Aldo y TORRES, Sílvio, *CBF Nike*, São Paulo, Casa Amarela, 2001.

REZENDE, Marcelo, *Corta pra mim: os bastidores das grandes investigações*, São Paulo, Planeta do Brasil, 2013.

RIBEIRO JÚNIOR, Amaury, *A privataria tucana*, São Paulo, Geração Editorial, 2011.

RODRIGUES, Ernesto Carneiro, *Jogo duro: a história de João Havelange*, Río de Janeiro, Record, 2007.

RODRIGUES FILHO, Mário, *O negro no futebol brasileiro*, 4a ed., Río de Janeiro, Mauad, 2003.

ROSELL, Sandro, *Bienvenido al mundo real*, Barcelona, Ediciones Destino, 2006.

SALDANHA, João, "Bate-papo", en DIEGUEZ, Gilda Korff (org.), *Esporte e poder*, Petrópolis, Vozes, 1985.

_____. *Vida que segue: Saldanha e as Copas de 1966 e 1970*, Río de Janeiro, Nova Fronteira, 2006.

SANTIAGO JÚNIOR, José Renato Sátiro, *Os arquivos dos Campeonatos Brasileiros*, São Paulo, Panda, 2006.

SANTIAGO JÚNIOR, José Renato Sátiro y CARVALHO, Gustavo Longhi de, *Copas do Mundo: das eliminatórias ao título*, São Paulo, Novera, 2006.

SHAXSON, Nicholas, *Treasure islands: uncovering the damage of offshore banking and tax havens*, Palgrave, Macmillan, 2012.

SCLIAR, Salomão (coord.), *História ilustrada do futebol brasileiro*, 4 vol., São Paulo, Edobras, 1968.

SEVERIANO, Jairo y MELLO, Zuza Homem de, *A canção no tempo: 85 anos de músicas brasileiras*, vol. 2, 1958-1985, São Paulo, Editora 34, 1998.

SIMSON, Vyv y JENNINGS, Andrew, *Os senhores dos anéis: poder, dinheiro e drogas nas Olimpíadas modernas*, São Paulo, Best-Seller/Círculo do Livro, 1992.

SMIT, Barbara, *Invasão de campo: Adidas, Puma e os bastidores do esporte moderno*, Río de Janeiro, Jorge Zahar, 2007.

_____. *Sneaker Wars: the Enemy Brothers who Founded Adidas and Puma and the Family Feud that Forever Changed the Business of Sports*, Nueva York, Harper Perennial, 2009.

SOTER, Ivan, *Enciclopédia da Seleção: as seleções brasileiras de futebol*, Río de Janeiro, Opera Nostra, 1995.

VALENTINI, Danilo (ed.), *Enciclopédia do futebol brasileiro*, 2 vol., São Paulo, Lance!, 2001.

WAHL, Alfred, *La balle au pied: histoire du football*, París, Gallimard, 1990.

WALLECHINSKY, David, *The Complete Book of the Olympics*, Londres, Aurum Press, 2012.

WEILAND, Matt y WILSEY, Sean, *O guia cult para a Copa do Mundo*, Río de Janeiro, Rocco, 2006.

YALLOP, David A., *Como eles roubaram o jogo: segredos dos subterrâneos da FIFA*, Río de Janeiro, Record, 1998.